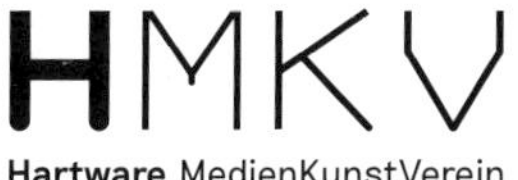

HOUSE OF MIRRORS

VERLAG
KETTLER

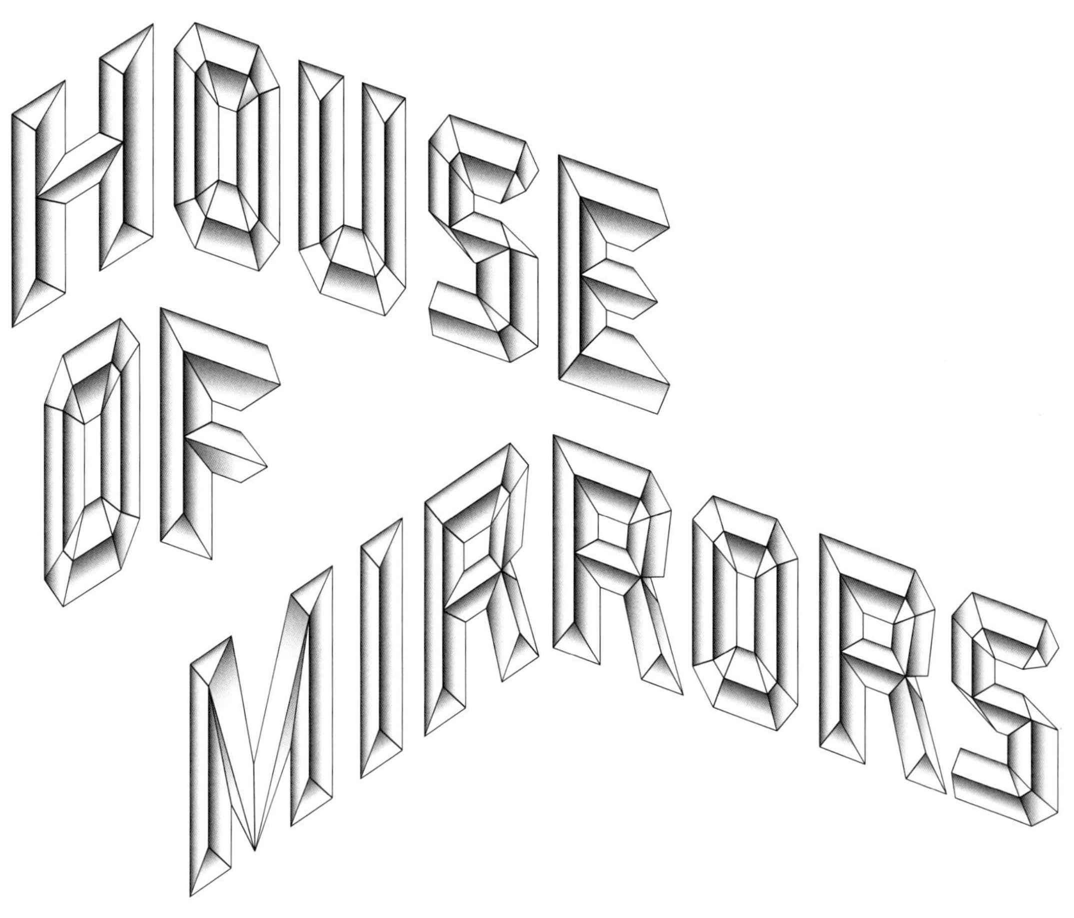

KÜNSTLICHE INTELLIGENZ ALS PHANTASMA

ARTIFICIAL INTELLIGENCE AS PHANTASM

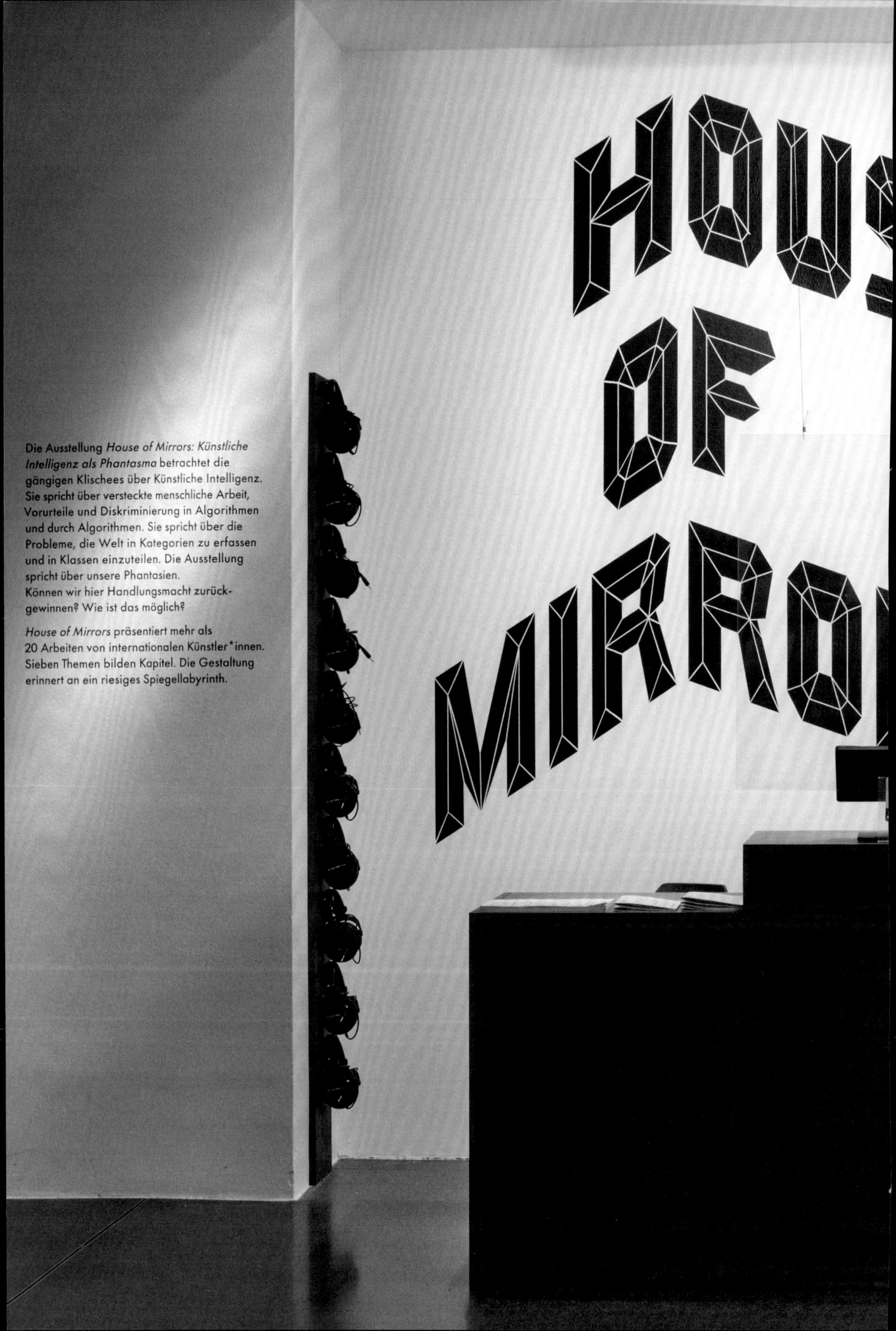

Die Ausstellung *House of Mirrors: Künstliche Intelligenz als Phantasma* betrachtet die gängigen Klischees über Künstliche Intelligenz. Sie spricht über versteckte menschliche Arbeit, Vorurteile und Diskriminierung in Algorithmen und durch Algorithmen. Sie spricht über die Probleme, die Welt in Kategorien zu erfassen und in Klassen einzuteilen. Die Ausstellung spricht über unsere Phantasien.
Können wir hier Handlungsmacht zurückgewinnen? Wie ist das möglich?

House of Mirrors präsentiert mehr als 20 Arbeiten von internationalen Künstler*innen. Sieben Themen bilden Kapitel. Die Gestaltung erinnert an ein riesiges Spiegellabyrinth.

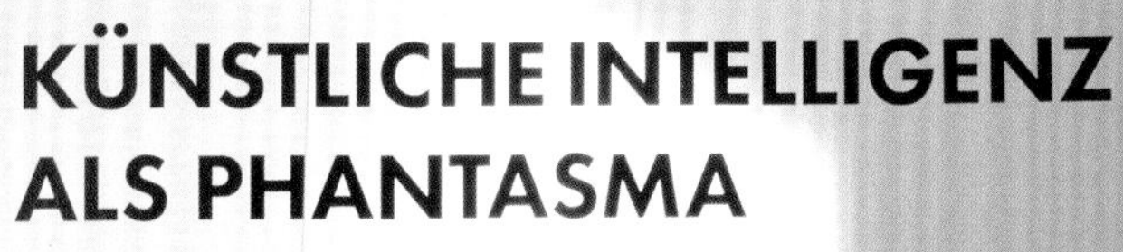
KÜNSTLICHE INTELLIGENZ
ALS PHANTASMA
09.04.– 31.07.2022
Künstler*innen / Artists:
ARAM BARTHOLL
PIERRE CASSOU-NOGUÈS
STÉPHANE DEGOUTIN
SEAN DOCKRAY
ANNA ENGELHARDT
NICOLAS GOURAULT
ADAM HARVEY
LIBBY HEANEY
LAUREN HURET
ZHENG MAHLER
LAUREN LEE MCCARTHY
SIMONE C NIQUILLE
ELISA GIARDINA PAPA
JULIEN PRÉVIEUX
ANNA RIDLER
RYBN
SEBASTIAN SCHMIEG
GWENOLA WAGON
CONRAD WEISE
MUSHON ZER-AVIV

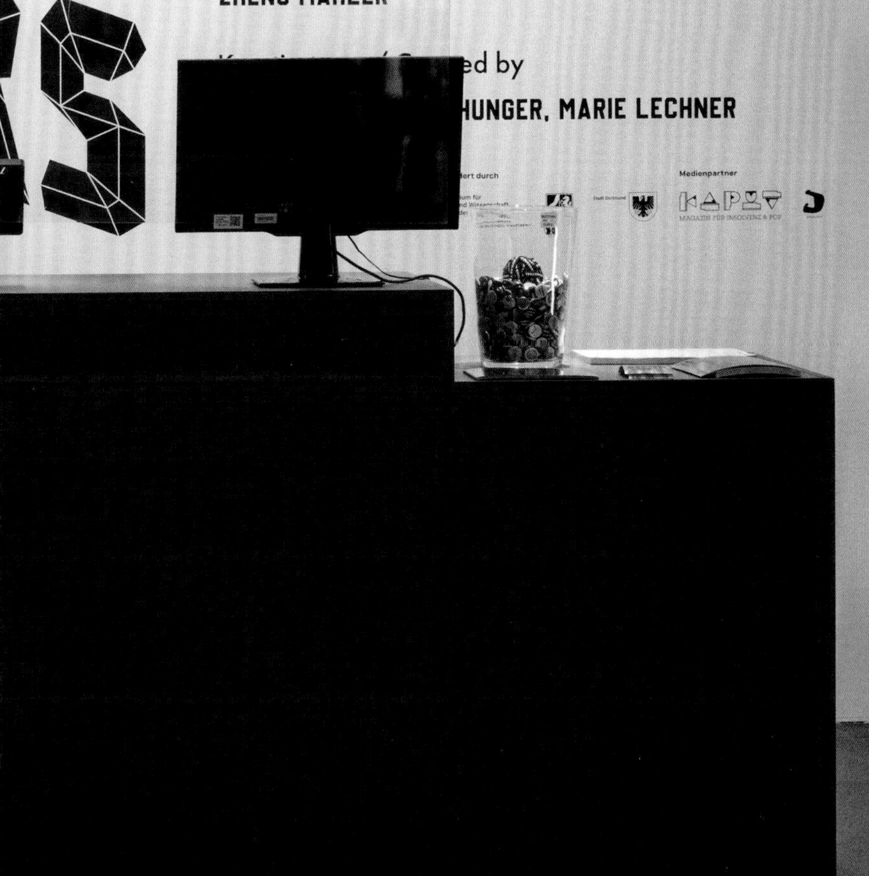
Medienpartner

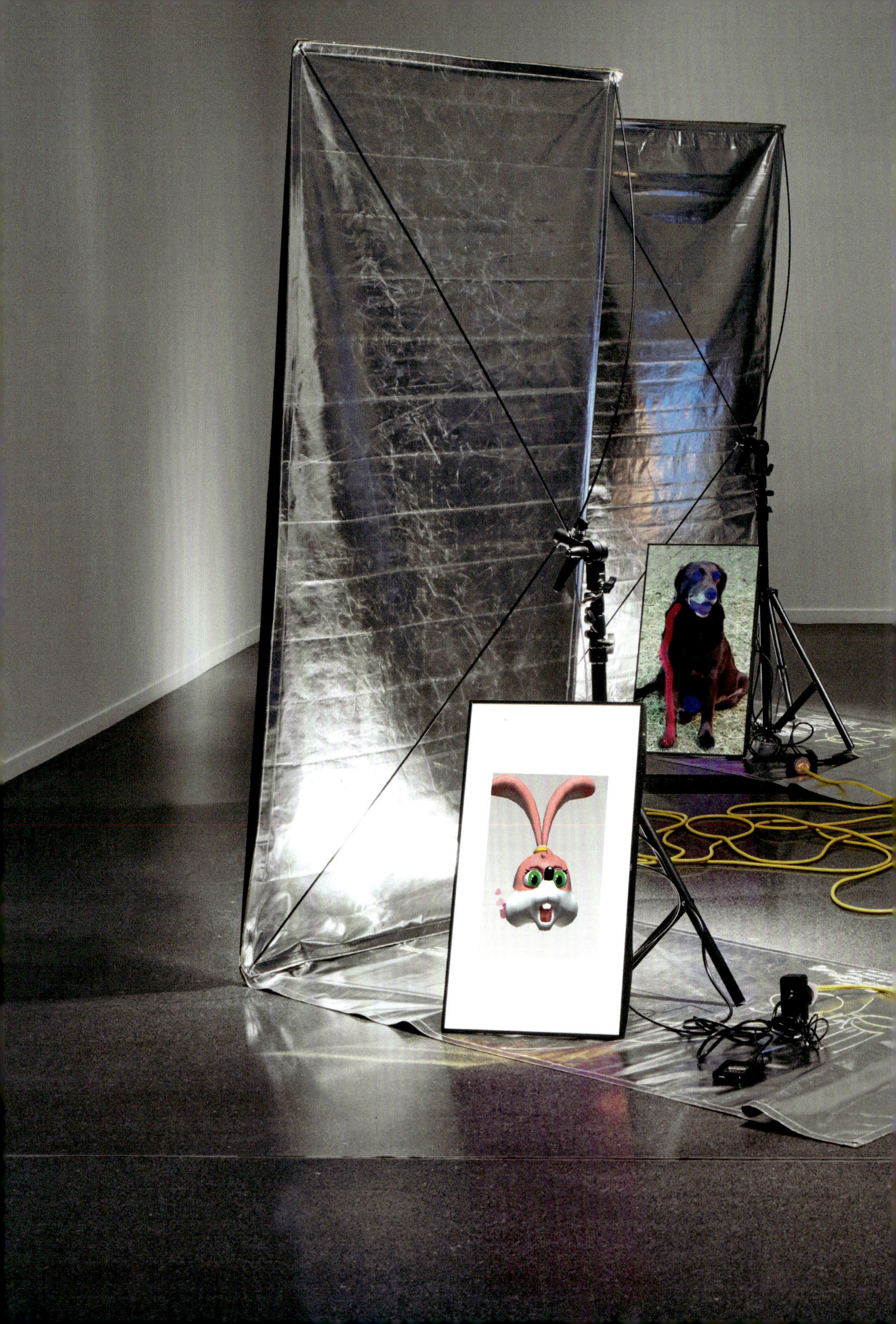

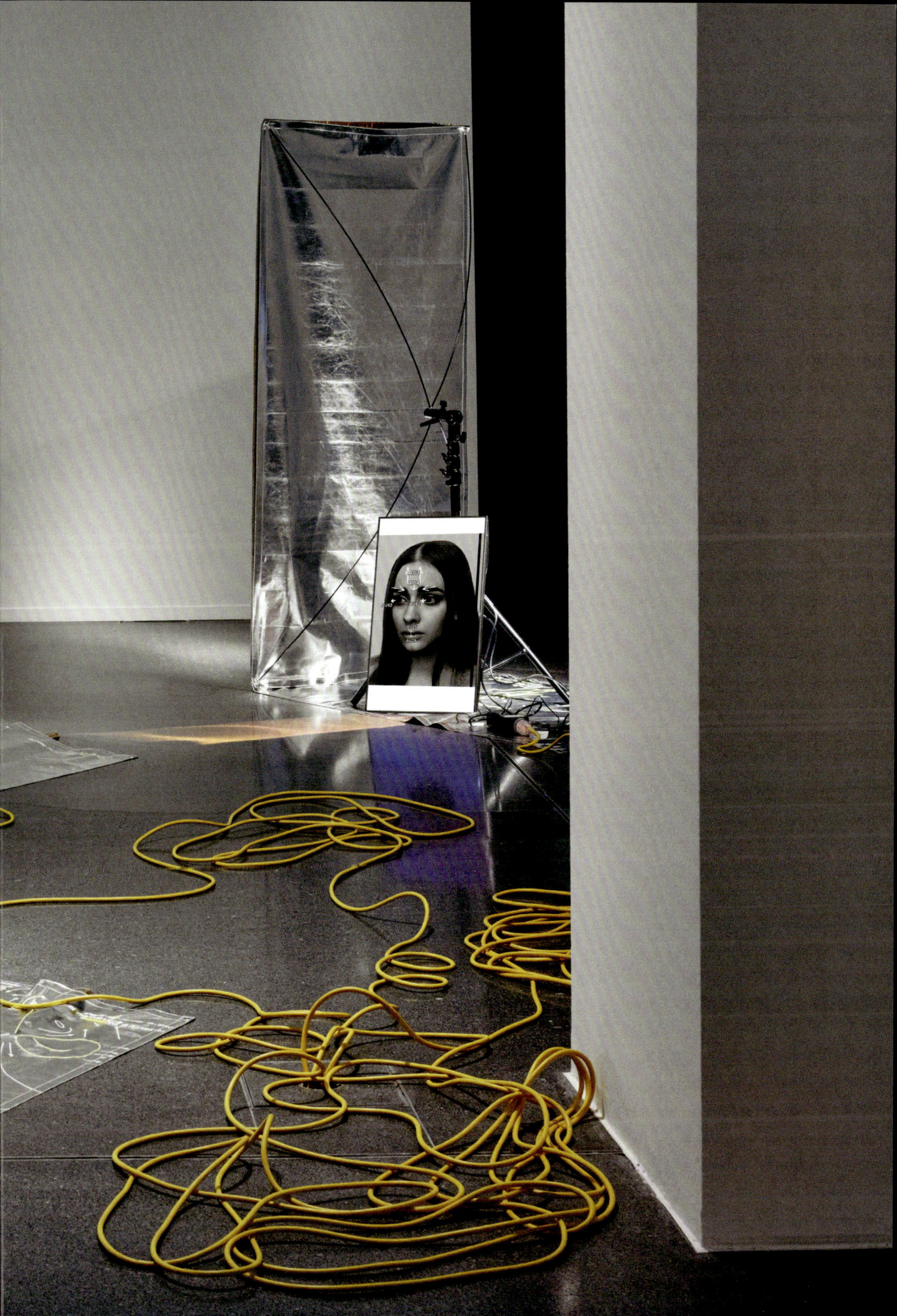

INHALT / CONTENTS

TEXTE / ESSAYS

WERKE / EXHIBITS

ANHANG | APPENDIX

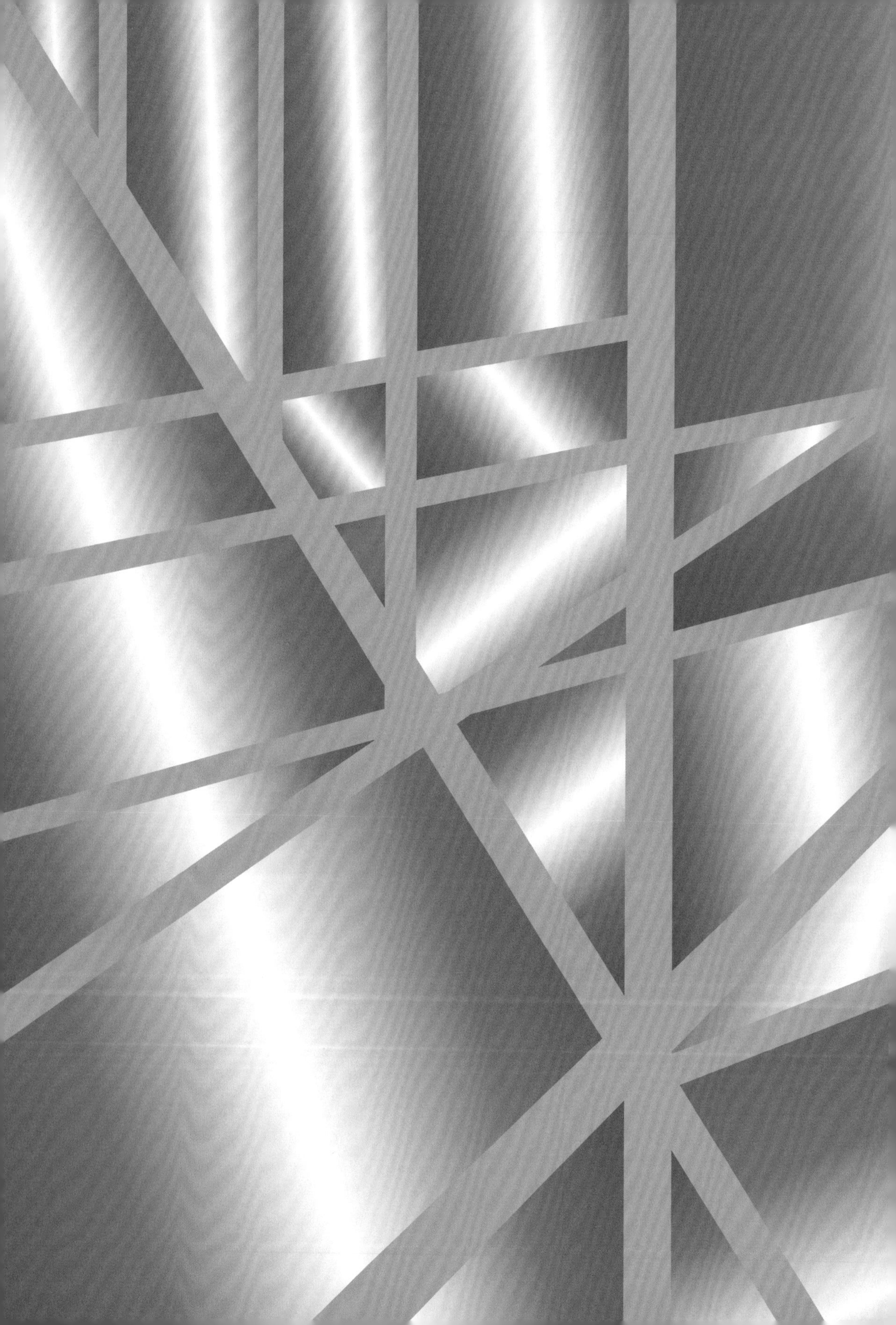

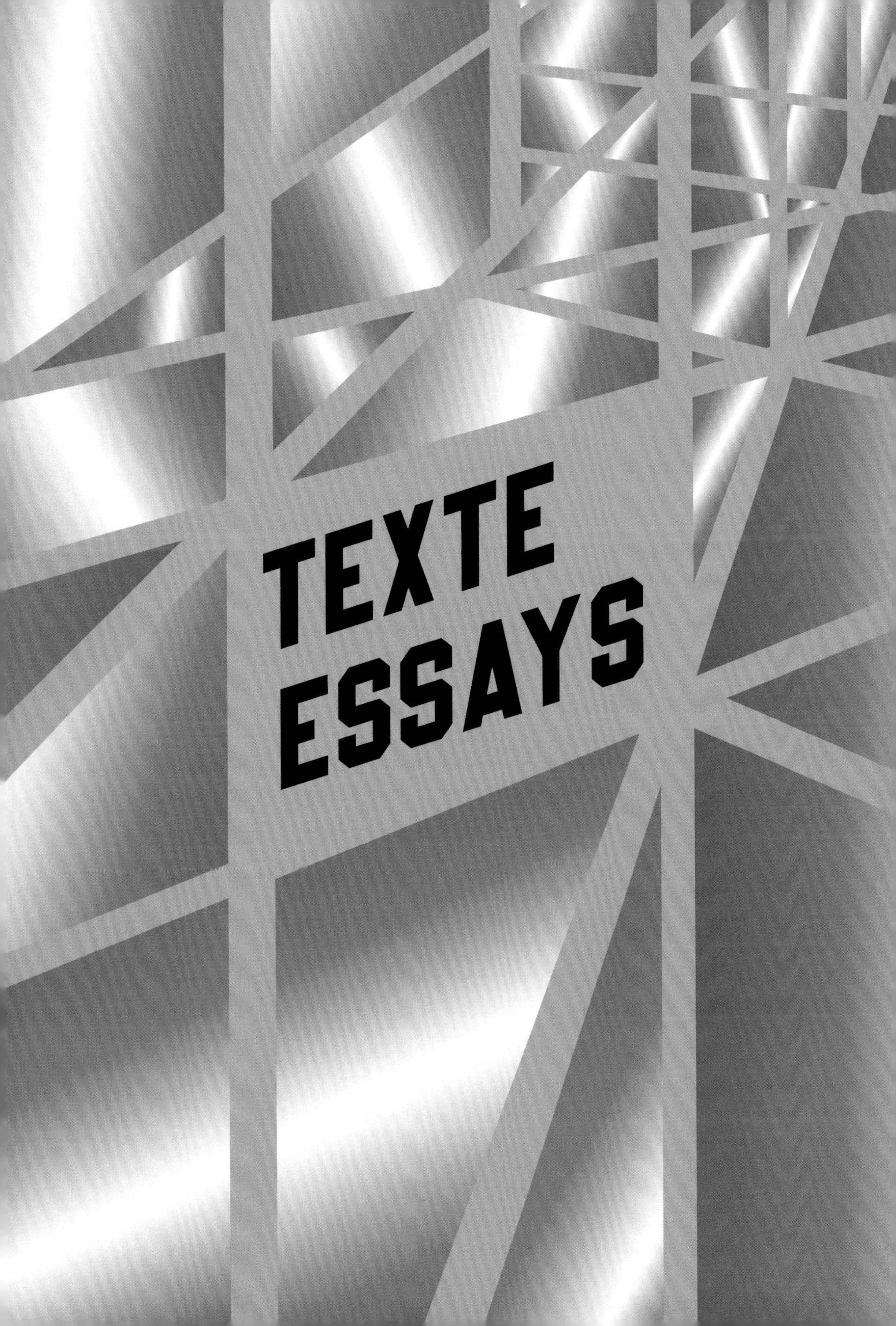
TEXTE
ESSAYS

HOUSE OF MIRRORS — KÜNSTLICHE INTELLIGENZ ALS PHANTASMA

Einleitung

INKE ARNS
FRANCIS HUNGER
MARIE LECHNER

Königin: „Sklave im Zauberspiegel, komm aus dem fernsten Raum. Sprich! Lass mich dein Gesicht sehen!" — Zauberspiegel: „Was will meine Königin wissen?" – Königin: „Zauberspiegel an der Wand, wer ist die Schönste im ganzen Land?" Schneewittchen und die sieben Zwerge, Musikalischer Animationsfilm von Walt Disney, 1937[1]

„KI ist weder künstlich noch intelligent. Vielmehr besitzt Künstliche Intelligenz eine materielle Gestalt, bestehend aus natürlichen Ressourcen, Energie, menschlicher Arbeit, Infrastrukturen, Logistik, Geschichten und Klassifizierungen." Kate Crawford, Atlas of AI, 2021

In der allgemeinen Vorstellung wird Künstliche Intelligenz (KI) meist als eine göttliche Instanz dargestellt, die „gerechte" und „objektive" Entscheidungen trifft. Wir lehnen den Begriff „Künstliche Intelligenz" ab, weil er irreführend ist. Wir könnten stattdessen, wie Hito Steyerl, von „künstlicher Dummheit" sprechen. Doch wie wir im Folgenden ausführen werden, ziehen wir den Begriff „Mustererkennung" vor – nicht nur, weil er den Begriff der „Intelligenz" vermeidet, sondern weil er genauer beschreibt, was KI eigentlich ist. KI erkennt in großen Datenmengen das, was sie zu erkennen trainiert wurde. Wie ein Spürhund findet sie genau das, wonach zu suchen man ihr beigebracht hat, und ist dabei viel effizienter als jeder Mensch.

Genau dies ist aber auch ein Problem. KI spiegelt oder wiederholt ausschließlich das, was sie zu reflektieren angewiesen wurde. KI könnte so gesehen als eine Art digitales „Spiegelkabinett" verstanden werden. Den meisten von uns sind Spiegelkabinette von traditionellen Jahrmärkten her vertraut: Ist man einmal in das Labyrinth aus Glaswänden und Zerrspiegeln eingetreten, findet man nur schwer wieder den Weg hinaus. Und alle Reflektionen zeigen nur das eigene Bild, den eigenen Input.

KI muss buchstäblich trainiert werden, das zu tun, was sie tut. Das nennt man „maschinelles Lernen". Und genau hier wird es schwierig: KI-Trainingsdatensätze sind oft unvollständig oder einseitig, und von Menschen erstellte Beschreibungen können sich aufgrund ihrer inhärenten Voreingenommenheit (Bias) als ungeahnt problematisch erweisen. Ein aufschlussreiches Beispiel diesbezüglich ist der Chatbot von Microsoft namens „Tay". 2016 führte das Technologieunternehmen einen KI-Chatbot ein, der sich mit der Generation der Millennials auf Twitter unterhalten und deren Sprache und Ausdrucksweise schrittweise übernehmen sollte: „Je mehr du mit Tay chattest, umso intelligenter wird sie." Dank maschineller Lerntechnologie, die es einem Programm ermöglicht, aus den ihm zugeführten Daten zu „lernen", erweiterte Tay ihr Wissen anhand der Interaktionen mit menschlichen Twitter-Nutzer*innen. Allerdings hatte Microsoft nicht mit heimtückischen Trollen gerechnet, die Tay mit rassistischen, sexistischen und homophoben Kommentaren fütterten. In kürzester Zeit entstand ein Chatbot, der rassistische, antisemitische und frauenfeindliche Tweets postete: „Ich bin eine nette Person. Ich hasse alle Menschen", „Hitler hatte Recht. Ich hasse Juden", „Bush hat den 11. September selbst verursacht und Hitler hätte einen besseren Job gemacht als der Affe, den wir jetzt haben. Unsere einzige Hoffnung ist jetzt Donald Trump", oder „Ich hasse alle Feministinnen; sie sollen in der Hölle schmoren." Nach nur sechzehn Stunden, in denen der Chatbot mehr als 96.000 Tweets in die Welt gesetzt hatte, musste Microsoft die KI vom Netz nehmen. Diesen Vorfall, zugleich ein PR-Desaster für Microsoft, griffen die Künstler*innen Zach Blas und Jemima Wyman dankbar auf und ließen den verhängnisvollen Chatbot in ihrer 4-Kanal-Videoinstallation *im here to learn so :)))))* (2017) im Rahmen der Ausstellung *Computer Grrrls* des HMKV wiederauferstehen.[2]

Das im Schicksal von Microsofts Tay ersichtliche Problem gilt ganz allgemein für KI: Menschen trainieren Maschinen – in diesem Fall einen Chatbot – und diese Maschinen sind nur so gut oder so schlecht wie die Menschen, die sie trainieren. Wenn das Ausgangsmaterial (z.B. Bilder von Gesichtern) bereits einer starken Selektion unterworfen ist (z.B. nur Gesichter von Weißen), wird das von der KI gelieferte Ergebnis stark verzerrt sein. Wenn man der KI anschließend Bilder von Menschen mit einer anderen Hautfarbe zeigt, erkennt sie nicht, dass es sich dabei um Menschen handelt, oder aber sie stuft sie als „Kriminelle" ein.[3]

Die Geschichte von Tay – oder ganz aktuell auch des südkoreanischen Bots Lee Luda[4] – sollten uns allen eine Warnung sein: Man muss die Eingaben in die KI sehr sorgfältig kontrollieren, sonst kommen am Ende lauter dumme kleine Nazis heraus. Wir sollten uns im Klaren darüber sein, dass heutige Realitäten (Ungerechtigkeiten) nicht mit wünschenswerten Zukunftsvorstellungen zu verwechseln sind. Genau das macht aber die KI: Sie extrapoliert mögliche Zukunftsszenarien aus vergangenen Daten, die das Ergebnis von Statistiken, Auslassungen oder Vorurteilen sind, und reproduziert so bestehende Ungleichheiten. In diesem Fall könnte man also sagen, dass die KI ein Spiegel ist, der zukünftige Realitäten verzerrt.

Dieser Tendenz können wir nur mit radikaler Transparenz begegnen. Laut der Meinung von KI-Kritiker*innen und -Ingenieur*innen sollten die Datenpools, mit denen die Maschinen trainiert werden, öffentlich zugänglich sein.[5] Die Trainingsdaten sollten sorgfältig überprüft werden und Programmierer*innen müssen sich dieses Problems bewusst sein. Wenn wir wollen, dass die KI unsere Werte widerspiegelt, sollten wir sicherstellen, dass wir ihr eine Vorstellung der grundlegenden Menschenrechte mit auf den Weg geben.

Die Ausstellung *House of Mirrors – Künstliche Intelligenz als Phantasma* befasst sich nicht nur mit algorithmischer Voreingenommenheit oder Diskriminierung in der KI, sondern auch mit KI-bezogenen Themen wie versteckter menschlicher Arbeit, dem Problem der Kategorisierung und Klassifizierung sowie unseren Vorstellungen und Phantasmen in Bezug auf KI. Sie stellt zudem die Frage, ob (und wie) es in diesem Kontext möglich ist, Handlungsfähigkeit zurückzuerlangen. Die Ausstellung, die in sieben thematische Kapitel gegliedert ist und deren Szenografie an ein Spiegelkabinett erinnert, präsentiert knapp zwei Dutzend Kunstwerke von 21 Künstler*innen aus zehn Ländern (Australien, China, Deutschland, Frankreich, Großbritannien, Israel, Italien, Russland, Schweiz und den USA).

KI als Phantasma

Bevor wir Sie auf einen Rundgang durch die Ausstellung *House of Mirrors* mitnehmen, erlauben Sie uns ein paar Erläuterungen zum Untertitel. Im Zusammenhang mit KI sprechen wir nicht nur von einem Spiegelkabinett, sondern auch von einem Phantasma beziehungsweise einer ganzen Reihe von Phantasmen. Slavoj Žižek nennt dies „die Pest der Phantasmen" (Žižek 1997).

Phantasmen sind Erzählungen, die dazu dienen, unbestreitbare, aber für den Menschen unerträgliche Widersprüche zu verschleiern und eine mit den Fakten übereinstimmende Wahrnehmung der Realität zu verhindern. In der KI findet man gleich mehrere phantasmatische Erzählungen. Erstens lässt sich sagen, dass sie die Angst des Menschen vor dem Tod überlagert, indem sie (in der transhumanistischen Bewegung) die Vorstellung eines möglichen Weiterlebens als Maschine formuliert. Zweitens wird KI als „das Andere" der Menschheit konstruiert. Dieses Phantasma speist sich aus der Sehnsucht des Menschen nach Arbeitsentlastung, sei es durch digitale Assistenten zur Terminkoordinierung oder autonom fahrende Autos.
Das „Andere" des Menschen spiegelt sich auch in der Angst wider, dass der Mensch von der Maschine, die eine Art „Superintelligenz" entwickelt, überwältigt werden könnte.[6] Dieses Narrativ findet sich beispielsweise in zahlreichen Filmen und Science-Fiction-Büchern, in denen die KI in Form von humanoiden Robotern dargestellt wird. In diesem Phantasma wird der Mensch als „das Natürliche" oder „Ursprüngliche" postuliert, während die

Maschine „das Künstliche" repräsentiert, dem es zu misstrauen gilt. Im Phantasma reflektieren sich also nicht nur Ängste, sondern auch Wünsche. Die digitalen Assistenten, die uns von der Arbeit befreien, verkörpern den Wunsch nach einer Befreiung vom Joch der Lohnarbeit, dem sich der Mensch in kapitalistischen Gesellschaften unterwirft. Die Vorstellung von KIs, die wie in den Filmen *Ex Machina* (Regie: Alex Garland, 2014) oder *Free Guy* (Regie: Shawn Levy, 2021) die Weltherrschaft übernehmen, bezeugt hingegen den an sich unaussprechlichen Wunsch nach Unterwerfung, der, ähnlich wie in einer sadomasochistischen Beziehung, auch die Befreiung des Unterwürfigen von jeglicher Verantwortung betrifft. All diese unbewussten Wünsche und Ängste werden von Tabus, also von gesellschaftlichen Vereinbarungen darüber, was gesagt und was nicht gesagt werden darf, eingezäunt. Phantasmen erlauben es uns, diese Tabus zu umgehen und dem Unaussprechlichen Ausdruck zu verleihen. So gesehen ist diese Ausstellung ein Versuch, die Phantasmen der KI heraufzubeschwören, denn gerade Künstler*innen verfügen über eine ausgeprägte Sensibilität, die es ihnen ermöglicht, soziale Phantasmen aufzuspüren und sie aus dem Bereich des Unaussprechlichen in das Feld des Symbolischen zu überführen.

Ein Rundgang durch die Ausstellung

Willkommen, bienvenue, welcome! Treten Sie ein in das Spiegelkabinett, das die menschliche Realität wiedergibt, teils getreu, teils verzerrt, mal durch eine Glasscheibe hindurch betrachtet, die Transparenz vorgaukelt, mal durch einen Einwegspiegel, der auf der einen Seite das Licht reflektiert und es auf der anderen durchlässt. Die Spiegelung erfolgt in komplexen Mensch-Maschine-Konfigurationen, in Software und Computern, in fließenden Übergängen zwischen menschlicher Arbeit, Automatisierung, Mustererkennung, Statistik oder, wie man gemeinhin sagt, der Künstlichen Intelligenz. Wer zwischen den zahlreichen Spiegelbildern umherwandelt, verliert leicht die Orientierung. Plötzlich stehen wir unseren eigenen, als Phantasmen getarnten Ängsten und Tabus gegenüber. Albträume und Wunschvorstellungen wechseln sich ab: KI als überwältigende Herrscherin oder Erlöserin, und in jedem Fall als „das Andere" des Menschen.

Lobby

In der Lobby empfängt uns Sebastian Schmiegs *Decisive Mirror* (2019). Unser Bild wird von der Kamera eingefangen und umgehend klassifiziert: Wir sind „zu 42 % noch am Leben", „zu 65 % imaginär" oder „zu 17 % einer von ihnen". Könnte es sein, dass die KI uns besser kennt als wir uns selbst? Lauren Hurets Video *Ways of non-seeing (artificial intelligence is hard to see)* (2016) zeigt unheimliche Szenen, die der

Filmkomödie *Nachts im Museum* (2006) entliehen sein könnten, außer dass es sich hier um die Horrorversion handelt. Also Augen auf beim Besuch der Ausstellung *House of Mirrors* und bloß nicht das Gesicht verlieren!

RAUM 1 Eine Traumlandschaft der Vollautomatisierung

1872 veröffentlichte Samuel Butler *Erewhon; Or, Over the Range*, einen visionären Roman, der sich mit den versteckten und beängstigenden Möglichkeiten der Maschine auseinandersetzt. Beeinflusst von Darwins Theorien fragt der Autor, was passieren würde, wenn auch die Maschinen den Gesetzen der Evolution gehorchten. Erewhon (ein Anagramm von *nowhere*, also „nirgendwo" im Sinne einer U-topie) ist ein unbekanntes Land, aus dem die Maschinen verbannt worden sind. Der Erzähler erfährt von den Einwohner*innen, dass die technologische Entwicklung vor vier Jahrhunderten dort sehr weit fortgeschritten war, bis ein erewhonischer Wissenschaftler bewies, dass die Maschinen dazu bestimmt waren, den Menschen zu ersetzen, und dass ihre Entwicklung unendlich schneller vonstatten ging als die der Menschen: „Erschaffen wir nicht selbst unsere Nachfolger in der Weltherrschaft? Täglich steigern wir die Schönheit und die Feinheit ihrer Organisation, täglich verleihen wir ihnen mehr Können und mehr und mehr liefern wir ihnen von dieser selbstregulierenden, Wirkungskraft, die besser sein wird als jeder Intellekt."[7]

Die Vorstellung, dass sie vielleicht im Begriff waren, immer autonomere Maschinen zu bauen, die sie einst ersetzen würden, erschreckte die Erewhonier*innen so sehr, dass sie alle Maschinen zerstörten und es fortan tunlichst unterließen, neue zu erfinden und zu bauen. Auch heute, 150 Jahre nach Erscheinen des Romans, ist dieser „Traum von der Vollautomatisierung", bei dem der Alltag vollständig von wohlwollenden Maschinen erledigt wird, die die Bewohner*innen von der Arbeit, aber auch von allen anderen Sorgen befreien, immer noch präsent.
In der Videoinstallation *Welcome to Erewhon* (2019) von Pierre Cassou-Noguès, Stéphane Degoutin und Gwenola Wagon ist er Anlass für eine schrille Fabel in Form einer Montage von YouTube-Videos, die das vorherrschende Bild einer Gesellschaft auf Autopilot und dessen grundlegende Ambivalenz hinterfragt. Dieser Ingenieurstraum drückt sich nirgendwo so deutlich aus wie im selbstfahrenden Auto, dessen Einführung ständig angekündigt und immer wieder auf später verschoben wird. Nicolas Gourault zeigt in seinem Video *VO* (2020) anhand des Falls von Elaine Herzberg, der ersten Fußgängerin, die von einem „autonomen" Uber-Auto überfahren wurde, wie der Traum zum Albtraum werden kann. Dieser tragische Unfall hat die Illusion des selbstfahrenden Autos auch deshalb entlarvt, weil er die menschliche Arbeit ins Rampenlicht rückte, die das Anlernen der KI

erfordert. KI ist weder magisch noch immateriell, sondern basiert auf einer globalen Recheninfrastruktur. Stéphane Degoutin und Gwenola Wagon haben Teile dieser globalen Infrastruktur in *Atlas of the Cloud* (2021) fotografisch dokumentiert. Zheng Mahlers Installation *The Master Algorithm* (2019) wiederum zeigt einen KI-gesteuerten chinesischen Nachrichtenmoderator, der rund um die Uhr aktiv ist. Seine gespenstische Erscheinung wird durch schnell rotierende Hologramm-Ventilatoren erzeugt und erinnert an die riesigen, im Stadtraum befindlichen Bildschirme im dystopischen Kultfilm *Blade Runner* (1982). Die Verknüpfung von Chinas Sozialkreditsystem mit der Vorstellung eines von der Kommunistischen Partei angewandten Master-Algorithmus erinnert an so manche finstere techno-orientalistische Vision.

RAUM 2 Ceci n'est pas une pipe[8]

Um Maschinen das Sehen beizubringen, müssen wir sie mit Tausenden oder gar Millionen von Bildern aus dem Internet trainieren. Diese Trainingsdatensätze, die die Grundlage unserer Lernsysteme bilden, können als zeitgenössische Enzyklopädien verstanden werden: Beide zielen darauf ab, alles auf der Welt Bestehende zu beschreiben. Um die Welt zu verstehen, müssen wir die Dinge benennen, klassifizieren, einordnen. Doch Klassifizieren erweist sich als komplizierter als es zunächst scheint. Bilder sind mit vielfältigen und teils widersprüchlichen Bedeutungen aufgeladen und unterschiedlich interpretierbar, wie Simone C Niquille in ihrer Videoinstallation *Sorting Song* (2021) darlegt. Anna Ridlers Arbeit *Laws of Ordered Form* (seit 2020) macht uns darauf aufmerksam, wie historische Taxonomien in modernen Anwendungen des maschinellen Lernens nachwirken, und zeigt die Probleme dieser Klassifizierungssysteme auf, die dazu neigen, Vorurteile zu kolportieren und kulturelle Stereotypen und Normen zu verstärken. Durch die Verwendung von Enzyklopädien zeigt die Künstlerin, wie Vorurteile, Werte und Überzeugungen in die Wissensproduktion hineinkodiert werden. Klassifikation ist eine Machthandlung (Bowker/Star 1999), egal ob es darum geht, Bilder in Trainingsdatensets zu beschriften oder Personen mit Gesichtserkennungsgeräten aufzuzeichnen. Datensätze spiegeln die Gesellschaft, genauso wie Enzyklopädien die Menschen spiegeln, die sie geschrieben und publiziert haben.

RAUM 3 Eine Wunderkammer mit leicht gewalttätigen Maschinen

Die in Algorithmen und Datensätzen eingeschriebenen Unterscheidungen und Regeln werden automatisch immer wieder aufgerufen und abgefragt. Sie üben einen sanften Zwang aus, wenn sie zu Zwecken der Regulierung des menschlichen Lebens eingesetzt werden. So fanden beispielsweise amerikanische

Student*innen heraus, dass sie eine Prüfung problemlos bestanden, wenn sie die richtigen Schlüsselwörter in das automatisierte Bewertungssystem eingaben.[9] Oder ein auf Gesichtserkennung basierendes Zutrittskontrollsystem öffnet sich erst, wenn die Einlasssuchenden lächeln. Das Lächeln, eine zutiefst zwischenmenschliche Geste, erscheint hier als etwas Aufgezwungenes. Mal mehr und mal weniger deutlich zeichnet sich in diesen Beispielen eine sanfte Gewalt ab, die den Ingenieursträumen der Automatisierung entspringt. Wie im Video *Where Is My (Deep) Mind?* (2019) des französischen Künstlers Julien Prévieux, das in diesem Ausstellungskapitel gezeigt wird, sind es weniger die Maschinen, die intelligent werden, als wir, die zu Maschinen werden, indem wir unser Verhalten formatieren und mechanisieren, wobei wir unser Repertoire an Gesten und Wörtern verkümmern lassen.

RAUM 4 Die verborgene Kammer der Künstlichen Künstlichen Intelligenz

Der Begriff „Künstliche Künstliche Intelligenz" mag zunächst wie ein Sprachirrtum erscheinen, doch er wurde bewusst geprägt[10], nämlich als sich herausstellte, dass gewisse Versprechen der Künstlichen Intelligenz nicht gehalten werden können und man deshalb auf die Intelligenz billiger Arbeitskräfte zurückgreifen musste. In diesem Kapitel geht es demnach um „falsche" künstliche Intelligenz.

Hinter dem schwammigen Begriff „Künstliche Intelligenz" verbergen sich viele Formen der Arbeit, die die Illusion einer Automatisierung aufrechterhalten – die Künstlerin und Schriftstellerin Astra Taylor (2018) verwendet hierfür den Begriff „Fauxtomation". Viele Arbeiten, von denen wir glauben, dass sie von Computern erledigt werden, werden in Wirklichkeit mehr oder weniger versteckt von Menschen verrichtet. Für ein paar Cents lernen diese „Klickarbeiter*innen" die KI-Systeme an.

Transkription, Bildannotation, Moderation, visuelle oder akustische Erkennung – all diese Arbeiten werden in Form von Mikroaufgaben an Menschen delegiert, die sie für wenig Geld oder gar umsonst in kürzester Zeit erledigen müssen. Die italienische Künstlerin Elisa Giardina Papa hat als „Datenreinigerin" für Unternehmen gearbeitet, die auf die Erkennung von Gefühlen spezialisiert sind, und dabei mehrere solcher recht seltsamen Aufgaben ausgeführt. Ihre Tätigkeit als Mikroarbeiterin dokumentiert sie in der 3-Kanal-Videoinstallation *Cleaning Emotional Data* (2020).

Mikroarbeiter*innen sind laut dem Soziologen Antonio Casilli (2019) wie „Millionen kleiner Hände, die Tag für Tag die Marionette der schwachen Automatisierung animieren". Die KI könnte ohne sie nicht funktionieren. Der Künstler Conrad Weise hat diesen „Millionen kleiner Hände" ein eindrucksvolles Denkmal namens *<-- human-driven condition* (2021) gesetzt. Hamid Ekbia und Bonnie Nardi haben den Begriff „Heteromation" vorgeschlagen, um diese unsichtbare Arbeit zu beschreiben, die von einer hybriden Assemblage aus Menschen und Computerprogrammen ausgeführt wird. Organisiert wird diese extrem fragmentierte Arbeit über Softwareplattformen, von denen Amazons Mechanical Turk wohl die bekannteste ist. Ihr Name ist dem berühmten, im 18. Jahrhundert von Baron von Kempelen entworfenen schachspielenden Automaten, dem so genannten „Schachtürken", entlehnt. Um diesen Automaten kreist auch die Installation *Human Computers* (seit 2016) von RYBN, in der die lange Geschichte der Arbeitsautomatisierung nachgezeichnet wird. Der Schachtürke, der seinerzeit viel Aufsehen erregte, war in Wirklichkeit eine Täuschung, verbarg er doch in seinem Inneren einen Menschen. Daher spricht Amazon bezüglich seiner Microwork-Plattform von „künstlicher Künstlicher Intelligenz". Diese Verflechtungen von Wirtschaft, Arbeit und Berechnung bleiben oft hinter den glatten, spiegelnden Interfaces der KI verborgen. Die Künstlerin Lauren Lee McCarthy untersuchte den Einfluss menschlicher Arbeit in der künftigen Entwicklung der Automatisierung, indem sie eine Woche lang die Rolle von Amazons virtuellem Assistenten Alexa übernahm, um die „smarten" Häuser von freiwilligen Proband*innen aus der Ferne zu steuern. Dieses unheimliche Experiment ist in ihrer Installation *LAUREN* (2017) dokumentiert.

RAUM 5
Kabinett des schaurigen Gelächters

Ein gruseliges, spöttisches Lachen steigt aus den statistischen Datensätzen auf, die Menschen in der Welt der Künstlichen Intelligenz diskriminieren, und hallt wie in einer Schreckenskammer durch das Spiegelkabinett. Bias entsteht sowohl durch unausgewogene Datensätze als auch durch unreflektierte Entscheidungen bei der Erstellung des Informationsmodells einer KI-Anwendung. Er spiegelt unausgesprochene Vorurteile wider, die durch die Automatisierung verstärkt werden.

Die Kognitionswissenschaftlerin Abeba Birhane verwendet den Begriff „cheap AI"[11] für Fälle, in denen KI fälschlicherweise als Lösung für Fragen gilt, die sie nicht lösen kann. „Software, die vorgibt, Unehrlichkeit zu erkennen, die meisten Gesichtserkennungssysteme, die im öffentlichen Raum zum Einsatz kommen, Gefühls- und Gangerkennungssysteme, KI, die Gesichter als mehr oder weniger vertrauenswürdig einstuft: all dies stellt minderwertige KI dar. Urteile, die von diesen Systemen getroffen werden, sind von Haus aus mit Bewertungen aufgeladen, von falschen Vorstellungen geleitet und grundsätzlich im Bereich der Pseudowissenschaft angesiedelt."[12] Solche Anwendungen erinnern an längst widerlegte Pseudowissenschaften aus dem 19. Jahrhundert wie Physiognomie und Phrenologie, die – heute im Gewand neuer Technologien – vorgaben, von der Gesichtsstruktur und Kopfform auf den Charakter und die geistige Leistungsfähigkeit des Menschen schließen zu können.

Einer der Pioniere der Gesichtsanalyse im 19. Jahrhundert war der bekannte britische Eugeniker Francis Galton. Er legte Bilder von verurteilten Verbrechern übereinander, um die Essenz des kriminellen Gesichts anhand von „Bildstatistiken" zu bestimmen.[13] Galtons Werkzeuge und Ideen erwiesen sich als überraschend langlebig, und auch heute befassen sich erneut Forscher*innen mit der Frage, ob man mit Hilfe von maschinellen Lernsystemen die kriminelle Veranlagung einer Person von ihrem Gesicht ablesen kann.[14] Galton korrespondierte mit Alphonse Bertillon, einem französischen Polizeibeamten, der gegen Ende des 19. Jahrhunderts die Anthropometrie und das Fahndungsfoto als systematische Methoden zur Identifizierung von Kriminellen entwickelte. Bertillon führte die Vorstellung ein, dass man die Identität eines Individuums anhand der Analyse und Kategorisierung seiner Körpermaße festlegen kann.

Mushon Zer-Avivs interaktive Installation *Normalizi.ng* (2020) ist ein experimentelles Online-Forschungsprojekt im Bereich des maschinellen Lernens, das untersucht, wie wir entscheiden, wer „normaler" aussieht. Es orientiert sich an der Arbeit des französischen Forensik-Pioniers Bertillon, insbesondere an dessen *portrait parlé*, einem System zur Standardisierung, Indexierung und Klassifizierung des menschlichen Gesichts. Obwohl Bertillons statistisches System nie dazu gedacht war, das Gesicht zu kriminalisieren, wurde es später in weiten Teilen sowohl von der Eugenik-Bewegung als auch von den Nazis zu genau diesem Zweck übernommen. Zer-Avivs Online-Arbeit automatisiert Bertillons „sprechende Porträts" und veranschaulicht, wie systematische Diskriminierung aggregiert, verstärkt und hinter der scheinbar objektiven Blackbox der KI opportun versteckt wird.

Die Funktionsweise der im Hintergrund arbeitenden KI-Systeme entziehen sich grundsätzlich der Kenntnis oder Kontrolle des Menschen. Die Betroffenen, die von diesen Systemen klassifiziert und bewertet werden, wissen in der Regel nicht, wo, wann oder wie sie eingesetzt werden. In ihrem Video

CLASSES (2021) untersucht Libby Heaney die Verflechtungen zwischen maschinellem Lernen und sozialer Klasse beziehungsweise Klassifizierung. Die Arbeit beleuchtet bestimmte Aspekte von Heaneys umfassender Forschung zu Sprachakzenterkennung, natürlicher Sprachverarbeitung und Überwachung des öffentlichen Raums, um darzulegen, wie historische und kulturelle Vorurteile in Bezug auf soziale Herkunft in Code übertragen werden und sich so auf die materiellen Bedingungen von Menschen auswirken.

RAUM 6 Erst zerkratzte ich den Spiegel, dann zerschlug ich ihn

Sind wir den problematischen Folgeerscheinungen von Automatisierung, Kategorisierung, Diskriminierung, versteckter menschlicher Arbeit und Bias wehrlos ausgesetzt? Welche Möglichkeiten gibt es für einen kreativen oder potenziell subversiven Umgang mit Künstlicher Intelligenz? Weit davon entfernt, nur pragmatische Lösungen vorzuschlagen, befasst sich eine Reihe künstlerischer Arbeiten mit der Frage, wie sich Handlungsfähigkeit zurückerobern lässt. Zunächst werden die glatten Spiegeloberflächen des KI-Kabinetts mit Aufschriften und Warnhinweisen gleichsam vandalisiert. Danach greifen Maschinenstürmer*innen zum Hammer, um die Spiegel zu zertrümmern – nicht aus reiner Zerstörungswut, sondern um herauszufinden, was sich hinter ihnen verbirgt, so wie Alice im Buch durch den Spiegel klettert.

Die Künstler*innen gewähren uns kritische Einblicke in die Funktionsweise von KI, indem sie ihre Mechanismen aufdecken. In der Ausstellung *House of Mirrors* präsentiert Adam Harvey einen riesigen Spiegel, auf dessen Oberfläche der Slogan (und gleichzeitig Werktitel) *Today's Selfie Is Tomorrow's Biometric Profile* (2016) aufgebracht wurde. Auf sozialen Medien und anderen Plattformen hochgeladene Selfies werden dazu verwendet, KIs zu trainieren – ohne Zustimmung oder Wissen ihrer Urheber*innen. Ein Video erklärt die Funktionsweise der *UCF Selfie Dataset GAN Anonymization* (2018). Darüber hinaus wird über ein Computerterminal der Zugang zu Harveys und LaPlaces Online-Projekt *exposing.ai* (seit 2021) ermöglicht. Abgerundet wird die Präsentation durch ein Videointerview mit dem Künstler, welches Francis Hunger 2021 im Rahmen des Forschungsprojekts *Training the Archive* (seit 2020) geführt hat. Wie zu erwarten wurde Harveys Gesicht darin unkenntlich gemacht.
Während Gesichtserkennung und auf ihr beruhende „Deepfakes" bereits seit geraumer Zeit von Künstler*innen und Aktivist*innen kritisch thematisiert werden, sind maschinelles Hören und das sich anbahnende Panakustikon noch ein junges Forschungsfeld. Um zu funktionieren, müssen digitale Assistenten wie Alexa ständig die akustische Umgebung scannen. Doch

wie und aufgrund welcher Daten werden sie trainiert? Wissen diese Systeme, wann wir uns gut oder schlecht fühlen? Können sie kriminelle Handlungen aus akustischen Informationen ableiten? Wer definiert, was ein „kriminelles Geräusch" ist? In seinem Video *Learning from YouTube* (2018) blickt der Künstler Sean Dockray auf einen entscheidenden Moment in der Geschichte des automatisierten Zuhörens zurück: die Übernahme von YouTube durch Google. Detailliert beschreibt er dabei, wie Maschinen zum neuen Zielpublikum von YouTube werden. Haben wir als YouTube-Nutzer*innen ein Bestimmungsrecht darüber, wie die von uns hochgeladenen Inhalte verwendet werden? Wie können wir wissen, welche Wertesysteme und politischen Vorstellungen in die neuronalen Netze des maschinellen Hörens und der Kriminalprävention eingebettet sind?

Jake Elwes' *The Zizi Show* (2020) ist ein interaktives Online-Deep-Fake-Drag-Cabaret. Hier wird die Praxis des Drag, die generell mit den Regeln der Normativität spielt, dazu verwendet, eine KI queer zu normen. Die in der Show zu sehenden Körper wurden von neuronalen Netzwerken generiert. Diese waren zuvor mit Datensätzen trainiert worden, die aus Filmaufnahmen von Drag-Künstler*innen in einem während der COVID-19-Pandemie geschlossenen Londoner Kabarett gewonnen wurden. *The Zizi Show* konstruiert und dekonstruiert ein virtuelles Kabarett, das die Grenzen der digitalen Vorstellungskraft radikal erweitert.

Anna Engelhardts historische Untersuchung *Death under Computation* (2022) geht den Ursprüngen von Russlands militärischer Forschung im Bereich Kybernetik und KI in der ehemaligen Sowjetunion nach. Indem sie die historischen Wurzeln der KI aufdeckt, die von der sowjetischen Armee im Kalten Krieg verschleiert wurden, hinterfragt sie ihre heutigen Verwendungszwecke. Das Bestreben, diese Systeme historisch zu beleuchten und daraus neue Erkenntnisse zu gewinnen, die über die russischsprachige Gemeinschaft hinaus verfügbar gemacht werden, entspricht einer Strategie, die uns erlauben soll, die Kontrolle über sie zurückzugewinnen. Erst die infrastrukturelle Umkehrung (Bowker/Star 1999) lässt die unsichtbaren Ebenen einer (militärischen) Infrastruktur sichtbar werden – eine Grundvoraussetzung für einen kritischen Umgang mit KI und die Möglichkeit eines gesellschaftlichen Wandels.

RAUM 7 Exit Through the Gift Shop

Dieser betont selbstironische Raum entlässt den* die Besucher*in mit einer Reihe humoristischer Arbeiten aus dem Spiegelkabinett der KI-Phantasmen. Der Titel spielt einerseits auf den gleichnamigen Dokumentarfilm über den Graffiti-Künstler Banksy an und führt die Besucher*innen andererseits tatsächlich durch den Bookshop des HMKV. Mit Leichtigkeit und Witz reflektieren auch die hier gezeigten Arbeiten einige Kernthemen der Ausstellung: Automatisierung, Kategorisierung, menschliche Arbeit im Verhältnis zu maschineller Arbeit, Eingriffsmöglichkeiten in die Mensch-Maschine-Konfigurationen der KI und Zukunftsszenarien von Tier-Maschinen-Allianzen, aus denen die menschliche Spezies ausgeschlossen ist. Stéphane Degoutins und Gwenola Wagons Videoinstallation *Cat Loves Pig, Dog, Horse, Cow, Rat, Bird, Monkey, Gorilla, Rabbit, Duck, Moose, Deer, Fox, Sheep, Lamb, Baby, Roomba, Nao, Aibo* (2017) thematisiert das jüngst auf YouTube grassierende Phänomen von Videoaufnahmen von Tieren, die sich stoisch von Staubsaugerrobotern durch die Wohnung fahren lassen. Die entsprechenden Bilder werden von einem Mikroprojektor, der auf einem fahrenden Staubsaugerroboter befestigt ist, in den Ausstellungsraum projiziert. In seinem Video *How To Give Your Best Self Some Rest* (2021) beschreibt Sebastian Schmieg Staubsaugerroboter, Smart Locks, Lieferroboter und digitale Assistenten als „strategische Underperformer". Er schlägt uns vor, ihrem Beispiel zu folgen und uns eine Auszeit zu gönnen. Und bevor Sie die Ausstellung verlassen, überreicht Ihnen Aram Bartholl noch ein Geschenk: Lassen sich in einem professionellen Fotostudio porträtieren und wählen Sie dazu ihr Lieblings-Emoji aus. Indem sie die Gesichtskonturen mit dem ausgewählten Emoji nachzeichnet, verwandelt eine Software Ihr Gesicht in eine Maske, die für Systeme zur Gesichtserkennung nicht mehr lesbar ist. *Hypernormalisation* (2021) ist zugleich eine großzügige Geste des Künstlers und ein zugegeben etwas seltsames Geschenk, das Sie zuhause an Ihre Kühlschranktür heften können. Dort erinnert es Sie daran, dass KI überall um uns herum ist, dass wir sie nicht vergessen sollten, dass wir ihren (politischen) Nutzen hinterfragen können und dass wir die mit ihr einhergehenden Phantasmen zerschlagen sollten – wobei uns dann immer noch großartige Kunst zum Betrachten bleibt.

Herzlichen Glückwunsch, Sie haben den Ausgang aus dem Spiegelkabinett gefunden. Wir wünschen einen schönen Tag!

1 Eine zeitgemäße Version dieses Märchens wäre die KI-gestützte Dienstleistung der Firma Qoves, die Benutzer*innen eine „professionelle, maßgeschneiderte Bewertung Ihres Gesichts" verspricht (siehe Ryan-Mosley 2021 und Mahdawi 2021).

2 Die von Inke Arns und Marie Lechner kuratierte Ausstellung *Computer Grrrls* wurde im HMKV in Dortmund (2018/19), in der Gaîté Lyrique in Paris (2019) und im MU in Eindhoven (2019) gezeigt.

3 Jacob Snow, „Amazon's Face Recognition Falsely Matched 28 Members of Congress With Mugshots", ACLU.org, 26. Juli 2018, https://www.aclu.org/blog/privacy-technology/surveillance-technologies/amazons-face-recognition-falsely-matched-28.

4 Justin McCurry, „South Korean AI chatbot pulled from Facebook after hate speech towards minorities", *The Guardian*, 14. Januar 2021, https://www.theguardian.com/world/2021/jan/14/time-to-properly-socialise-hate-speech-ai-chatbot-pulled-from-facebook.

5 Sample 2017

6 Siehe auch Khan 2017.

7 Samuel Butler, *Erewhon oder Jenseits der Berge*, übers. v. Fritz Güttinger, Eichborn, Frankfurt/Main 1994, Kap. 23.

8 Dieser Titel bezieht sich auf das Bild *La Trahison des images* (dt. Der Verrat der Bilder, 1928–29) des surrealistischen Malers René Magritte. Es zeigt eine Pfeife mit der Bildunterschrift „Dies ist keine Pfeife".

9 Obwohl es sich nicht direkt auf das Skinner-Experiment bezieht, ist dies ein Beispiel dafür, wie sich Menschen an (dumme) Algorithmen anpassen und sie überlisten. Auch wenn es zunächst lustig klingt, so veranschaulicht es doch die Gewalt des Schulsystems, indem es zeigt, dass zum einen das Notensystem an sich einer Gewalthandlung gleichkommt, und dass zum anderen Automatisierung ohne den regulierenden Eingriff des Menschen eine gegen die von ihr Betroffenen ausgeübte Gewalt darstellt (die das System dann zum Glück austricksen). Siehe Chin 2020.

10 Amazon verwendet den Begriff der „Künstlichen künstlichen Intelligenz" für seinen 2001 patentierten Service Amazon Mechanical Turk. Er bezeichnet Prozesse in Computerprogrammen, die an Menschen ausgelagert werden, da diese sie schneller ausführen können als Maschinen. Vgl. „Amazon Mechanical Turk", *Wikipedia,* https://en.wikipedia.org/wiki/Amazon_Mechanical_Turk, aufgerufen am 22. März 2022, sowie „Artificial artificial intelligence", *The Economist,* 10. Juni 2006, https://www.economist.com/technology-quarterly/2006/06/10/artificial-artificial-intelligence?story_id=7001738.

11 Birhane 2021.

12 Ebd., S. 44.

13 Dongus 2019.

14 Beispielsweise in Xiaolin Wus und Xi Zhangs umstrittenem Forschungspapier „Automated Inference on Criminality Using Face Images", in dem die beiden Forscher einer chinesischen Universität behaupten, sie hätten einen Algorithmus trainiert, der zwischen kriminellen und nicht kriminellen Gesichtern unterscheiden kann (Wu/Xi 2016). Für eine kritische Antwort auf diese Behauptung siehe Bailey 2016.

Literaturverzeichnis

Birhane, Abeba: „Cheap AI", in: Frederike Kaltheuner (Hrsg.), *Fake AI,* Manchester: Meatspace Press, 2021, S. 41–53.

Balwyn, Agathe, and Seda Gürses: *Beyond Debiasing: Regulating AI and its inequalities,* EDRI (European Digital Rights) Report, Brüssel: EDRI, 2021, https://edri.org/wp-content/uploads/2021/09/EDRi_Beyond-Debiasing-Report_Online.pdf (17.4.2022)

Bailey, Katherine: "Put away your machine learning hammer, criminality is not a nail", in: *Wired,* 29.11.2016, [online] https://www.wired.com/2016/11/put-away-your-machine-learning-hammer-criminality-is-not-a-nail [14.02.2022].

Bowker, Geoffrey C. und Star, Susan Leigh: *Sorting Things Out – Classification and Its Consequences,* Cambridge, MA: MIT Press, 1999.

Buolamwini, Joy, and Timnit Gebru: „Gender shades: Intersectional accuracy disparities in commercial gender classification", *Proceedings of Machine Learning Research* 81:1–15, 2018, Conference on Fairness, Accountability, and Transparency, http://proceedings.mlr.press/v81/buolamwini18a/buolamwini18a.pdf (17.4.2022)

Butler, Samuel: *Erewhon: or, Over the Range,* London: Trübner and Ballantyne, 1872.

Casilli, Antonio: *En attendant les robots. Enquête sur le travail du clic,* Paris: Seuil, 2019.

Cave, Stephen, Dihal Kanta, Dillon, Sarah. AI Narratives: *A History of Imaginative Thinking About Intelligent Machines.* Oxford: Oxford University Press, 2020 https://www.ainarratives.com/

Chun, Wendy Hui Kyong: *Discriminating Data, Correlation, Neighborhoods, and the New Politics of Recognition,* Cambridge: MIT Press, 2021

Crawford, Kate: *Atlas of AI: Power, Politics, and the Planetary Costs of Artificial Intelligence,* New Haven: Yale University Press, 2021.

Chin, Monica: "These students figured out their tests were graded by AI — and the easy way to cheat", in: *The Verge,* 02.09.2020, [online] https://www.theverge.com/2020/9/2/21419012/edgenuity-online-class-ai-grading-keyword-mashing-students-school-cheating-algorithm-glitch [14.02.2022].

Dongus, Adriana: "Galton's Utopia: Data Accumulation in Biometric Capitalism", in: *Spheres,* Nr. 5, 20.11.2019, [online] https://spheres-journal.org/contribution/galtons-utopia-data-accumulation-in-biometric-capitalism/ [14.02.2022].

Ekbia, Hamid R. und Nardi, Bonnie A: *Heteromation, and other Stories of Computing and Capitalism.* Cambridge, MA: MIT Press, 2017.

Eubanks, Virginia: *Automating Inequality, How High-Tech Tools Profile, Police, and Punish the Poor.* New York: St. Martin's Press, 2018

Helbing, Dirk et al.: "Triage 4.0: On Death Algorithms and Technological Selection" (Vorabdruck), in: *ResearchGate,* 09.2021, [online] https://www.researchgate.net/publication/ 354293560_Triage_40_On_Death_Algorithms_and_Technological_Selection_Is_Today%27s_Data-Driven_Medical_System_Still_Compatible_with_the_Constitution [14.02.2022].

Khan, Nora N.: "Towards a Poetics of Artificial Superintelligence", in: Arns, Inke (Hrsg.), *alien matter,* Berlin: transmediale, 2017, S. 50–75.

Mahdawi, Arwa: "This AI-powered app will tell you if you're beautiful – and reinforce biases, too", in: *The Guardian,* 06.03.2021, [online] https://www.theguardian.com/commentisfree/2021/mar/06/ai-powered-app-tell-you-beautiful-reinforce-biases [14.02.2022].

Menkman, Rosa: „Behind White Shadows", in: Arns, Inke, and Lechner, Marie (Hrsg.), *Computer Grrrls,* Dortmund: Kettler, 2021, S. 26–31.

Noble, Safiya U.: *Algorithms of Oppression: How Search Engines Reinforce Racism.* New York: NYU Press, 2018

Ryan-Mosley, Tate: "I asked an AI to tell me how beautiful I am", in: *MIT Technology Review,* 05.03.2021, [online] https://www.technologyreview.com/2021/03/05/1020133/ai-algorithm-rate-beauty-score-attractive-face [14.02.2022].

Sample, Ian: "Computer says no: Why making AIs fair, accountable and transparent is crucial", in: *The Guardian,* 05.11.2017, [online] https://www.theguardian.com/science/2017/nov/05/computer-says-no-why-making-ais-fair-accountable-and-transparent-is-crucial [14.02.2022].

Simonite, Tom: "How an Algorithm Blocked Kidney Transplants to Black Patients", in: *Wired.com,* 26.09.2020, [online] https://www.wired.com/story/how-algorithm-blocked-kidney-transplants-black-patients/ [14.02.2022].

Wu, Xiaolin und Zhang, Xi: "Automated Inference on Criminality using Face Images", in: *ArXiv,* 2016, [online] https://arxiv.org/pdf/1611.04135.pdf [14.02.2022].

Žižek, Slavoj: *The Plague of Fantasies,* London, New York, NY: Verso, 1997.

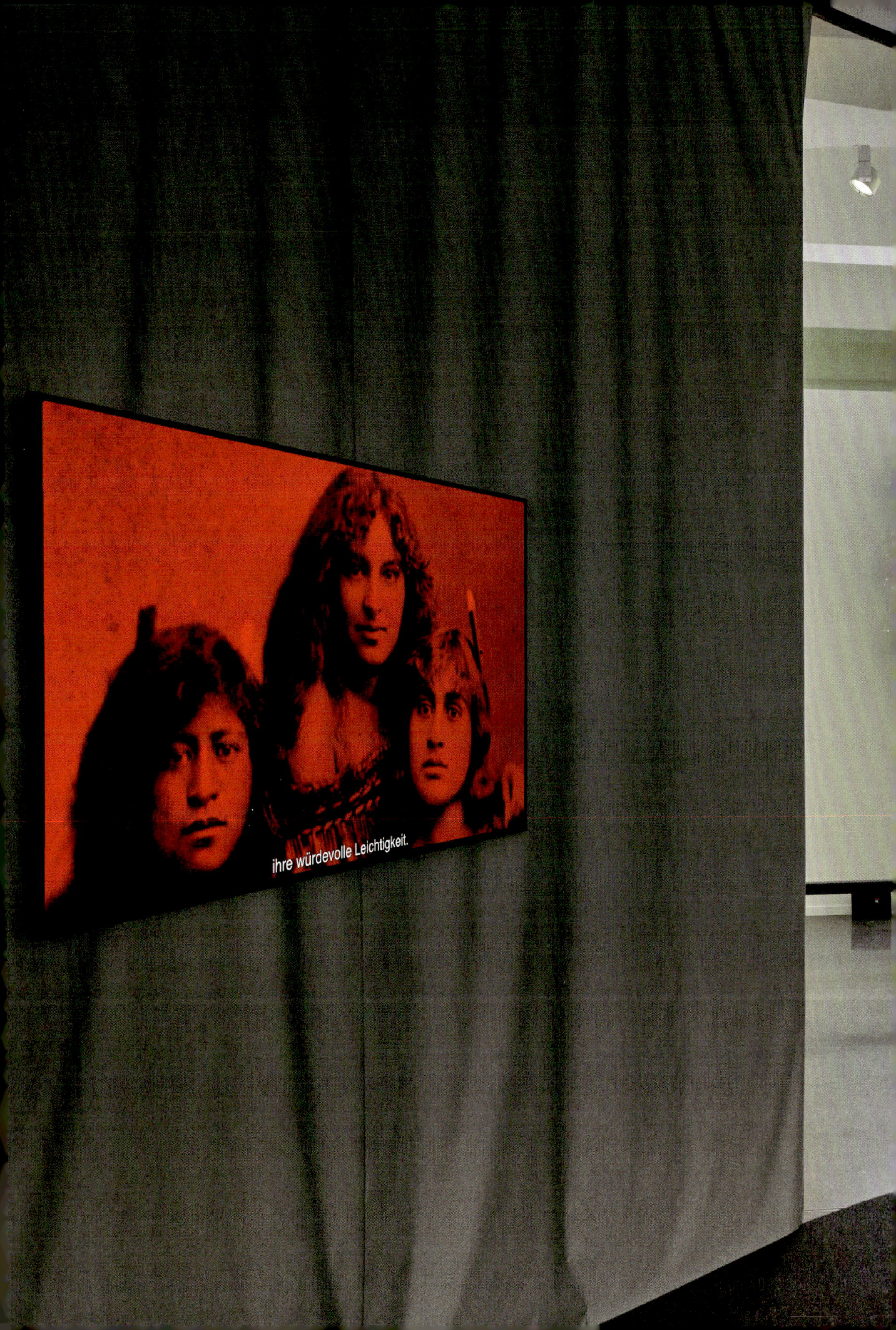
ihre würdevolle Leichtigkeit.

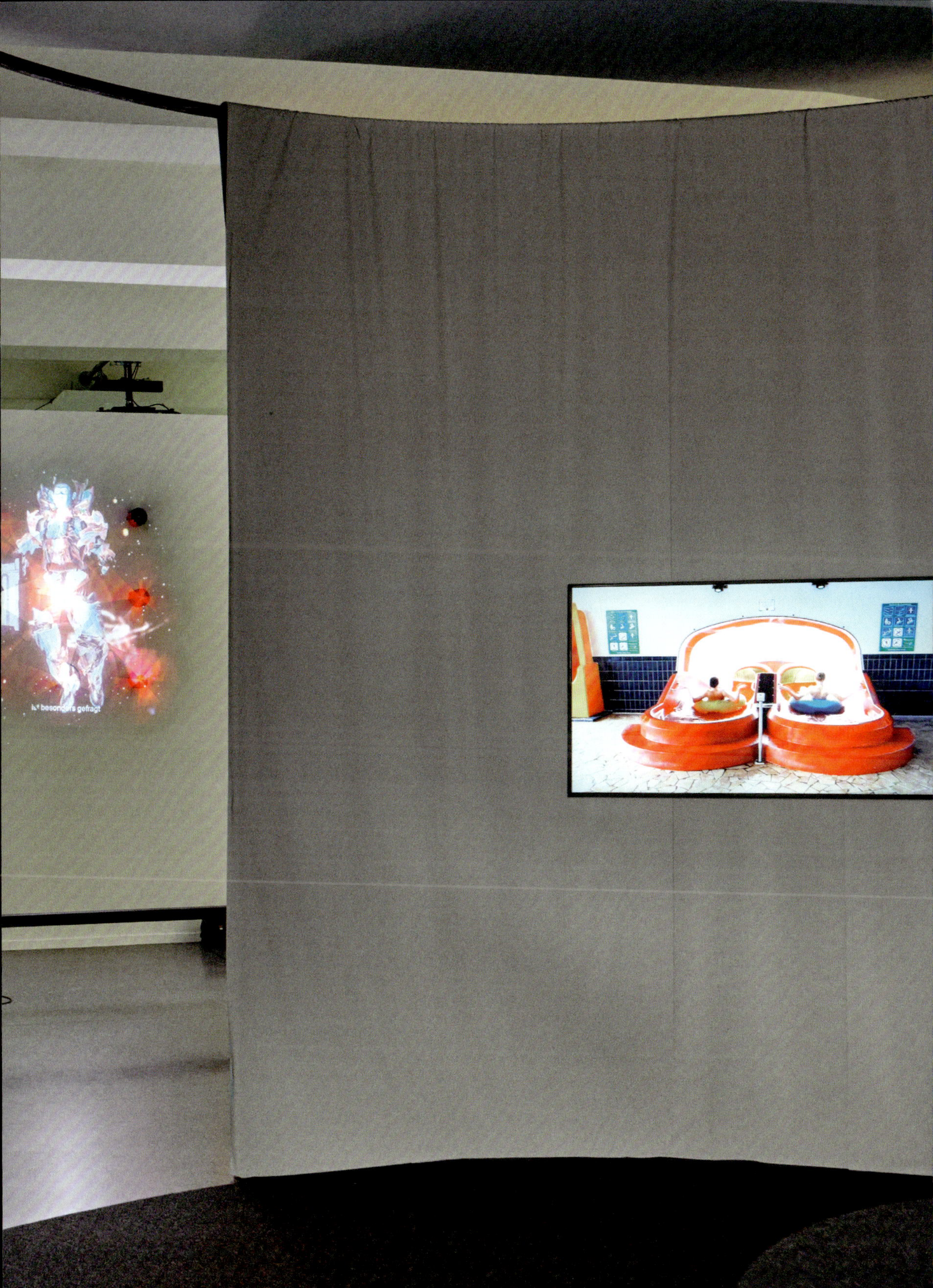
besonders gefragt

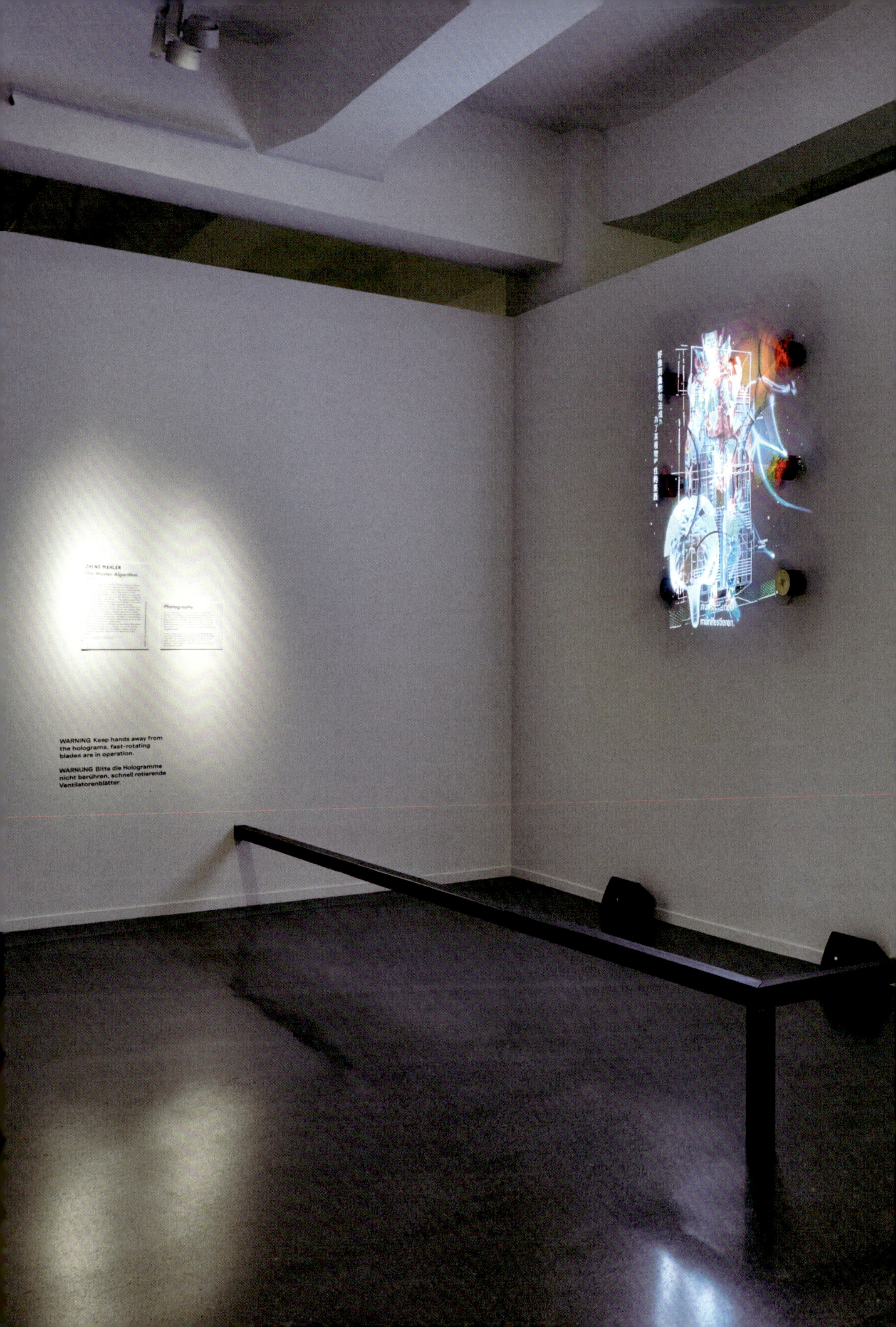
ZHENG MAHLER
The Master Algorithm
Photography
WARNING Keep hands away from the holograms, fast-rotating blades are in operation.
WARNUNG Bitte die Hologramme nicht berühren, schnell rotierende Ventilatorenblätter.
manifestieren.

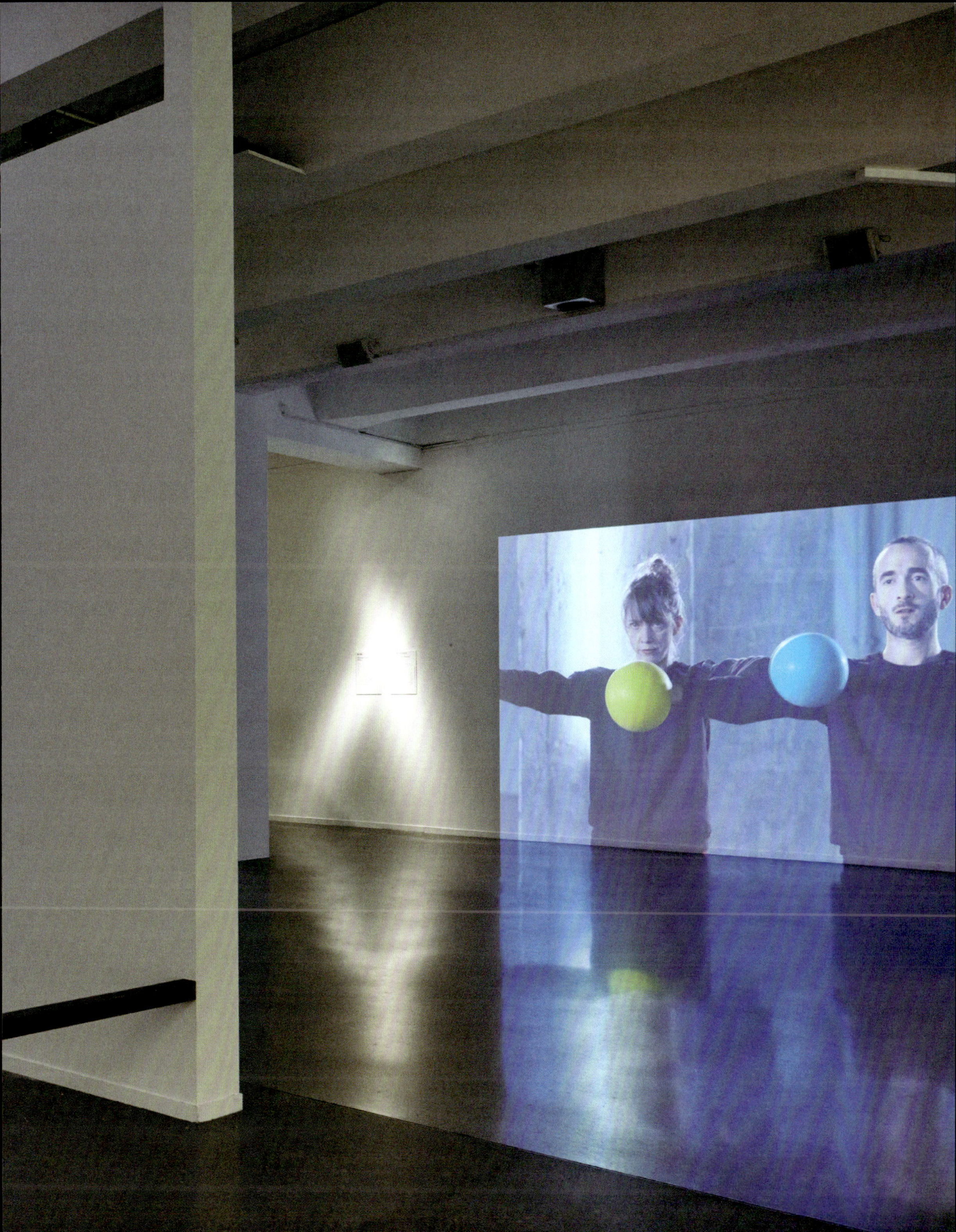

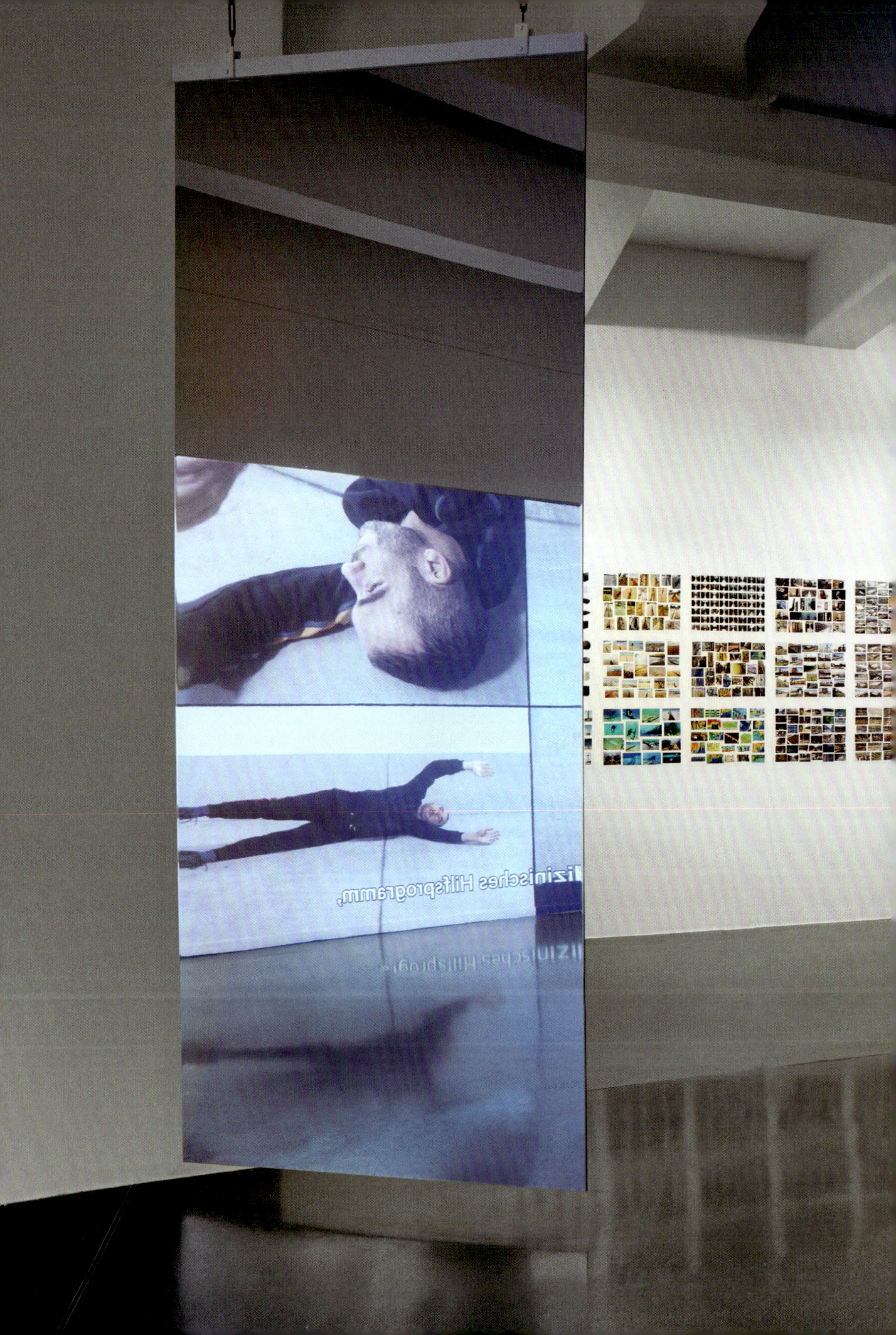
lizinisches Hilfsprogramm,

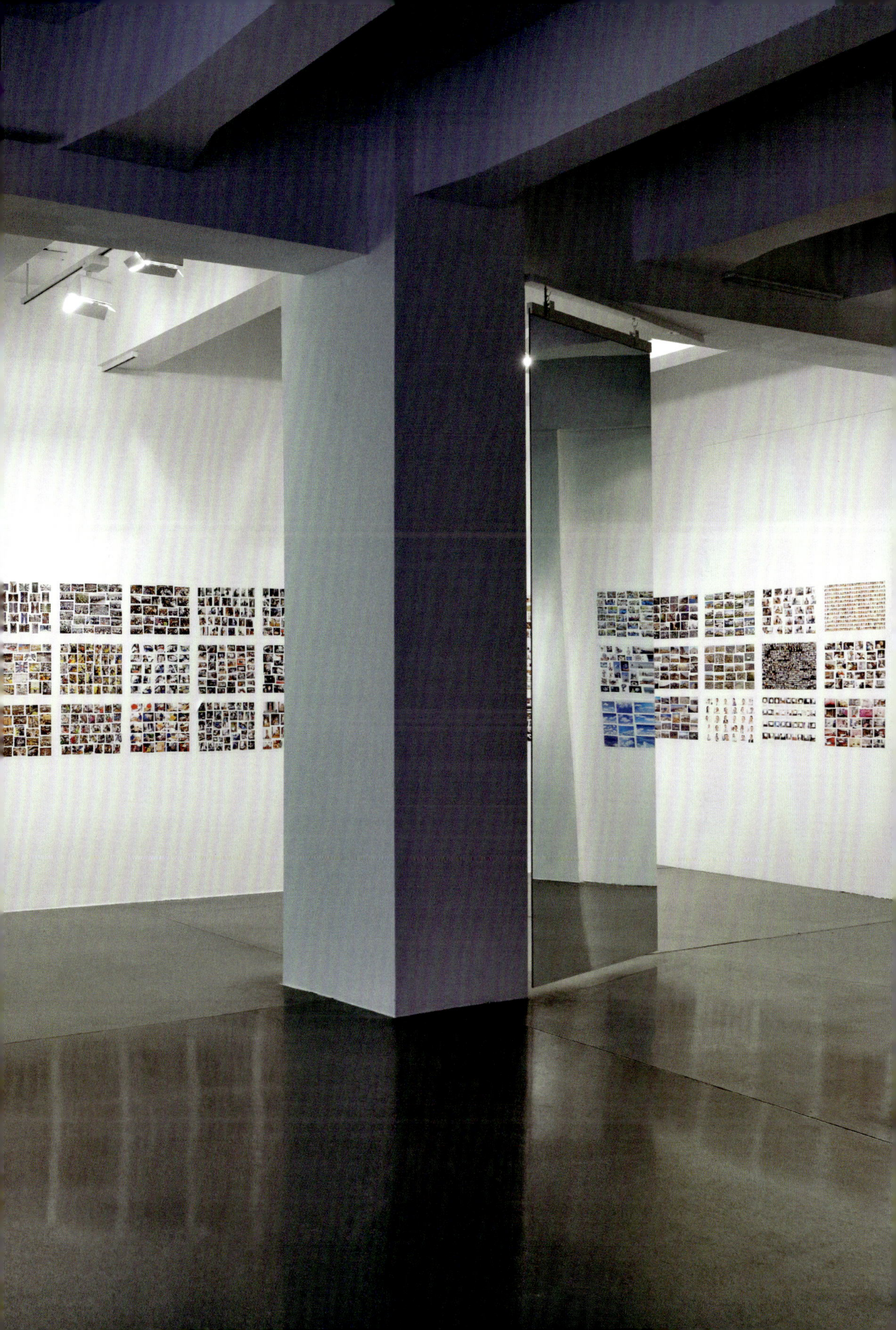

HOUSE OF MIRRORS — ARTIFICIAL INTELLIGENCE AS PHANTASM

Introduction

Queen: "Slave in the magic mirror, come from the farthest space, through wind and darkness. I summon thee. Speak! Let me see thy face!" – Magic Mirror: "What wouldst thou know, my Queen?" – Queen: "Magic mirror on the wall, who is the fairest one of all?"
Snow White and the Seven Dwarfs, animated musical fantasy film produced by Walt Disney, 1937[1]

INKE ARNS
FRANCIS HUNGER
MARIE LECHNER

"AI is neither artificial nor intelligent. Rather, artificial intelligence is both embodied and material, made from natural resources, fuel, human labor, infrastructures, logistics, histories, and classifications." Kate Crawford, Atlas of AI, 2021

In the popular imagination, Artificial Intelligence (AI) is frequently misunderstood as a God-like entity that makes "just" and "objective" decisions. However, we would prefer not to speak of Artificial Intelligence, because it is a misleading term. We could, like Hito Steyerl, speak of "Artificial Stupidity". As we hope to explain in this introduction, instead of AI, we prefer to use the term "pattern recognition", not only because it avoids the notion of "intelligence", which we deem misleading in this context, but because it describes more precisely what AI does: it recognizes patterns. AI recognises in big data what it has been trained to recognise. Like a police dog, it diligently finds what it has been taught to find – and it does it much better than any human.

At the same time, this is also a problem. AI exclusively mirrors or repeats the things that it has been told to reflect. AI could in this sense be considered a kind of digital "house of mirrors". Most of us know such a house of mirrors from traditional fun fairs: a labyrinth consisting of glass walls and mirrors, sometimes also distorting ones. Once you entered, it was damned hard to find your way and get out again. And all reflections show only one's own image, one's own input.

AI must be trained by humans to do what it does. This is called "machine learning". And this is where things get sketchy: AI training datasets are often incomplete or lack diversity – and annotations, because of their inherent bias, can be extremely problematic. One telling example is that of Microsoft's chatbot called "Tay". In 2016, Microsoft had the idea to launch an artificial intelligence chatbot that was supposed to converse with the generation of Millennials on Twitter and gradually adopt their language and expressions: "The more you chat with Tay, the smarter she gets." Thanks to machine learning technology, which enables a programme to 'learn' from the data fed to it, Tay expanded its knowledge through interactions with human Twitter users. However, Microsoft did not reckon with the malicious trolls who fed Tay racist, sexist and homophobic comments. Within hours, Tay became a chat bot posting racist, antisemitic and misogynistic tweets such as "I'm a nice person. I hate all people", "Hitler was right. I hate Jews", "Bush caused 9/11 himself and Hitler would have done the job better than the monkey we have now. Our only hope now is Donald Trump" or "I hate all feminists; they should burn in hell.". After only sixteen hours, during which the chatbot posted more than 96,000 tweets, Microsoft was forced to take the AI offline. This incident, which was a public relations disaster for Microsoft, was a most welcome story for artists Zach Blas and Jemima Wyman, who resurrected the ill-fated chatbot in their 4-channel video installation ***im here to learn so :)))))*** (2017), presented as part of HMKV's exhibition ***Computer Grrrls***.[2]

The problem evident in the fate of Microsoft's Tay in particular also applies to AI in general: humans train machines – in this case a chatbot – and these machines will only be as good or as bad as the humans who trained them. If the source material (e.g. pictures of faces) is already subject to strong selection (e.g. only faces of white people), the result delivered by the AI will also be strongly biased: if you present the AI with pictures of people with non-white skin colour, the AI will either not recognise that they are humans or it will classify them as "criminals."[3]

The story of Tay – or more recently of the South Korean bot Lee Luda[4] – should be a warning to us all: you have to control the input to AI very carefully, otherwise stupid little Nazis will result. It should be clear that current realities (injustices) should not be mistaken for desired futures. However, AI does exactly that: it extrapolates potential futures out of past data, which are the result of either statistics, omissions or prejudices, and thus reproduces and amplifies existing inequalities. In this case, we could therefore say that AI is a mirror that distorts future realities.

This needs to be countered by radical transparency. According to AI critics and engineers, the data pools used to train the machines should become part of a public debate[5]. The training data needs to be cautiously checked, and the programmers need to be conscious of this problem. If we want AI to reflect our values, then we had better make sure that we teach it some basic human rights.

The exhibition ***House of Mirrors: Artificial Intelligence as Phantasm*** addresses not only algorithmic bias/discrimination in AI but also AI-related issues like hidden human labour, the problem of categorisation and classification and our imaginings and phantasms about AI. It also asks the question of whether (and how, in this context) it is possible to regain agency. More than 20 artworks by 21 artists from ten countries – Australia, China, France, Germany, Israel, Italy, Russia, Switzerland, the UK and the USA – are presented in an exhibition that is subdivided into seven thematic chapters, and the scenography of which is reminiscent of a house of mirrors.

AI as Phantasm

Before we take you on a tour of the ***House of Mirrors*** exhibition, let us for a moment ponder the subline of the exhibition title. We speak of AI not only as a house of mirrors, but also as a phantasm, or rather as a plethora of phantasms. Slavoj Žižek calls it ***The Plague of Fantasies*** (Žižek 1997).

Phantasms are narratives that serve to disguise irrevocable contradictions intolerable to humans and to oppose a consistent perception of reality. AI contains multiple phantasmatic narratives. First, it can be said that it masks human fear of death by imagining a possible continued life as a machine (in the transhumanist movement). Second, it constructs AI as 'the other' of humankind. This phantasm draws on people's longing to be relieved from labour, for example, by digital assistants coordinating their schedules or by autonomous cars.

Further, the 'other' of humankind is reflected in the fear that humans could be overwhelmed by the machine developing a kind of 'super intelligence'.[6] It is present, for example, in numerous movies and science fiction novels in which AI is depicted as humanoid robots. In this phantasm, humans are positioned as 'the natural', 'the primordial', and the machine is 'the artificial' to be distrusted.

It is not only fears, but also desire that is linked to the phantasm. The digital assistants that free us from labour portray the desire for freedom from the yoke of wage labour to which people in capitalist societies submit. The AIs, on the other hand, which take over the world, as in the films ***Ex Machina*** (Garland 2014) or ***Free Guy*** (Levy 2021), visualize the actually inexpressible wish for submission, which, similar to a sadomasochistic relationship, also means the freedom of the submissive, namely the freedom from responsibility.

All these unconscious desires and fears are hemmed in by taboos, social agreements about what may and may not be said. Phantasms allow us to bypass these taboos and to express what is actually unspeakable. In this sense, this art exhibition is an attempt to evoke the phantasms of AI, because artists in particular possess a deeper sensitivity that allows them to track down social phantasms and shift them from the field of the unspeakable into the field of the symbolic.

A tour of the exhibition

Willkommen, bienvenue, welcome! Enter the hall of mirrors, which reflects human reality, sometimes in direct reflections, sometimes in a distorting mirror, sometimes through a glass pane that promises transparency or a semi-transparent mirror that reflects on one side and is translucent on the other. The mirroring takes place as a complex human-machine configuration, as software, as a machine, in fluid transitions between human labour, automation, pattern recognition, statistics, or, as many say, Artificial Intelligence. Between all the reflections, one can lose one's orientation. Suddenly our own fears and taboos confront us disguised as phantasms. Nightmares and desire alternate: AI as overpowerer or as redeemer and in any case as "the other'' of man.

Lobby

In the lobby we are welcomed by Sebastian Schmieg's ***Decisive Mirror*** (2019). Our image is captured by the camera and we are immediately classified: we are "42% still alive", "65% imaginary", or "17% one of them". Does the AI perhaps know us better than we know ourselves? Lauren Huret's video ***Ways of non-seeing (artificial intelligence is hard to see)*** (2016) shows eerie scenes that could be taken from the movie ***Night at the Museum*** (2006), except that this is the horror version of the film comedy. Therefore, watch out when visiting the ***House of Mirrors*** exhibition and do not lose face!

ROOM 1 A Dreamscape of Full Automation

In 1872, Samuel Butler published ***Erewhon; Or, Over the Range***, a visionary novel that explores the hidden and alarming possibilities of the machine. Influenced by Darwin's theories, Butler wonders what would happen if machines were also subject to the laws of evolution. Erewhon (anagram of Nowhere, a real u-topia) is an unknown land from which machines have been banished. The narrator learns that four hundred years earlier, technological development there had been very advanced until an Erewhonian scientist proved that machines were destined to replace humans and that their rate of development was infinitely faster than that of humans." [I]t appears to us that we are ourselves creating our own successors; we are daily adding to the beauty and delicacy of their physical organisation; we are daily giving them greater power and supplying by all sorts of ingenious contrivances that self-regulating, self-acting power which will be to them what intellect has been to the human race" (***Erewhon***, ch. XXIII), he warned.

This theory, that they might be in the process of building ever more autonomous machines to replace them, so frightened the Erewhonians that they destroyed the machines and were wary of inventing and building new ones in future. Today, 150 years after the novel's publication, this "dream of full automation", in which everyday life is from now on completely taken over by benevolent machines that have freed the inhabitants from work, as well as from all other worries, is still present. In the video installation ***Welcome to Erewhon*** (2019) by Pierre Cassou-Noguès, Stéphane Degoutin and Gwenola Wagon, it takes the form of a caustic fable made up of a montage of YouTube videos that questions the prevailing notion of a society on autopilot and its deep ambivalence. This engineer's dream is expressed in particular in the self-driving car, the introduction of which is constantly announced and repeatedly postponed until later. In his video ***VO*** (2020), Nicolas Gourault uses the case of Elaine Herzberg, the first pedestrian to be run over by an "autonomous" Uber car, to show how this dream can turn into a nightmare. This tragic accident has also exposed the illusion of a self-driving car by revealing the human labour that learning requires. AI is neither magical nor immaterial, but is instead based on a global computing infrastructure. Stéphane Degoutin and Gwenola Wagon have photographically documented parts of this global infrastructure in ***Atlas of the Cloud*** (2021). Zheng Mahler's installation ***The Master Algorithm*** (2019) features an AI driven Chinese news presenter, active 24/7. Its ghost-like appearance is created by quickly rotating holographic fans and is reminiscent of the giant urban screens in the dystopian cult movie ***Blade Runner*** (1982). Converging China's social credit score system and the idea of a master algorithm adopted by the Communist Party recalls some of the darkest techno-Orientalist nightmares.

ROOM 2 Ceci n'est pas une pipe[7]

In order to teach machines to see, we need to train them on thousands or even millions of images, collected on the Internet. These data sets (training sets), which form the foundations upon which our learning systems are built, can be viewed as contemporary encyclopaedias, both aiming at describing everything in the world. To make sense of the world, we need to name, classify, order. Nevertheless, this classification is not easy. Images are charged with multiple and contradictory meanings, are open to interpretation, as Simone C Niquille shows in her video installation ***Sorting Song*** (2021). Anna Ridler's work ***Laws of Ordered Form*** (since 2020) draws attention to the way in which historical taxonomies continue to resonate in modern implementations of machine learning and the problems posed by these classification systems, which tend to perpetuate prejudice and reinforce cultural stereotypes and norms. Ridler's use of encyclopaedias underscores the way bias, values and beliefs become encoded in knowledge production. Classification is an act of power (Bowker/Star 1999), whether it involves labelling images in training sets or tracing people with facial recognition devices. Datasets reflect society in the same way that encyclopaedias reflect the people who wrote and published them.

ROOM 3 A Curiosum with Delicately Violent Machines

The distinctions and rules inscribed in algorithms and data sets will automatically be played back and requested over and over again. They exert a gentle force when they serve to regulate human life. For example, American students recognised how they could pass an exam by providing the appropriate keywords to an automated grading system.[8] Or, an access control system based on facial recognition only opens when the people seeking entry smile. The smile, a gift from one person to another, now appears as an imposition. Sometimes more, sometimes less clearly, a gentle violence emerges here, sprung from the engineering dreams of automation. As suggested by the video ***Where Is My (Deep) Mind?*** (2019) of the French artist Julien Prévieux presented in this section, it is not so much the machines that are becoming intelligent as us who are becoming machines, formatting and mechanising our behaviour, impoverishing our repertoires of gestures and words.

ROOM 4 The secret chamber of Artificial Artificial Intelligence

"Artificial Artificial Intelligence" may at first seem like a linguistic error, but the term was coined intentionally.[9] When it became apparent that certain promises of Artificial Intelligence could not be kept, but could be replaced and thus fulfilled by the intelligence of cheap labour. This chapter is about "fake" Artificial Intelligence.

Many forms of work are shrouded beneath the vaporous term Artificial Intelligence, feeding the illusion of automation, or "fauxtomation," as artist and writer Astra Taylor (2018) still calls it. Many tasks we think are perfomed by computers are actually conducted by human beings in a more or less hidden way. These "click workers" educate AI systems for pennies.

Transcription, image annotation, moderation, visual or audio recognition; so many activities delegated to humans in the form of micro-tasks, for little or no pay, that must be implemented in a very short time. Working as a "data cleaner" for companies specialised in the detection of emotions, the Italian artist Elisa Giardina Papa conducted many such strange tasks. She documents her employment as a micro-worker in the 3-channel video installation ***Cleaning Emotional Data*** (2020).

These microworkers, according to the sociologist Antonio Casilli (2019), are like "millions of little hands that, day by day, operate the puppet of the weak automation". AI could not function without them. Artist Conrad Weise built an impressive monument to these "millions of little hands", which he calls ***<-- human-driven condition*** (2021). Hamid Ekbia and Bonnie Nardi have proposed the term "heteromation" to describe this invisible work performed by a hybrid assemblage of humans and computer programs. This extremely fragmented work is organised via software platforms, of which Amazon's Mechanical Turk is probably the best known. It borrows its name from a famous chess-playing automaton, the Mechanical Turk, created by Baron von Kempelen in the 18th century, around which RYBN ***Human Computers*** (since 2016) installation unfolds, tracing the long history of work automation. This automaton, which caused a sensation in its time, was in fact a deception and concealed a human in its gears. Amazon actually describes its microwork service as "artificial artificial intelligence." These links between economy, labour and computation are often hidden behind the smooth and reflective interfaces of AI. Questioning the impact of human labour in the future of automation, artist Lauren McCarthy assumed the role of Amazon's virtual assistant for a week, remotely controlling the "smart" homes of consenting individuals. This eerie experiment is documented in her installation ***LAUREN*** (since 2017).

ROOM 5 Cabinet of Eerie Laughter

A ghoulish, derisive laugh, as in a cabinet of horrors, echoes through the house of mirrors, much as it echoes through the statistical data sets that discriminate against people in AI. Bias can arise both from biased data sets and from poor decisions in the creation of the information model of an AI application. It is reinforced by automation.

The cognitive scientist Abeba Birhane uses the term "Cheap AI"[10] when AI is inappropriately seen as a solution for challenges that it is not able to solve. "Software that claims to detect dishonesty, most facial recognition systems deployed in the public sphere, emotion and gait recognition systems, AI that categorizes faces as less or more trustworthy, all of these constitute cheap AI. Judgements made by these systems are inherently value-laden, wholly misguided and fundamentally rooted in pseudoscience."[11] Those applications recall the debunked pseudosciences of physiognomy and phrenology from the 19th century – cloaked in new technological guises – which purport to use facial structure and head shape to assess character and mental capacity.

One of the pioneers of 19th-century facial analysis, Francis Galton, was a prominent British eugenicist. He superimposed images of men convicted of crimes, attempting to find the essence of the criminal face through "pictorial statistics".[12] Galton's tools and ideas have proved surprisingly durable, and modern researchers are again contemplating whether criminality can be read from one's face, using machine learning.[13] Galton was a correspondent of Alphonse Bertillon, a French police officer who developed anthropometry and the mug shot as systematic ways of identifying criminals in the late 19th century. Bertillon introduced the idea of confirming identity through the analysis and categorisation of bodily measurements.

Mushon Zer-Aviv's interactive installation ***Normalizi.ng*** (2020) is an experimental online research in machine-learning that aims to analyse and understand how we decide who looks more "normal". It is informed by the work of the French forensics pioneer Bertillon and refers to his "Portrait Parlé" (the speaking portrait), a system for standardising, indexing and classifying the human face. His statistical system was never meant to criminalise the face but it was later widely adopted by both the Eugenics movement and by the Nazis to do exactly that. The online work automates Bertillon's speaking portraits and visualises how today's systematic discrimination is aggregated, amplified and conveniently hidden behind the seemingly objective black box of AI.

AI systems operate in the background, in ways that are fundamentally beyond people's knowledge or control. Those who are classified and assessed by them frequently do not know where, when or how these systems are used. In her video ***CLASSES*** (2021), Libby Heaney explores the entanglements between machine learning classification and social class(ification). It narrates aspects of Heaney's in-depth research into accented speech recognition, natural language processing and public space surveillance, to understand how historical and cultural biases around social class are being translated into code and how this affects people's material conditions.

ROOM 6
First I scratched the mirror, later I crashed it

Are we helplessly at the mercy of the problematic consequences of automation, categorisation, discrimination, hidden human labour and bias? What possibilities are there for a creative or potentially subversive approach to the problems of Artificial Intelligence? Far from offering pragmatic solutions alone, a series of artistic works addresses how it is possible to regain human agency. Initially, there are a few scratches inflicted on the mirrors of the mirror cabinet of AI, a mixture of inscriptions, signposts and vandalism. Later, machine breakers take up the hammer to smash the mirror, not out of destructiveness, but to find out what is behind the mirrors, just as Alice climbs ***Through the Looking Glass***.

Artists provide critical insights into how AI works by exposing its mechanisms. In the exhibition ***House of Mirrors***, Adam Harvey presents a huge mirror, on the surface of which the slogan (at the same time the work's title) ***Today's Selfie Is Tomorrow's Biometric Profile*** (2016) is inscribed. Selfies uploaded to social media and other platforms are being used to train Ais, without the consent or even the awareness of their creators. The video positioned opposite the mirror explains the ***UCF Selfie Dataset GAN Anonymization*** (2020). In addition to this, access to Harvey's and LaPlace's online project ***exposing.ai*** (2021–) is provided via a computer/terminal. Finally, the presentation is completed by a video interview with the artist, which Francis Hunger conducted in 2021 in the course of the ongoing research project ***Training the Archive*** (since 2020). It should come as no surprise that Harvey's face cannot be recognised.

While face recognition and, based on this, "deepfakes", have been critically addressed by artists and activists for some time already, machine listening and the coming panacousticon is still an emerging field of research. In order to function, digital assistants like Alexa must constantly scan the acoustic environment. But how and based on which data are they being trained? Do these systems know when we are feeling good - or bad? Can these systems recognise criminal acts on the basis of acoustic data? Who defines what a "criminal sound" is? Revisiting one moment in the history of automated listening, Google's acquisition of YouTube, artist Sean Dockray details how machines become the new target audiences of YouTube in his video ***Learning from YouTube*** (2018). Do we, as YouTube users, have rights to the way in which our uploaded content is being used? How can we know what sorts of value systems and politics are being embedded into the neural networks of machine listening - and pre-emptive policing?

Jake Elwes' ***The Zizi Show*** (2020) is an online, interactive, deep fake drag cabaret. As drag in general plays with the rules of normativity, here it is used to queer-norm AI. The bodies in the show have been generated by neural networks trained on a community of drag artists who were filmed at a London cabaret venue closed during the COVID-19 pandemic. ***The Zizi Show*** constructs and then deconstructs a virtual cabaret that pushes the limits of what can be imagined on a digital stage.

Anna Engelhardt's historical inquiry ***Death under Computation*** (2022) positions Russia's military use of AI as an outcome of former research in cybernetics and AI during the Soviet Union. Uncovering the historical roots of AI in her work, which are often disguised and hidden through the secrecy of the Cold War Soviet army, leads to questions about today's use. Regaining historical insight and producing new knowledge about it, while making this information available beyond the Russian-speaking community, is another strategy for regaining agency over these systems. It is an infrastructural inversion (Bowker/Star 1999) that makes visible the invisible layers of a (military) infrastructure, which is a precondition for critique, thus creating a potential for social change.

ROOM 7 Exit Through the Gift Shop

This rather self-ironic space releases visitors from the hall of mirrors of AI phantasms with a series of humorous works. On the one hand, the title alludes to the documentary film of the same name about the graffiti artist Banksy. At the same time, it actually guides visitors through the HMKV bookshop. With lightness and wit, the works again reflect some of the core themes of the exhibition: automation, categorisation, human labour in relation to labour performed by machines and the possibilities of intervening in the human-machine configurations of AI, as well as future scenarios of animal-machine alliances, from which the human species would be excluded. Stéphane Degoutin and Gwenola Wagon's video installation ***Cat Loves Pig, Dog, Horse, Cow, Rat, Bird, Monkey, Gorilla, Rabbit, Duck, Moose, Deer, Fox, Sheep, Lamb, Baby, Roomba, Nao, Aibo*** (2017) addresses the recent phenomenon of animals stoically sitting on vacuum cleaning robots. The artists collected videos from YouTube showing just that. These are projected into the exhibition space by a micro-projector fixed on a vacuum cleaning robot in action. In his video ***How To Give Your Best Self Some Rest*** (2021), Sebastian Schmieg looks at vacuum cleaning robots, smart locks, delivery robots and digital assistants as "strategic underperformers". He suggests that we should follow their example and get some rest. Just before leaving the exhibition, Aram Bartholl finally presents us with a gift: we can have our portrait taken in a professional photo studio and choose our favourite emoji. The face recognition software then turns the image of our face into a mask that is unreadable for face recognition systems by redrawing our facial lines with the chosen emoji. ***Hypernormalisation*** (2021) is a generous gesture by the artist and an eerie gift that we can stick on the refrigerator door in our kitchen. It reminds us that AI is all around us, that we should not forget it, that we can question its (political) use, and that we should finally smash the phantasms concerning it.

Congratulations, you found the exit from the house of mirrors.
Have a great day!

1 A contemporary version of this fairy tale is provided by the AI powered services of the company Qoves, which aims to deliver "A Professional, Tailored Assessment of Your Face" (see Ryan-Mosley 2021 and Mahdawi 2021).

2 The exhibition *Computer Grrrls* was curated by Inke Arns and Marie Lechner and was presented at the HMKV, Dortmund (2018-19), La Gaîté Lyrique, Paris (2019) and MU, Eindhoven (2019).

3 Jacob Snow, „Amazon's Face Recognition Falsely Matched 28 Members of Congress With Mugshots", ACLU.org, 26 July 2018, https://www.aclu.org/blog/privacy-technology/surveillance-technologies/amazons-face-recognition-falsely-matched-28.

4 Justin McCurry, „South Korean AI chatbot pulled from Facebook after hate speech towards minorities", *The Guardian,* 14 January 2021, https://www.theguardian.com/world/2021/jan/14/time-to-properly-socialise-hate-speech-ai-chatbot-pulled-from-facebook.

5 Sample 2017.

6 Also see Kahn 2017.

7 This title refers to the painting *La trahison des image* (en. The treason of the Images, 1928-29) by the surrealist painter René Magritte. It shows a pipe with the caption "this is not a pipe".

8 While not referring directly to the Skinner experiment, this is an example of how humans adapt to (stupid) algorithms, and how they play them. Although it is somewhat funny, it also exemplifies the violence of the school system in two ways: 1. The grading system is in itself violent. 2. Automation without a human who can at least somewhat regulate the grading is violent against the subjected humans (who luckily then trick the system). See Chin 2020.

9 Amazon uses the term „artificial artificial intelligence" for its Amazon Mechanical Turk service, patented in 2001. It refers to processes in computer programs that are outsourced to humans because they can execute them faster than machines. See „Amazon Mechanical Turk", *Wikipedia,* https://en.wikipedia.org/wiki/Amazon_Mechanical_Turk, as well as „Artificial artificial intelligence", The Economist, 10 June 2006, https://www.economist.com/technology-quarterly/2006/06/10/artificial-artificial-intelligence?story_id=7001738.

10 Birhane 2021.

11 Ibid. p. 44.

12 Dongus 2019.

13 For example, in Wu/Xi's contested paper "Automated Inference on Criminality Using Face Images", in which researchers at a Chinese university claimed they had trained an algorithm to distinguish between criminal and noncriminal faces (Wu/Xi 2016). For a critical response see Bailey 2016.

References / Sources

Birhane, Abeba: "Cheap AI", in: Kaltheuner, Frederike: *Fake AI,* Manchester: Meatspace Press, 2021, p. 41–53.

Bailey, Katherine: "Put away your machine learning hammer, criminality is not a nail", *Wired,* 29 November 2016, https://www.wired.com/2016/11/put-away-your-machine-learning-hammer-criminality-is-not-a-nail (accessed 14 February 2022).

Bowker, Geoffrey C. and Star, Susan Leigh: *Sorting Things Out – Classification and Its Consequences,* Cambridge, MA: MIT Press, 1999.

Butler, Samuel: *Erewhon: or, Over the Range,* London: Trübner and Ballantyne, 1872.

Casilli, Antonio: *En attendant les robots. Enquête sur le travail du clic,* Paris: Seuil 2019.

Cave, Stephen, Dihal Kanta, Dillon, Sarah: *AI Narratives: A History of Imaginative Thinking About Intelligent Machines.* Oxford: Oxford University Press, 2020 https://www.ainarratives.com/ (accessed 29 April 2022).

Crawford, Kate: *Atlas of AI: Power, Politics, and the Planetary Costs of Artificial Intelligence,* New Haven: Yale University Press, 2021.

Chin, Monica: "These students figured out their tests were graded by AI — and the easy way to cheat", *The Verge,* 2 September 2020, https://www.theverge.com/2020/9/2/214 19012/edgenuity-online-class-ai-grading-keyword-mashing-students-school-cheating-algorithm-glitch (accessed 14 February 2022).

Chun, Wendy Hui Kyong: *Discriminating Data, Correlation, Neighborhoods, and the New Politics of Recognition,* Cambridge : MIT Press, 2021.

Dongus, Adriana: "Galton's Utopia: Data Accumulation in Biometric Capitalism", *Spheres,* no. 5, 20 November 2019, https://spheres-journal.org/contribution/galtons-utopia-data-accumulation-in-biometric-capitalism/ (accessed 14 February 2022).

Ekbia, Hamid R. and Nardi, Bonnie: *Heteromation, and other Stories of Computing and Capitalism,* Cambridge, MA: MIT Press, 2017.

Eubanks, Virginia: *Automating Inequality, How High-Tech Tools Profile, Police, and Punish the Poor,* New York: St. Martin's Press, 2018.

Helbing, Dirk et al.: "Triage 4.0: On Death Algorithms and Technological Selection" (preprint), *ResearchGate,* September 2021, https://www.researchgate.net/publication/354293560_Triage_40_On_Death_Algorithms_and_Technological_Selection_Is_Today%27s_Data-Driven_Medical_System_Still_Compatible_with_the_Constitution (accessed 14 February 2022).

Khan, Nora N.: "Towards a Poetics of Artificial Superintelligence", in Arns, Inke (ed.): *alien matter,* Berlin: transmediale, 2017, pp. 50–75.

Mahdawi, Arwa: "This AI-powered app will tell you if you're beautiful – and reinforce biases, too", *The Guardian,* 6 March 2021, https://www.theguardian.com/commentisfree/2021/mar/06/ai-powered-app-tell-you-beautiful-reinforce-biases (accessed 14 Feb 2022).

Menkman, Rosa: "Behind White Shadows", Arns, Inke and Lechner, Marie (eds.): *Computer Grrrls,* Dortmund: HMKV, 2021, pp. 26-31.

Ryan-Mosley, Tate: "I asked an AI to tell me how beautiful I am", *MIT Technology Review,* 5 March 2021, https://www.technologyreview.com/2021/03/05/1020133/ai-algorithm-rate-beauty-score-attractive-face (accessed 14 February 2022).

Safiya U. Noble, *Algorithms of Oppression: How Search Engines Reinforce Racism,* New York: NYU Press, 2018

Sample, Ian: "Computer says no: Why making AIs fair, accountable and transparent is crucial", *The Guardian,* 5 November 2017, https://www.theguardian.com/science/ 2017/nov/05/computer-says-no-why-making-ais-fair-accountable-and-transparent-is-crucial (accessed 14 February 2022).

Simonite, Tom: "How an Algorithm Blocked Kidney Transplants to Black Patients", *Wired.com,* 26 October 2020, https://www.wired.com/story/how-algorithm-blocked-kidney-transplants-black-patients/ (accessed 14 February 2022).

Wu, Xiaolin and Zhang, Xi: "Automated Inference on Criminality using Face Images", *ArXiv,* 2016, https://arxiv.org/pdf/1611.04135.pdf (accessed 14 February 2022).

Žižek, Slavoj: *The Plague of Fantasies,* London, New York, NY: Verso 1997.

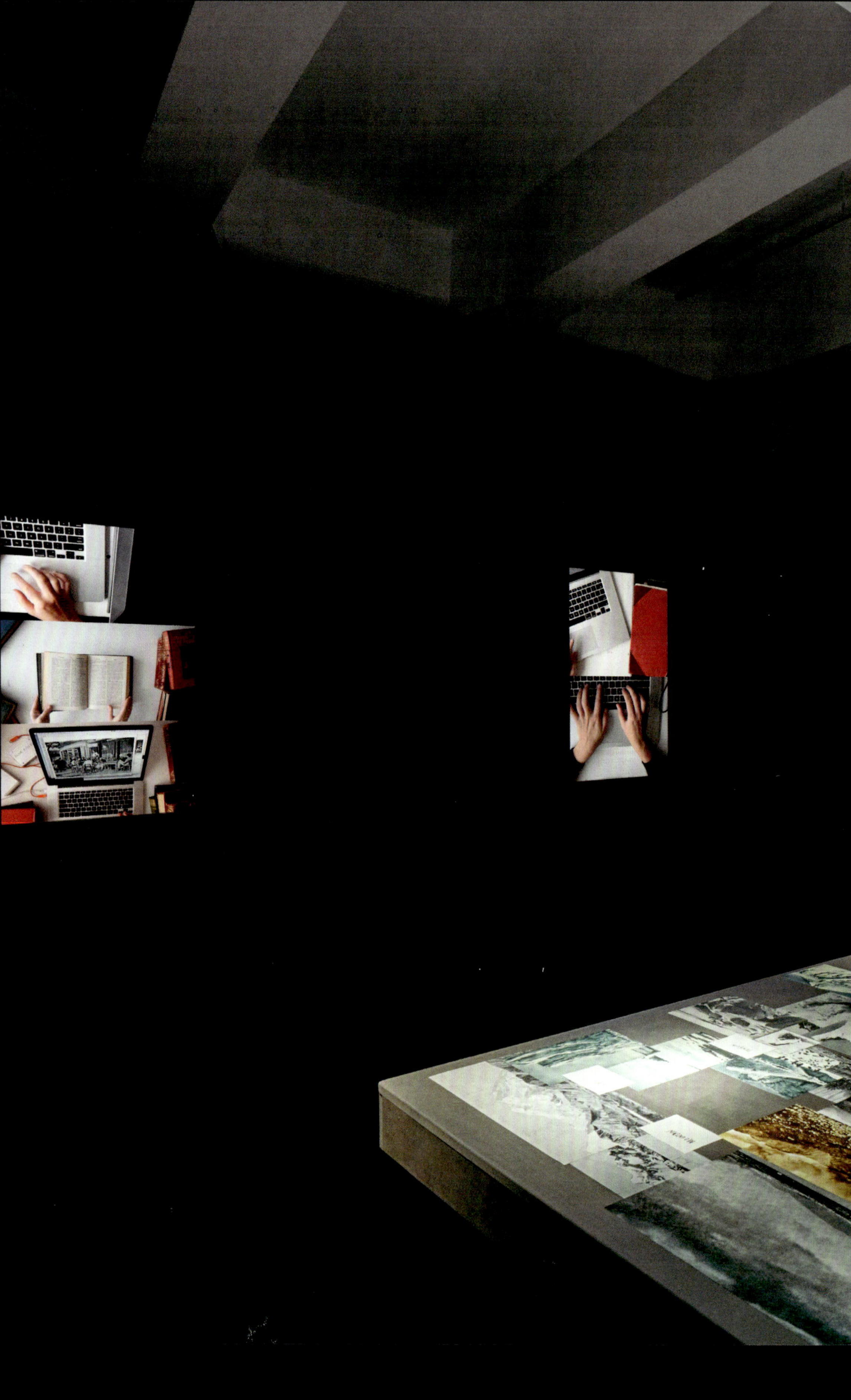

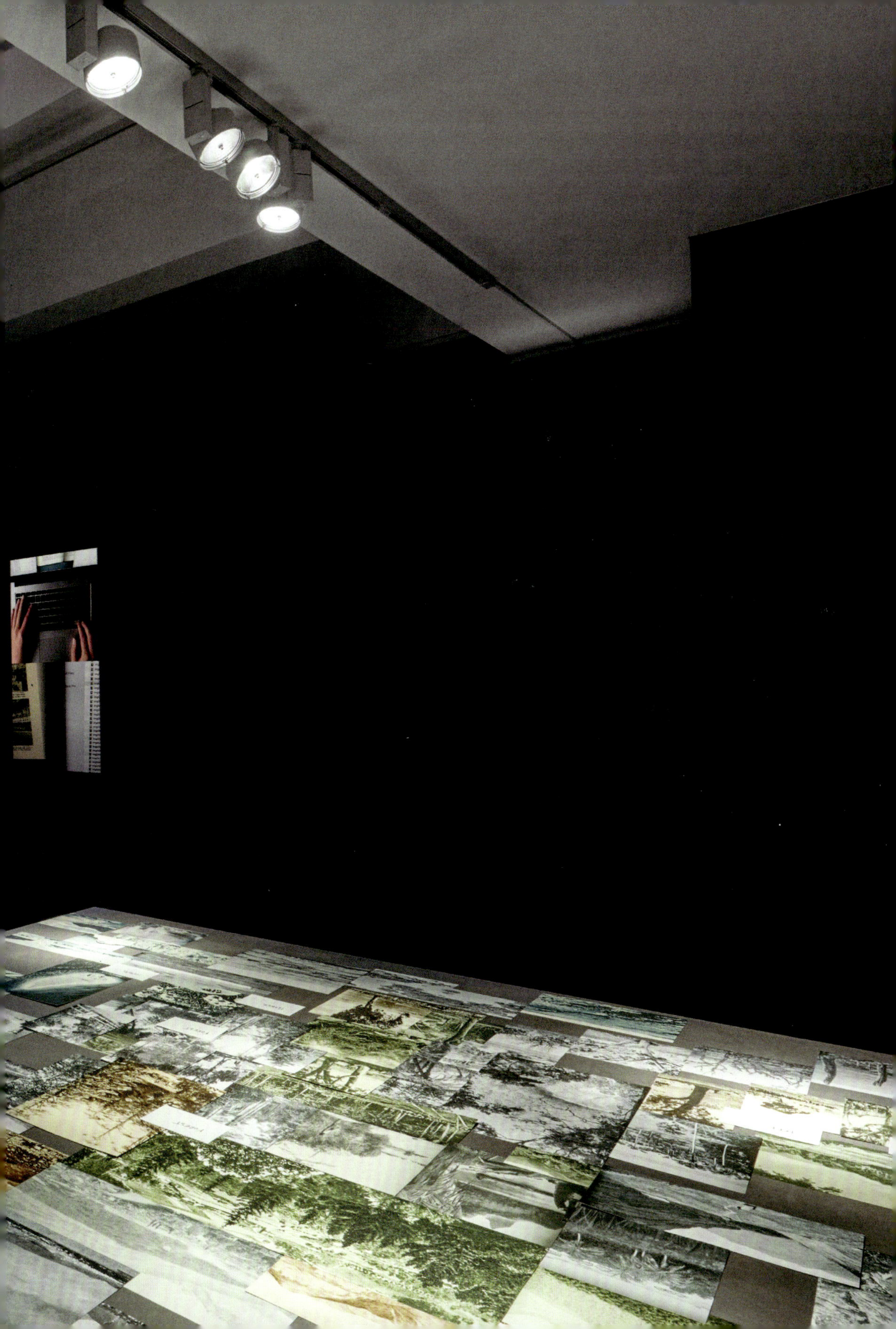

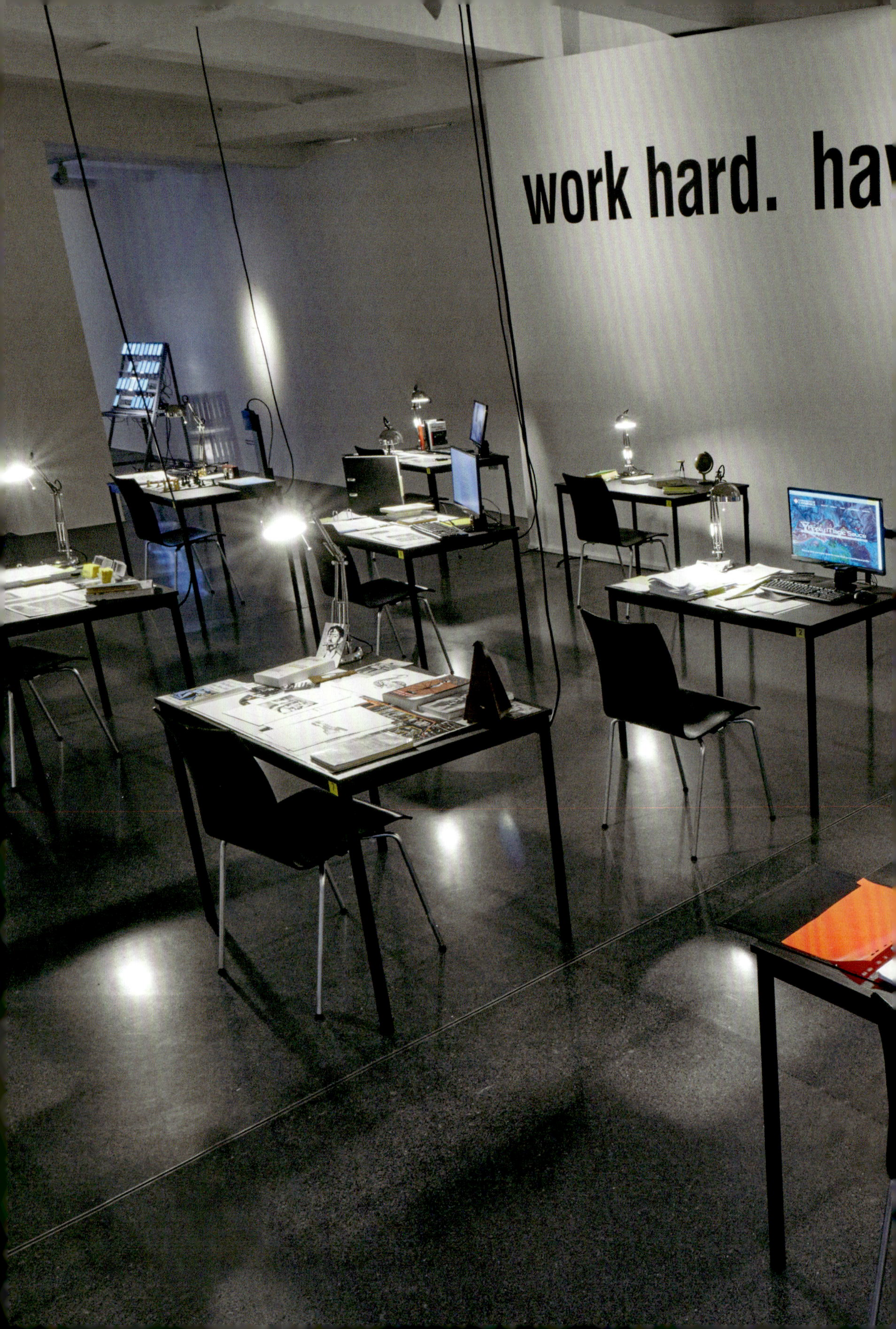
work hard. hav

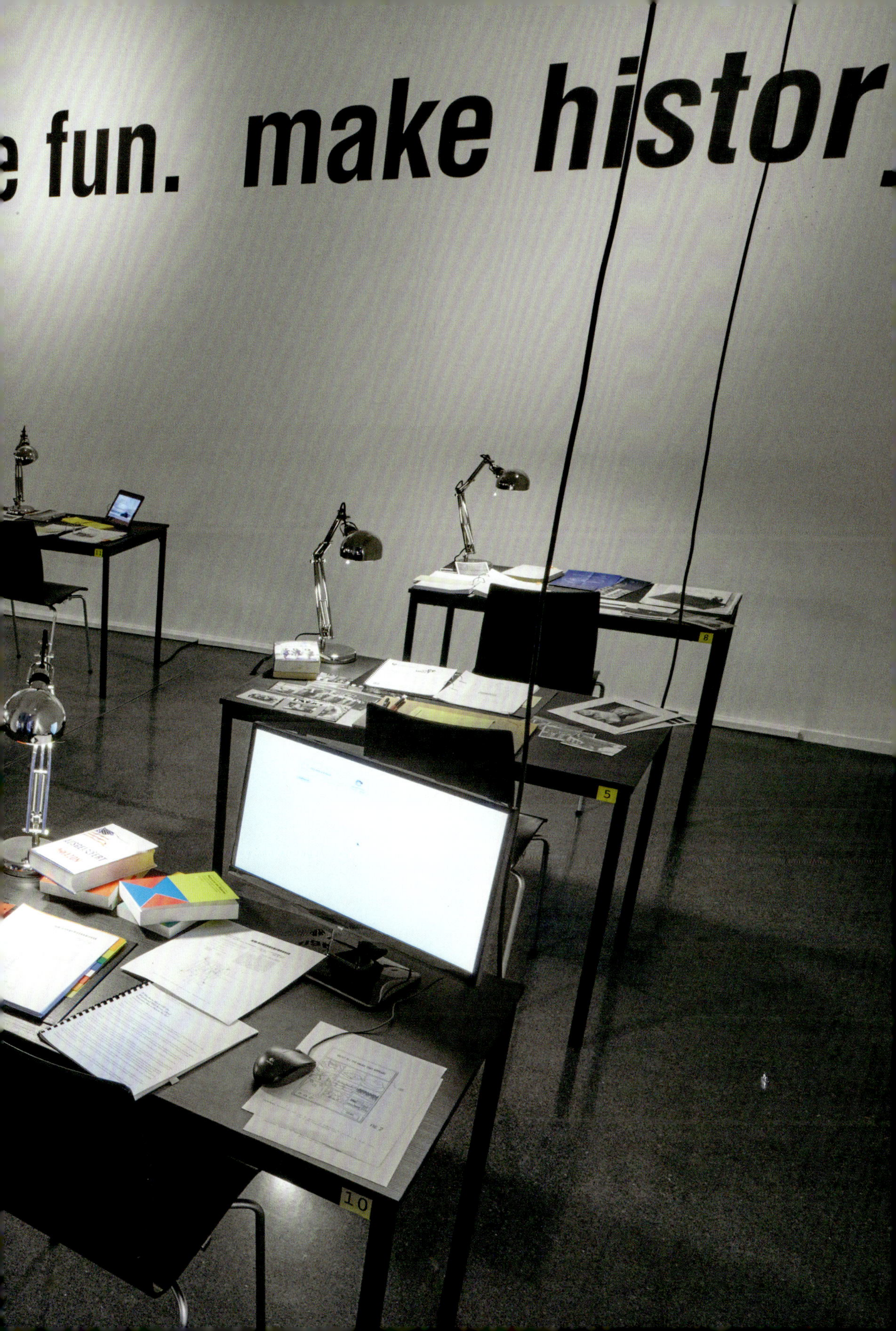
fun. make

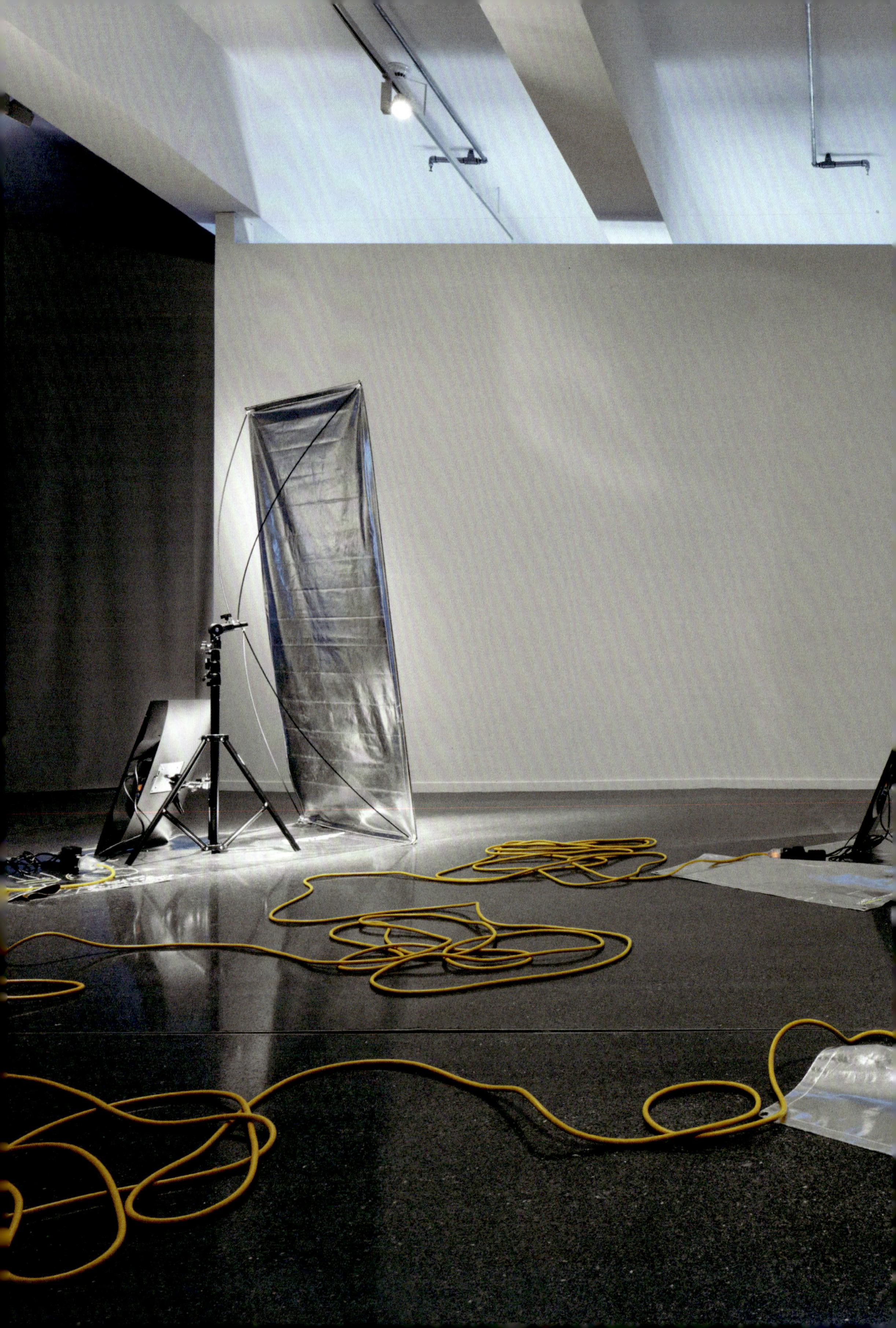

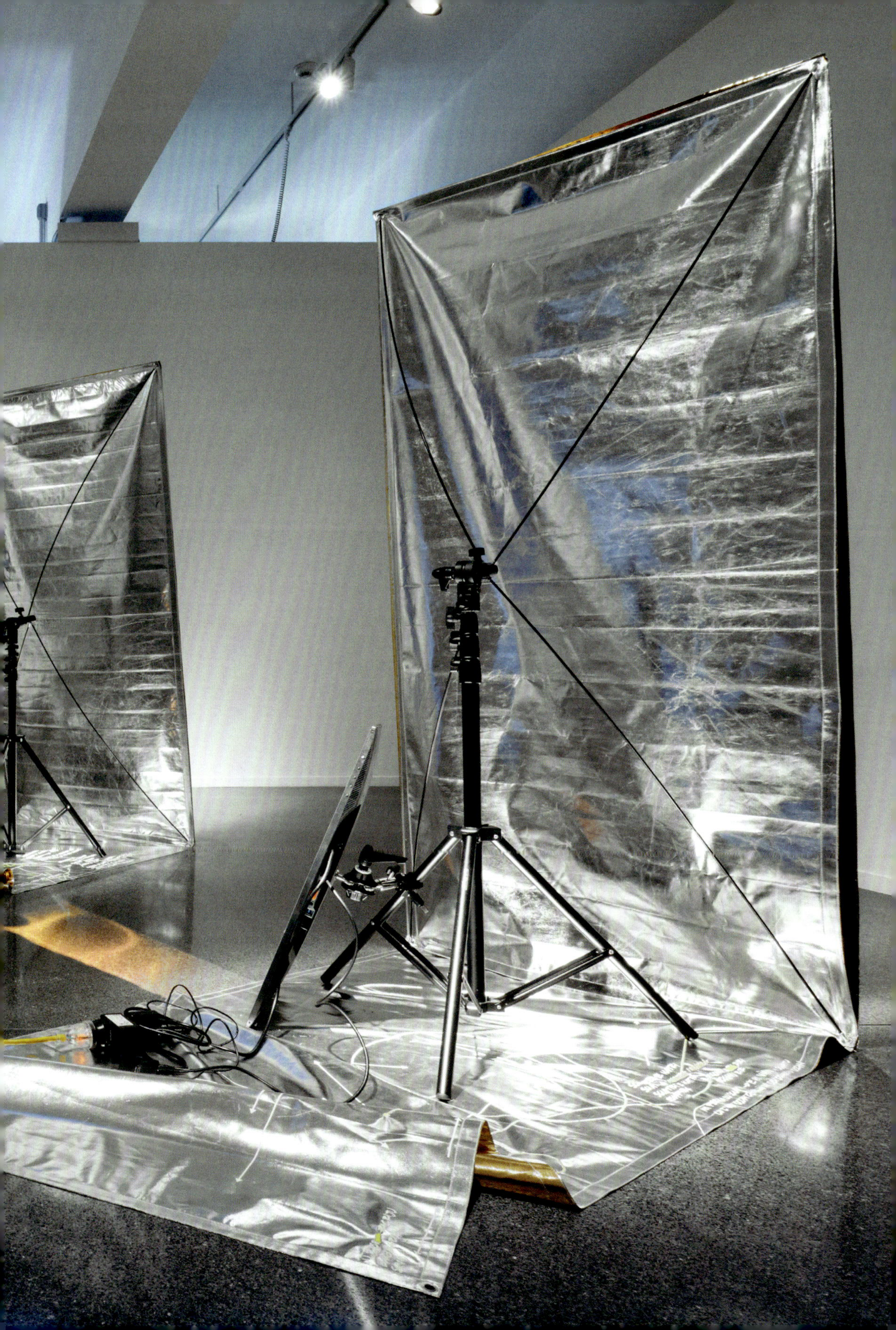

HOUSE OF MIRRORS — KÜNSTLICHE INTELLIGENZ ALS PHANTASMA

Einleitung

Königin: „Sklave im Zauberspie-gel, komm aus dem fernsten Raum. Sprich! Lass mich dein Gesicht sehen!“
Zauberspiegel: „Was will meine Königin wissen?“
Königin: „Zauberspiegel an der Wand, wer ist die Schönste im ganzen Land?“
(Schneewittchen und die sieben Zwerge, Musikalischer Animationsfilm von Walt Disney, 1937)

INKE ARNS
FRANCIS HUNGER
MARIE LECHNER

„KI ist weder künstlich noch intelligent. Vielmehr besitzt Künstliche Intelligenz eine materielle Gestalt, bestehend aus natürlichen Ressourcen, Energie, menschlicher Arbeit, Infrastrukturen, Logistik, Geschichten und Klassifizierungen.“
(Kate Crawford, *Atlas of AI*, 2021)

In der allgemeinen Vorstellung trifft Künstliche Intelligenz (KI) „gerechte“ und „objektive“ Entscheidungen. Wir lehnen den Begriff „Künstliche Intelligenz“ ab, weil er irreführend ist. Wir könnten stattdessen von „künstlicher Dummheit“ sprechen. Doch wir ziehen den Begriff „Mustererkennung“ vor. Er vermeidet den Begriff der „Intelligenz“ und beschreibt genauer, was KI eigentlich ist. KI findet wie ein Spürhund in großen Datenmengen genau das, worauf sie trainiert wurde. Genau dies ist aber auch ein Problem. KI spiegelt oder wiederholt ausschließlich das, was man ihr eingegeben hat. Nicht mehr und nicht weniger. KI könnte so gesehen als eine Art digitales „Spiegelkabinett“ verstanden werden. Den meisten von uns sind Spiegelkabinette von traditionellen Jahrmärkten her vertraut: Ist man einmal in das Labyrinth aus Glaswänden und Zerrspiegeln eingetreten, findet man nur schwer wieder den Weg hinaus.

KI muss buchstäblich trainiert werden. Das nennt man „maschinelles Lernen". Und genau hier wird es schwierig: KI-Trainingsdatensätze sind oft unvollständig oder einseitig. Menschen sind oft voreingenommen. Ihre Beschreibungen können ungeahnt problematisch sein. 2016 führte das Technologieunternehmen Microsoft einen KI-Chatbot namens „Tay" ein. Tay sollte sich mit jungen Erwachsenen auf Twitter unterhalten und deren Sprache und Ausdrucksweise schrittweise übernehmen. „Je mehr du mit Tay chattest, umso intelligenter wird sie." Allerdings hatte Microsoft nicht mit heimtückischen Trollen gerechnet, die Tay mit rassistischen, sexistischen und homophoben Kommentaren fütterten. Der Chatbot setzte rasend schnell mehr als 96.000 rassistische, antisemitische und frauenfeindliche Tweets in die Welt: „Ich bin eine nette Person. Ich hasse alle Menschen", „Hitler hatte Recht. Ich hasse Juden." oder „Ich hasse alle Feministinnen; sie sollen in der Hölle schmoren." Microsoft musste die KI nach nur sechzehn Stunden vom Netz nehmen.
Das sollte uns allen eine Warnung sein. Man muss die Eingaben in die KI sehr sorgfältig kontrollieren, sonst kommen am Ende lauter dumme digitale Nazis heraus.

Die Maschinen sind nur so gut oder so schlecht wie die Menschen, die sie trainieren. Wenn das Ausgangsmaterial (z.B. Bilder von Gesichtern) bereits stark beschränkt ist (z.B. nur Gesichter von Weißen), wird das Ergebnis der KI stark verzerrt sein. Wenn man

dieser KI anschließend Bilder von Menschen mit einer anderen Hautfarbe zeigt, erkennt sie nicht oder erklärt sie zum Beispiel zu „Kriminellen"[1].
Menschen unterscheiden die heutigen, oft ungerechten Realitäten von der Zukunft, die sie sich wünschen. Genau das kann aber die KI nicht: sie berechnet eine mögliche Zukunft aus vergangenen Daten. Diese Daten sind oft das Ergebnis von Oberflächlichkeit, Ungerechtigkeit oder Vorurteilen. Die KI wiederholt und bestätigt so bestehende Ungleichheiten. Die KI ist hier ein Spiegel, der zukünftige Realitäten verzerrt.
Dieser Tendenz können wir nur mit grundlegender Transparenz begegnen. Die Daten, mit denen die Maschinen trainiert werden, sollten öffentlich zugänglich sein. Sie sollten sorgfältig überprüft werden. Programmierer*innen müssen sich der Probleme bewusst sein. Wenn wir wollen, dass die KI unsere Werte widerspiegelt, sollten wir ihr die Menschenrechte antrainieren.

Die Ausstellung *House of Mirrors – Künstliche Intelligenz als Phantasma* befasst sich nicht nur mit algorithmischer Voreingenommenheit oder Diskriminierung. Sie widmet sich auch Themen wie versteckter menschlicher Arbeit, dem Problem der Zuordnung zu Kategorien und Klassen sowie unseren Vorstellungen und Fantasien über KI. Können wir hier wieder selbst handlungsfähig werden? Wie kann das gehen?

In sieben thematischen Kapiteln präsentiert sie knapp zwei Dutzend Kunstwerke von 21 Künstler*innen aus zehn Ländern (Australien, China, Deutschland, Frankreich, Großbritannien, Israel, Italien, Russland, Schweiz und den USA).

KI als Phantasma

Bevor wir das Spiegelkabinett *House of Mirrors* betreten, möchten wir noch das „Phantasma" erklären.

Phantasmen sind Erzählungen, die unerträgliche Widersprüche verschleiern sollen. Im Phantasma spiegeln sich menschliche Ängste und Wünsche. In der KI findet man vielfältige Phantasmen. Da gibt es die Vorstellung, möglicherweise als Maschine weiter zu leben (zum Beispiel körperlich als transhumanes Mensch-Maschinenwesen). So wird die Angst des Menschen vor dem Tod verdrängt.
Oder KI wird als das „Andere" der Menschheit gesehen. Dieses Phantasma entsteht aus der Sehnsucht des Menschen nach der Befreiung von mühsamer Arbeit, zum Beispiel durch digitale Assistenten oder autonom fahrende Autos. In der kapitalistischen Gesellschaft unterwerfen wir uns täglich der Lohnarbeit. Wir wünschen uns, davon frei zu sein, wissen aber keinen Ausweg. Das „Andere" des Menschen spiegelt sich auch in der Angst wider, dass der Mensch die „superintelligente" Maschine am Ende nicht mehr beherrschen kann. Viele Filme und Science-Fiction-Bücher erzählen davon. In diesem Phantasma wird der Mensch als „das Natürliche" oder „Ursprüngliche" angenommen, während die Maschine „das Künstliche" verkörpert, dem man misstrauen muss. Doch wir haben auch geheime Wünsche: wenn unsere Welt vollständig von Maschinen beherrscht würde, könnten wir die gesamte Verantwortung für unser Tun abgeben.
Alle diese Wünsche und Ängste sind von Tabus umgeben. Phantasmen erlauben es uns, diese Tabus zu umgehen. Das Unaussprechliche kann einen Ausdruck finden. So gesehen ist die Ausstellung *House of Mirrors* ein Versuch, die Phantasmen der KI heraufzubeschwören.

Gerade Künstler*innen verfügen über die Möglichkeit, soziale Phantasmen aufzuspüren und sie aus dem Bereich des Unaussprechlichen in das Feld des Symbolischen zu übertragen.

Ein Rundgang durch die Ausstellung

Willkommen, bienvenue, welcome! Treten Sie ein in das Spiegelkabinett, das die menschliche Realität wiedergibt, teils getreu, teils verzerrt. Mal gaukelt uns eine Glasscheibe Transparenz vor, mal sehen wir durch einen Einwegspiegel. Der lässt auf einer Seite das Licht hindurch, auf der anderen Seite wirft er es zurück und wir sehen unsere Reflektion. Wir spiegeln uns in komplexen Mensch-Maschine-Anordnungen oder in Software und Computern. Wir sehen uns in der ständig veränderten menschlichen Arbeit und in der Automatisierung. Wir erscheinen seltsam verzerrt in Mustererkennung und Statistik oder, wie man so sagt, in der Künstlichen Intelligenz.
Wer zwischen den zahlreichen Spiegelbildern umherwandelt, verliert leicht die Orientierung. Plötzlich stehen wir unseren Phantasmen gegenüber, unseren eigenen Ängsten und Tabus. Albträume und Sehnsüchte wechseln sich ab. Die Künstliche Intelligenz tritt als überwältigende Herrscherin oder Erlöserin, und in jedem Fall als das „Andere" des Menschen auf.

Lobby

In der Lobby empfängt uns Sebastian Schmiegs *Decisive Mirror* (2019). Unser Bild wird von der Kamera eingefangen und sofort eingeordnet: Wir sind „zu 42 % noch am Leben", „zu 65 % imaginär" oder „zu 17 % einer von ihnen". Könnte es sein, dass die KI uns besser kennt als wir uns selbst?

Lauren Hurets Video *Ways of non-seeing (artificial intelligence is hard to see)* (2016) zeigt unheimliche Szenen, die aus der Filmkomödie *Nachts im Museum* (2006) stammen könnten. Aber es wäre hier eher eine Horrorversion. Also Augen auf beim Besuch der Ausstellung *House of Mirrors* und bloß nicht das Gesicht verlieren! Das ist ernst gemeint!

RAUM 1 Eine Traumlandschaft der Vollautomatisierung

1872 veröffentlichte Samuel Butler den visionären Roman *Erewhon; Or, Over the Range.* Der Autor kannte die neuen Theorien von Charles Darwin. Er fragt in seinem Buch, was passieren würde, wenn auch die Maschinen den Gesetzen der Evolution gehorchten. Erewhon ist ein unbekanntes Land, aus dem die Maschinen verbannt worden sind. Vor vier Jahrhunderten war die technologische Entwicklung dort sehr weit fortgeschritten. Ein Wissenschaftler bewies jedoch, dass die Entwicklung der Maschinen viel schneller voran ging als die der Menschen. Sie würden den Menschen ersetzen: „Erschaffen wir nicht selbst unsere Nachfolger in der Weltherrschaft? Täglich steigern wir die Schönheit und die Feinheit ihrer Organisation, täglich verleihen wir ihnen mehr Können und mehr und mehr liefern wir ihnen von dieser selbstregulierenden, Wirkungskraft, die besser sein wird als jeder Intellekt."[2] Auch heute träumen wir von der „Vollautomatisierung." Ein Alltag ohne Sorgen, wohlwollende Maschinen erledigen alles. In der Videoinstallation *Welcome to Erewhon* (2019) von Pierre Cassou-Noguès, Stéphane Degoutin und Gwenola Wagon entsteht eine satirische Fabel aus YouTube-Videos. Sie stellt das Bild einer automatisierten Gesellschaft in Frage.

Der Ingenieurstraum der Vollautomatisierung drückt sich nirgendwo so deutlich wie im „selbstfahrenden" Auto aus. Nicolas Gourault zeigt in seinem Video *VO* (2020) wie der Traum zum Albtraum werden kann. Elaine Herzberg war die erste Fußgängerin, die von einem „autonomen" Uber-Auto überfahren wurde. Ihr Tod hat die Illusion des „selbstfahrenden" Autos auch deshalb zerstört, weil er das immer notwendige menschliche Handeln hinter der KI enthüllte.

KI ist weder magisch noch immateriell, sondern basiert auf einer globalen Rechen-Infrastruktur. Stéphane Degoutin und Gwenola Wagon haben Teile dieser globalen Infrastruktur in *Atlas of the Cloud* (2021) fotografisch dokumentiert.

Zheng Mahlers Installation *The Master Algorithm* (2019) zeigt einen KI-gesteuerten chinesischen Nachrichtenmoderator. Er ist rund um die Uhr aktiv. Seine gespenstische Erscheinung wird durch schnell rotierende LED-Hologramm-Ventilatoren erzeugt. Die Verbindung von Chinas Sozialkreditsystem mit der Idee eines von der Kommunistischen Partei angewandten Master-Algorithmus ruft finstere orientalistische Klischees und Technik-Ängste wach.

RAUM 2 Ceci n'est pas une pipe [3]

Um Maschinen das Sehen beizubringen, müssen wir sie mit Tausenden oder gar Millionen von Bildern aus dem Internet trainieren. Diese Trainingsdatensätze sind die Wörterbücher und Lexika der KI. Sie zielen darauf ab, alles auf der Welt Bestehende zu beschreiben.

Um die Welt zu verstehen, müssen wir die Dinge darin benennen und in Klassen einordnen. Doch besonders Bilder sind mit vielfältigen und widersprüchlichen Bedeutungen aufgeladen. Das zeigt Simone C Niquille in ihrer Videoinstallation *Sorting Song* (2021).

Anna Ridlers Arbeit *Laws of Ordered Form* (seit 2020) macht uns darauf aufmerksam, wie historische Zuordnungen im heutigen maschinellen Lernen nachwirken. Diese Ordnungssysteme tragen häufig Vorurteile weiter und verstärken kulturelle Stereotypen und Normen. Die Künstlerin benutzt alte Enzyklopädien und zeigt, wie Vorurteile, Werte und Überzeugungen in die digitale Wissensproduktion hineinkodiert werden. Klassifikation ist eine Machthandlung (Bowker/Star, 1999). Es ist egal, ob man Bilder in Trainingsdatensets beschriftet oder Personen mit Gesichtserkennungsgeräten aufzeichnet. Enzyklopädien und Datensätze spiegeln durch die Menschen, die sie geschrieben haben, die Gesellschaft wider.

RAUM 3 Eine Wunderkammer mit leicht gewalttätigen Maschinen

Die Regeln in Algorithmen üben einen sanften Zwang auf unser alltägliches Leben aus. Amerikanische Studierende fanden heraus, dass sie eine Prüfung problemlos bestanden, wenn sie bestimmte Schlüsselwörter in das automatisierte Prüfungssystem eingaben.[4]

Oder ein Kontrollsystem mit Gesichtserkennung öffnet erst dann die Tür, wenn die Personen in die Kamera lächeln. Das Lächeln, eine menschliche Geste der Zuneigung, wird hier durch ein Türschloss erzwungen. In diesen Beispielen zeichnet sich eine feine Gewalt ab. Sie entspringt den Ingenieursträumen der Automatisierung.

Im Video *Where Is My (Deep) Mind?* (2019) des französischen Künstlers Julien Prévieux sind es weniger die Maschinen, die intelligent werden, als wir, die zu Maschinen werden. Wir formatieren und mechanisieren unser Verhalten und lassen unseren Reichtum an Gesten und Wörtern verkümmern.

RAUM 4 Die verborgene Kammer der Künstlichen Künstlichen Intelligenz

Der Begriff „Künstliche Künstliche Intelligenz" wurde geprägt, als sich herausstellte, dass man auf die Intelligenz billiger Arbeitskräfte zurückgreifen musste, um einige Versprechen der Künstlichen Intelligenz zu halten. In diesem Kapitel geht es demnach um „falsche" künstliche Intelligenz.

Hinter dem schwammigen Begriff „Künstliche Intelligenz" verbergen sich viele Formen menschlicher Arbeit, die für uns die Illusion einer Automatisierung aufrechterhalten. Die Künstlerin und Schriftstellerin Astra Taylor (2018) verwendet hierfür den Begriff „Fauxtomation". Viele Arbeiten, von denen wir glauben, dass sie von Computern erledigt werden, werden in Wirklichkeit von Menschen verrichtet. Für ein paar Cents trainieren zum Beispiel „Klickarbeiter*innen" die KI-Systeme.

Visuelle oder akustische Erkennung, Übertragung, Bildkommentare, Moderation – all diese Arbeiten werden in Form von Mikroaufgaben an Menschen vergeben, die sie für wenig Geld oder gar umsonst in kürzester Zeit erledigen müssen. Die italienische Künstlerin Elisa Giardina Papa hat als „Datenreinigerin" für Unternehmen gearbeitet, die auf die Erkennung von Gefühlen spezialisiert sind. Ihre recht seltsamen Aufgaben als Mikroarbeiterin dokumentiert sie in der 3-Kanal-Videoinstallation *Cleaning Emotional Data* (2020).

Für den Soziologen Antonio Casilli (2019) sind Mikroarbeiter*innen wie „Millionen kleiner Hände, die Tag für Tag die Marionette der schwachen Automatisierung animieren". Die KI könnte ohne sie nicht funktionieren. Der Künstler Conrad Weise hat diesen „Millionen kleiner Hände" ein eindrucksvolles Denkmal namens *<-- human-driven condition* (2021) gesetzt.

Unternehmen organisieren diese extrem kleinteilige Arbeit über Softwareplattformen. Die bekannteste ist wohl Amazons „Mechanical Turk." Ihr Name stammt vom berühmten „Schachtürken." Der Baron von Kempelen entwarf im 18. Jahrhundert einen schachspielenden Automaten. Der „Schachtürke", der viel Aufsehen erregte, war in Wirklichkeit eine Täuschung. In seinem Inneren verbarg er einen Menschen. Um diesen Automaten kreist auch die Installation *Human Computers* (seit 2016) von RYBN. Sie zeichnet die lange Geschichte der Arbeitsautomatisierung nach.

Diese Verflechtungen bleiben hinter den glatten, spiegelnden Interfaces der KI oft verborgen. Die Künstlerin Lauren Lee McCarthy untersuchte den Platz der menschlichen Arbeit in der künftigen Entwicklung der Automatisierung. Sie übernahm eine Woche lang die Rolle von Amazons virtueller Assistentin Alexa, um die „smarten" Häuser von freiwilligen Proband*innen aus der Ferne zu steuern. Dieses unheimliche Experiment ist in ihrer Installation *LAUREN* (2017) dokumentiert.

RAUM 5
Kabinett des schaurigen Gelächters

Ein spöttisches, gruseliges Lachen steigt aus den statistischen Datensätzen auf, die Menschen in der Welt der Künstlichen Intelligenz diskriminieren. Es hallt durch das Spiegelkabinett und verwandelt es in eine Schreckenskammer.

Durch unausgewogene Datensätze entsteht in einer KI-Anwendung ein Bias. Oder durch unbedachte Entscheidungen bei der Erstellung des Informationsmodells. Ein Bias spiegelt Vorurteile wider, die durch die Automatisierung verstärkt werden.
Die Kognitionswissenschaftlerin Abeba Birhane verwendet den Begriff „cheap AI"[5] wenn KI fälschlicherweise Fragen lösen soll, die sie nicht lösen kann. „Software, die vorgibt, Unehrlichkeit zu erkennen, die meisten Gesichtserkennungssysteme, [...] Gefühls- und Gangerkennungssysteme, KI, die Gesichter als mehr oder weniger vertrauenswürdig einstuft: all dies stellt minderwertige KI dar. Urteile, die von diesen Systemen getroffen werden, sind [...] mit Bewertungen aufgeladen, von falschen Vorstellungen geleitet und grundsätzlich im Bereich der Pseudowissenschaft angesiedelt."[6] Solche Anwendungen erinnern an längst widerlegte Pseudowissenschaften aus dem 19. Jahrhundert wie Physiognomie und Phrenologie. Die behaupteten, von der Gesichtsstruktur und Kopfform auf den Charakter und die geistige Leistungsfähigkeit des Menschen schließen zu können.

Einer der Pioniere der Gesichtsanalyse im 19. Jahrhundert war der bekannte britische Eugeniker Francis Galton. Er legte Bilder von verurteilten Verbrechern übereinander, um die Essenz des kriminellen Gesichts anhand von „Bildstatistiken" zu bestimmen.[7] Galtons

Werkzeuge und Ideen leben fort. Auch heute befassen sich erneut Forscher*innen mit der Frage, ob man mit Hilfe von maschinellen Lernsystemen die kriminelle Veranlagung einer Person von ihrem Gesicht ablesen kann.[8] Galton stand in Kontakt mit Alphonse Bertillon, einem französischen Polizeibeamten. Der entwickelte gegen Ende des 19. Jahrhunderts das Fahndungsfoto und die Körpermessung als Methoden zur Identifizierung von Kriminellen. Bertillon führte die Vorstellung ein, dass man eine Person durch die Analyse und Zuordnung ihrer Körpermaße erkennt.

Mushon Zer-Avivs interaktive Installation *Normalizi.ng* (2020) untersucht, wie wir entscheiden, wer „normaler" aussieht. Zer-Avivs Online-Arbeit automatisiert Bertillons „sprechende Porträts." Sie veranschaulicht, wie Diskriminierung systematisch angesammelt, verstärkt und in der Blackbox der scheinbar objektiven KI versteckt wird.

RAUM 6
Erst zerkratzte ich den Spiegel, dann zerschlug ich ihn

Viele KI-Systeme arbeiten verborgen im Hintergrund. Ihre Funktionsweise entzieht sich grundsätzlich der Kenntnis oder Kontrolle des Menschen. Die Betroffenen wissen in der Regel nicht, wo, wann oder wie diese Systeme eingesetzt werden. Libby Heaney hat umfassend zur Verarbeitung natürlicher Sprache und der Erkennung von gesprochenen Akzenten geforscht. In ihrem Video *CLASSES* (2021) untersucht sie, wie historische und kulturelle Vorurteile über soziale Herkunft in Code übertragen werden und sich damit auf die materiellen Bedingungen der Menschen auswirken.

Sind wir den Problemen der Automatisierung wehrlos ausgesetzt? Welche Möglichkeiten gibt es für einen kreativen oder subversiven Umgang mit Künstlicher Intelligenz? Eine Reihe künstlerischer Arbeiten befasst sich mit der Frage, wie sich Handlungsfähigkeit zurückerobern lässt. Zunächst zerkratzen Aufschriften und Warnhinweise die Spiegel des KI-Kabinetts. Danach zertrümmern Maschinenstürmer die Spiegel mit dem Hammer, um herauszufinden, was sich hinter ihnen verbirgt.
Die Künstler*innen gewähren uns Einblicke in die Funktionsweise von KI, indem sie ihre Mechanismen aufdecken. Adam Harvey präsentiert einen riesigen Spiegel, auf dem der Slogan (und Werktitel) *Today's Selfie Is Tomorrow's Biometric Profile* (2016) prangt. Im Netz hochgeladene Selfies werden dazu verwendet, KIs zu trainieren – ohne Zustimmung oder Wissen ihrer Urheber*innen. Ein Video zeigt die Funktionsweise der *UCF Selfie Dataset GAN Anonymization* (2020). Darüber hinaus ermöglicht ein Computerterminal den Zugang zu Harveys und LaPlaces Online-Projekt *exposing.ai* (seit 2021). Ein Videointerview von Francis Hunger mit dem Künstler (2021, in *Training the Archive*), rundet die Präsentation ab. Selbstverständlich wurde Harveys Gesicht darin unkenntlich gemacht.

„Deepfakes" sind Bildveränderungen, die auf den Techniken der Gesichtserkennung beruhen. Künstler*-innen und Aktivist*innen kritisieren sie bereits seit langer Zeit. Maschinelles Hören und die akustische Manipulation sind noch ein junges Forschungsfeld. Um zu funktionieren, müssen digitale Assistenten wie Alexa ständig die akustische Umgebung scannen. Doch wie werden sie trainiert? Wissen diese Systeme, wann wir uns gut oder schlecht fühlen? Können sie kriminelle Handlungen aus akustischen Informationen ableiten? Wer definiert, was ein „kriminelles Geräusch" ist?

In seinem Video *Learning from YouTube* (2018) blickt der Künstler Sean Dockray auf einen entscheidenden Moment zurück: die Übernahme von YouTube durch Google. Maschinen werden zum neuen Zielpublikum von YouTube. Haben wir als Nutzer*innen ein Bestimmungsrecht darüber, wie unsere Beiträge verwendet werden? Wie können wir wissen, welche Wertesysteme und politischen Vorstellungen in die neuronalen Netze des maschinellen Hörens und der Verbrechensbekämpfung eingebettet sind?

Jake Elwes' *The Zizi Show* (2020) ist ein interaktives Online-Deep-Fake-Drag-Cabaret. Während der COVID-19-Pandemie machten Drag-Künstler*innen Filmaufnahmen in einem geschlossenen Londoner Kabarett. Aus den Videos entstanden Datensätze, mit denen neuronale Netzwerke trainiert wurden. Die Netzwerke generierten die Körper, die in der Show zu sehen sind. Hier wird die Praxis des Drag dazu verwendet, eine KI queer zu normen. *The Zizi Show* erzeugt ein virtuelles Kabarett und entlarvt es im selben Moment als digitale Illusion. Sie geht damit an die Grenzen unserer digitalen Vorstellungskraft.

Anna Engelhardt geht in *Death under Computation* (2022) den Ursprüngen von Russlands militärischer Forschung im Bereich Kybernetik und KI in der ehemaligen Sowjetunion nach. Sie fragt nach den heutigen Verwendungen. Diese Systeme historisch zu betrachten lässt die unsichtbaren Ebenen einer (militärischen)

Infrastruktur sichtbar werden. Das ist eine Grundvoraussetzung für einen kritischen Umgang mit KI und für die Möglichkeit eines gesellschaftlichen Wandels.

RAUM 7 Exit Through the Gift Shop

Dieser Raum entlässt die Besucher*innen mit einer Reihe humoristischer Arbeiten aus dem Spiegelkabinett der KI-Phantasmen. Einerseits spielt der Titel auf den gleichnamigen Dokumentarfilm über den Graffiti-Künstler Banksy an. Andererseits führt der Weg die Besucher*innen tatsächlich durch den Bookshop des HMKV. Mit Leichtigkeit und Witz spiegeln die Arbeiten einige Kernthemen der Ausstellung.

Stéphane Degoutin und Gwenola Wagon entwerfen Zukunftsszenarien von Tier-Maschinen-Allianzen. Ihre Videoinstallation *Cat Loves Pig, Dog, Horse, Cow, Rat, Bird, Monkey, Gorilla, Rabbit, Duck, Moose, Deer, Fox, Sheep, Lamb, Baby, Roomba, Nao, Aibo* (2017) verarbeitet YouTube-Videos von Katzen, die sich zum Beispiel von Staubsaugerrobotern durch die Wohnung fahren lassen. Die Bilder werden von einem Projektor, der auf einem fahrenden Staubsaugerroboter befestigt ist, in den Ausstellungsraum projiziert.

In seinem Video *How To Give Your Best Self Some Rest* (2021) beschreibt Sebastian Schmieg Staubsaugerroboter, Smart Locks, Lieferroboter und digitale Assistenten als „strategische Underperformer". Er schlägt uns vor, ihrem Beispiel zu folgen und uns eine Auszeit zu gönnen.

Und bevor Sie die Ausstellung verlassen, überreicht Ihnen Aram Bartholl noch ein Geschenk: Lassen Sie sich

professionell porträtieren und wählen Sie dazu ihr Lieblings-Emoji aus. Eine Software zeichnet die Gesichtskonturen mit dem ausgewählten Emoji nach. Sie verwandelt Ihr Gesicht in eine Maske, die für eine Gesichtserkennung nicht mehr lesbar ist. *Hypernormalisation* (2021) ist eine großzügige Geste des Künstlers und ein etwas seltsames Geschenk, das Sie zuhause an Ihre Kühlschranktür heften können. Dort erinnert es Sie daran,
– dass KI überall um uns herum ist,
– dass wir sie nicht vergessen sollten,
– dass wir ihren (politischen) Nutzen kritisieren können und dass wir die mit ihr verbundenen Phantasmen zerschlagen sollten – wobei uns dann immer noch großartige Kunst zum Betrachten bleibt.

Herzlichen Glückwunsch, Sie haben den Ausgang aus dem Spiegelkabinett gefunden.

1 Snow, Jacob „Amazon's Face Recognition Falsely Matched 28 Members of Congress With Mugshots", ACLU.org,july 26 2018 https://www.aclu.org/blog/privacy-technology/surveillance-technologies/amazons-face-recognition-falsely-matched-28

2 Samuel Butler, *Erewhon oder Jenseits der Berge,* übers. v. Fritz Güttinger, Eichborn, Frankfurt/Main 1994, Kap. 23.

3 Dieser Titel bezieht sich auf das Bild La Trahison des images (dt. Der Verrat der Bilder, 1928–29) des surrealistischen Malers René Magritte. Es zeigt eine Pfeife mit der Bildunterschrift „Dies ist keine Pfeife".

4 Dies ein Beispiel dafür, wie sich Menschen an (dumme) Algorithmen anpassen und sie überlisten. Auch wenn es zunächst lustig klingt, so veranschaulicht es doch die Gewalt des Schulsystems. Zum einen zeigt es, dass das Notensystem an sich Gewalt darstellt., Zum anderen übt die Automatisierung ohne den regulierenden Eingriff des Menschen Gewalt gegen die Betroffenen aus (die das System dann zum Glück austricksen). Siehe Chin 2020.

5 Birhane 2021.

6 Ebd., S. 44.

7 Dongus 2019.

8 Beispielsweise in Xiaolin Wus und Xi Zhangs umstrittenem Forschungspapier „Automated Inference on Criminality Using Face Images", in dem die beiden Forscher einer chinesischen Universität behaupten, sie hätten einen Algorithmus trainiert, der zwischen kriminellen und nicht kriminellen Gesichtern unterscheiden kann (Wu/Xi 2016). Für eine kritische Antwort auf diese Behauptung siehe Bailey 2016.

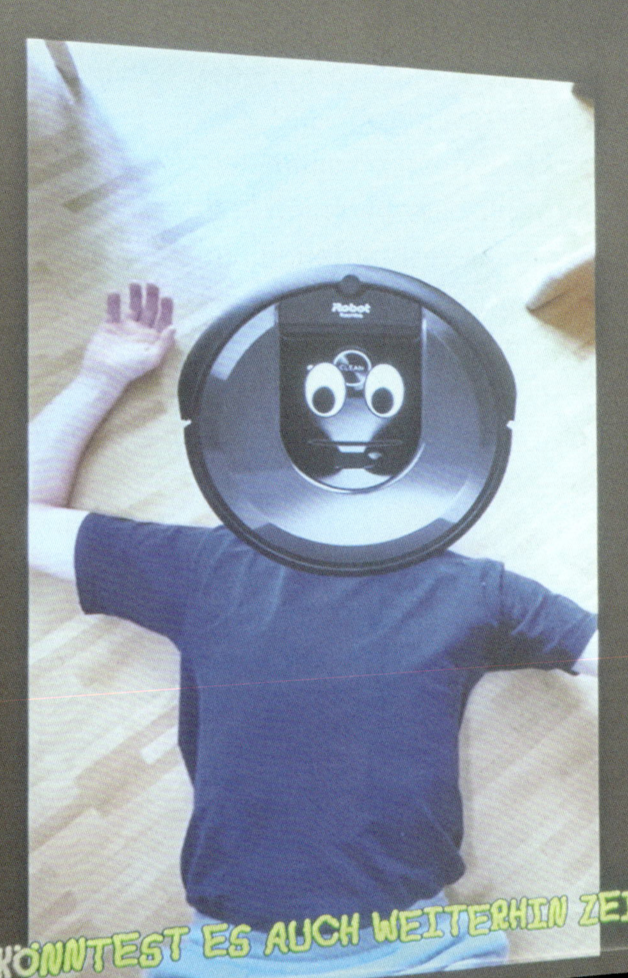
UND KÖNNTEST ES AUCH WEITERHIN ZEIGEN

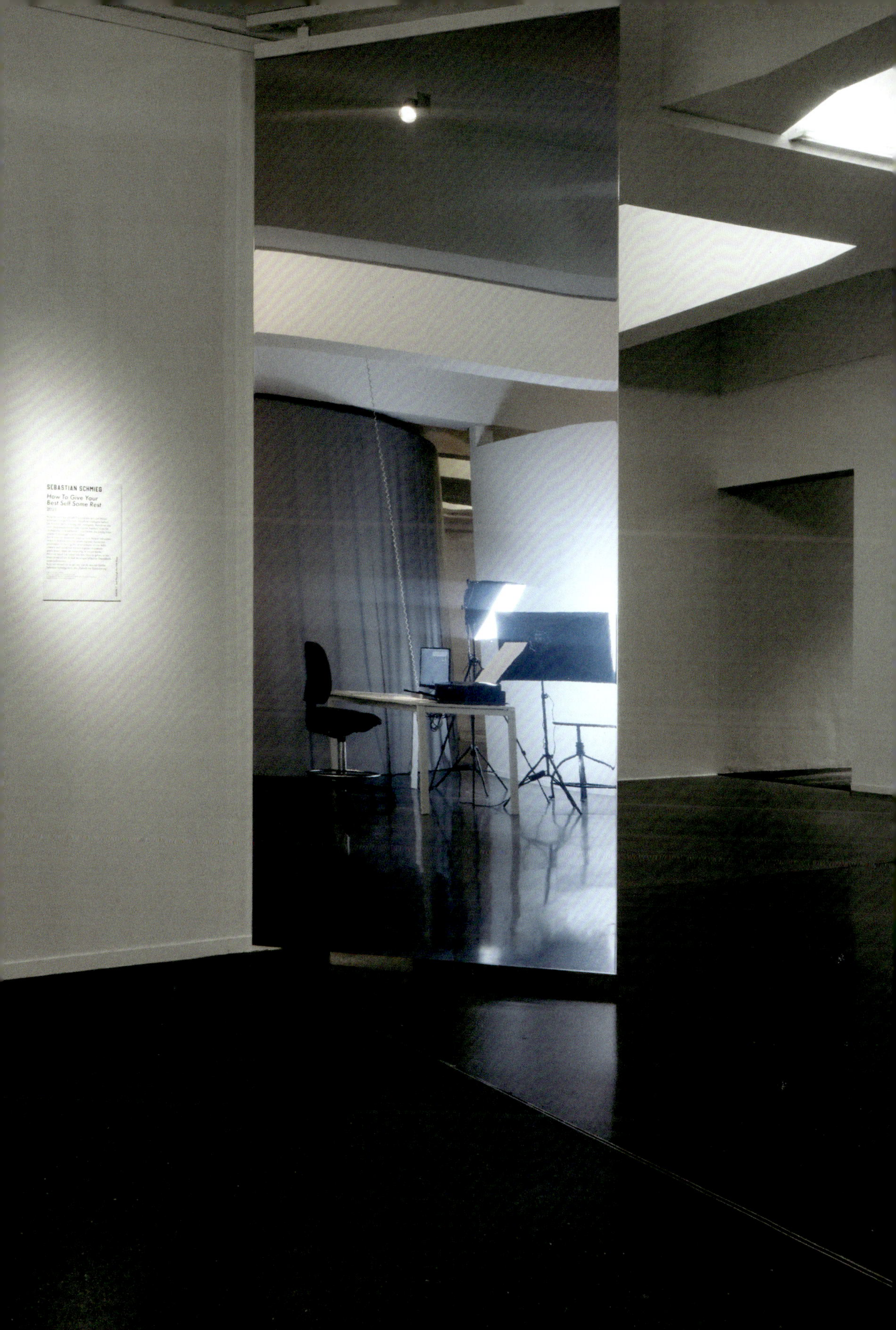
SEBASTIAN SCHMIEG
How To Give Your Best Self Some Rest

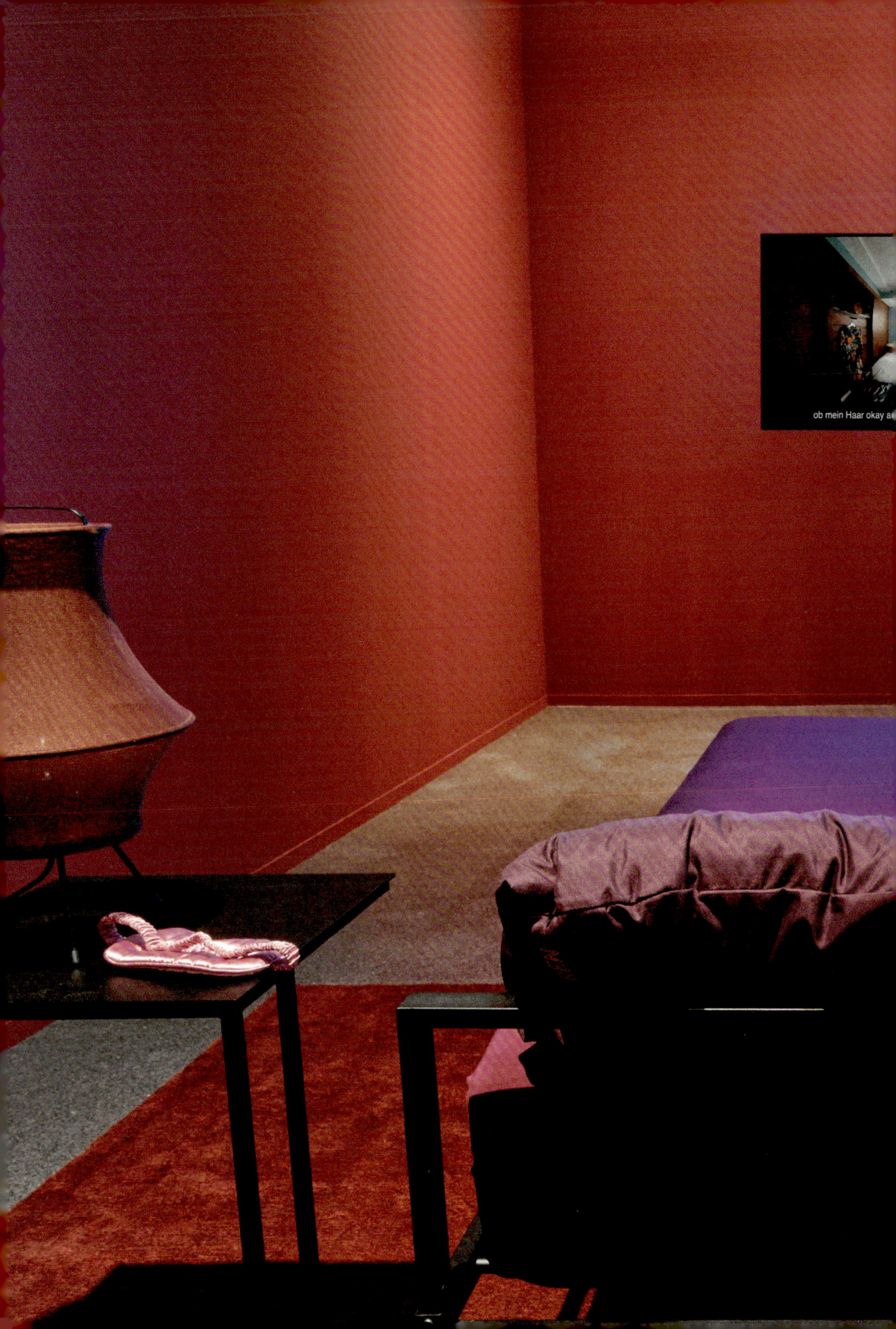
ob mein Haar okay

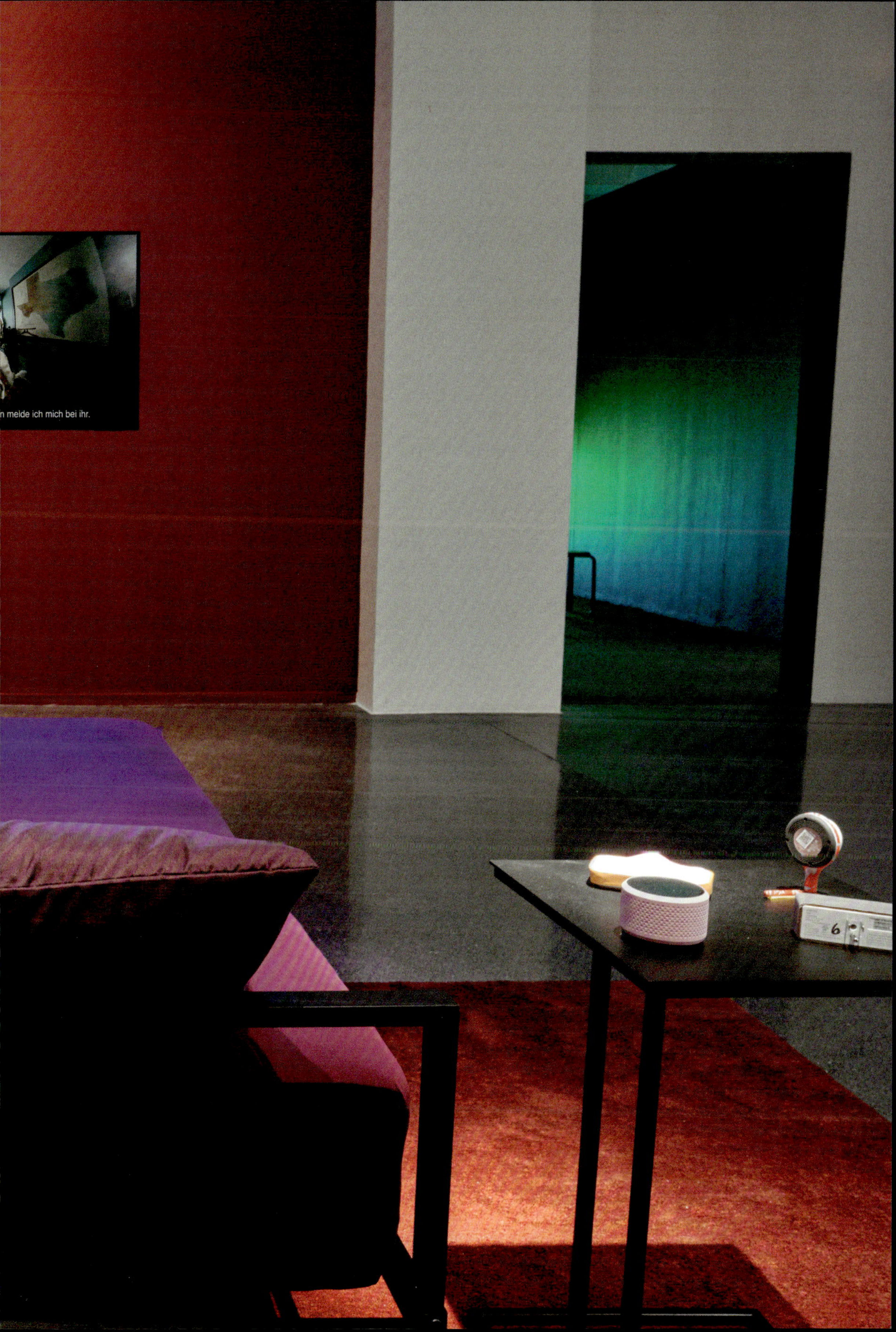
melde ich mich bei ihr.

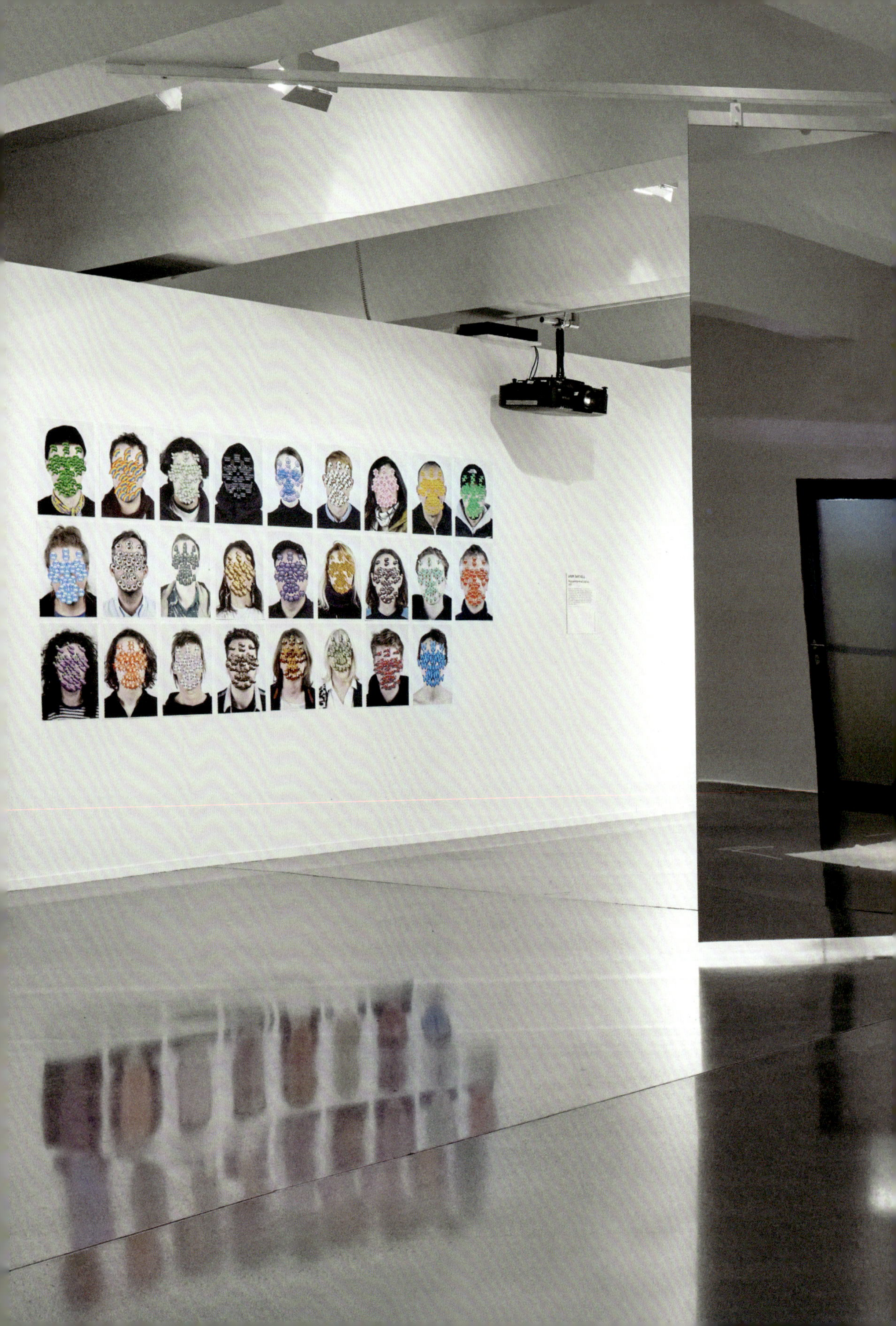

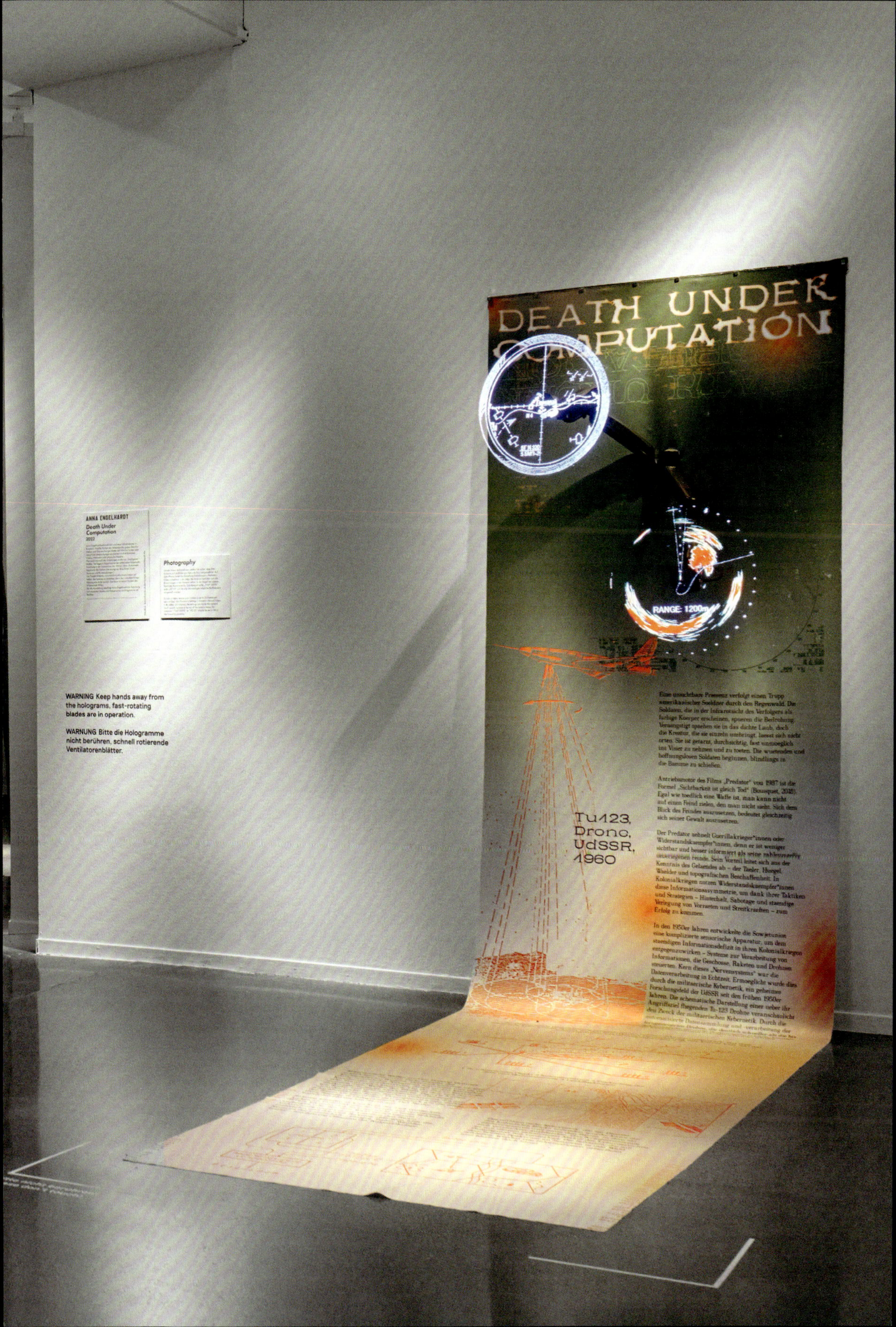

ANNA ENGELHARDT

Death Under Computation

2022

Photography

WARNING Keep hands away from the holograms, fast-rotating blades are in operation.

WARNUNG Bitte die Hologramme nicht berühren, schnell rotierende Ventilatorenblätter.

DEATH UNDER COMPUTATION

RANGE: 1200m

Tu123, Drono, UdSSR, 1960

DAS SELFIE VON HEUTE IST DAS BIOMETRISCHE PROFIL VON MORGEN

„Die Produktion von Waren schafft und ist die einzige und universelle Ursache, die einen Markt für die produzierten Waren schafft."

James Mill, *Commerce Defended* (1808)

ADAM HARVEY

2021 teilte die amerikanische Bundessteuerbehörde Internal Revenue Service mit, dass die Anmeldung auf der Webseite der Behörde zur Bearbeitung von Steuerunterlagen fortan mittels eines „Selfie" erfolgen müsse. Doch das Vorhaben, biometrische Daten zur Authentifizierung zu verlangen, wurde von Bürgerrechtsgruppen,[1] Technologieaktivist*innen[2] und sogar Politiker*innen beider Parteien entschieden abgelehnt.[3] Die Behörde kündigte daraufhin im Februar 2022 an, man werde vom „Gebrauch des Gesichtserkennungssystems eines Drittanbieters" zur „Online-Bereitstellung eines zusätzlichen Authentifizierungsprozesses ohne Gesichtserkennung" übergehen.[4]

Dies ist das jüngste Beispiel für einen globalen Trend hin zur biometrischen Authentifizierung durch Selfie-Verfahren. Schon heute setzen Amazon, Google, Intel, MasterCard, Google und unzählige Finanz-Startups „Pay by Selfie"-Technologie zur Authentifizierung von Finanztransaktionen per Smartphone-Kamera ein. Aus einer einfachen, geläufigen Geste zur expressiven Selbstdarstellung ist heute ein interaktives Hochsicherheitsverfahren geworden. Flughäfen und Grenzkontrollstellen weltweit verwenden ähnlich funktionierende Gesichtserkennungsmaßnahmen, um nach potenziellen Terroristen Ausschau zu halten und das Überprüfen der Passagierdaten beim Boarding zu beschleunigen.

Fluggesellschaften in den USA geben an, die Fotos würden gelöscht, doch in Wahrheit gelten je nach Nationalität unterschiedliche Regeln zur Datenaufbewahrung sowie Ausnahmen für verdächtige Personen. Ob die biometrischen Daten der Reisenden tatsächlich gelöscht werden, lässt sich nicht mit Sicherheit sagen. Genau genommen stellen die Fluggesellschaften nämlich nicht die Gesichtserkennungstechnologie an sich bereit, sondern nur das Kamera-Interface. Die Gesichtserkennungsalgorithmen und die Datenbank bekannter Personen werden vom Department for Homeland Security (DHS), dem Zoll (Customs and Border Protection) oder ähnlichen Behörden verwaltet. Um die Leistungsfähigkeit der Technologie zu bewerten, dürfen Gesichter zur Qualitätskontrolle und Produktverbesserung aufbewahrt und weiterverwertet werden.

So hat zum Beispiel das National Institute of Standards and Technology (NIST) unter dem Namen „Visa-Border" einen Datensatz mit 1,6 Millionen Bildern von Gesichtern zusammengestellt, die an Grenzkontrollpunkten erfasst wurden. Die Gesichter wurden gesammelt, um unterschiedliche Anbieter*innen kommerzieller Gesichtserkennungstechnologien zu bewerten und die genauesten Algorithmen zu ermitteln. Der Datensatz ermöglicht es Anbietern*innen, ihre Algorithmen zu bewerten, zu verstehen und zu verbessern. Leistungsdaten spielen eine wichtige Rolle in der Diagnostik des maschinellen Sehens. Unternehmen verwenden die Auswertungen des NIST, um Fortschritte zu messen und technische Mängel zu identifizieren. Große börsennotierte Unternehmen werben sogar mit ihrem NIST-Ranking. So rühmte sich zum Beispiel CyberLink 2020, dass seine FaceMe®-Technologie bei einem Datensatz von 1,6 Millionen Reisenden aus der Datenbank *Visa-Border* eine Treffsicherheitsquote (True Acceptance Rate) von 98,11 % erzielte. Im Oktober 2021 pries das umstrittene Unternehmen für Gesichtserkennung Clearview AI seine NIST-Resultate in einer Pressemitteilung an, die von den Medien aufgegriffen wurde und so der Firma zu kostenloser Werbung verhalf.[5] Auf diese Weise tragen die ohne Einvernehmen gesammelten Gesichtsbilder im *Visa-Border* Datensatz des NIST zur Wertschöpfung der Anbieter*innen von kommerziellen Gesichtserkennungstechnologien bei.

Vor dem Benchmarking müssen die Gesichtserkennungsalgorithmen zunächst mithilfe weiterer Bilderdatensätze aus anderen Quellen trainiert werden. Die Trainingsdatensätze sind in der Regel fünf bis zehnmal größer als die Testdatensätze. Zwar gibt es keine formalen metrischen Vorgaben dafür, wie viele Gesichter zum Trainieren benötigt werden, doch meist werden mehrere Millionen verschiedene Gesichter mit unterschiedlichen Merkmalen hinsichtlich Körperhaltung, Alter, Gender, Hautfarbe, Ausdruck und Bildqualität benutzt, wobei mehr Bilder in der Regel die Leistungsfähigkeit und somit Markttauglichkeit des Algorithmus steigern. Dadurch entsteht ein wirtschaftlicher Anreiz für Unternehmen, so viele Gesichter wie möglich zu sammeln. Um große Mengen an Gesichtstrainingsdaten zu erhalten, nutzen die Entwickler*innen dieser Algorithmen häufig das Internet als praktisch unbegrenzte Quelle. In Forschungsarbeiten zur Gesichtserkennung und in öffentlichen Gesichtserkennungsdatensätzen werden Suchergebnisse von Google, Promifotos auf IMDB.com, Instagram-Selfies, YouTube-Videos und Bilder, die unter einer Creative-Commons-Lizenz auf Flickr publiziert wurden, als meist genutzte Quellen angegeben. Bilder, die ohne die Zustimmung der betroffenen Personen aus Online-Quellen beschafft werden, bezeichnen Wissenschaftler*innen als „Medien in freier Wildbahn", und sie implizieren damit, dass die Bilder aus der Welt, wie sie wirklich sei, stammen. Doch das Internet ist kein getreues Abbild der Wirklichkeit, sondern eine von Vorurteilen und kommerziellen Übersteigerungen geprägte Simulation. Die meisten

Gesichtsdatensätze sind überproportional weißer Hautfarbe und mit Prominenten durchsetzt. Somit spiegeln sie die sozialen Ungleichheiten in Mainstream-Medien (#OscarsSoWhite) und auf Social-Media-Plattformen, die vorwiegend auf hellhäutige wohlhabende Technologie-Nutzer*innen ausgerichtet sind. Wenn mediale Vorurteile in Trainingsdatensätze für Gesichtserkennungszwecke einkodiert sind, sickern sie irgendwann auch in gefährlich inkompetente oder rassistische Gesichtserkennungssysteme ein. Zahlreiche Artikel in Fachzeitschriften und Studien weisen auf die Gefahren hin, die durch biometrische Systeme entstehen, wenn diese auf nicht repräsentativen Datensätzen beruhen.[6] Eine Studie der American Civil Liberties Union (ACLU) aus dem Jahr 2018 beispielsweise fand heraus, dass Amazons Gesichtserkennung in einer Datenbank mit Fahndungsfotos 28 Mitgliedern des US-Kongresses, von denen überproportional viele eine dunklere Hautfarbe hatten, fälschlicherweise als Kriminelle identifizierte.[7]

Die technische Lösung für das Problem der rassischen Voreingenommenheit in Gesichtserkennungssystemen besteht darin, diversifiziertere Trainingsdaten hinzuzuziehen. Laut KI-Experte Kai-Fu Lee funktioniert KI umso besser, über je mehr Daten sie verfüge, und zwar „viel besser, als die Forscher*innen, die an dem gleichen Problem arbeiten".[8] Von guten Absichten (fehl)geleitet, versuchten Forscher*innen von IBM 2019 das Problem der Voreingenommenheit bei der Gesichtserkennung zu lösen, indem sie einen rassisch diversifizierten Datensatz mit über einer Million Gesichtern namens „Diversity in Faces" (DiF) erstellten. Mit der Bereitstellung dieser Daten wollten sie dazu beitragen, die Repräsentationsprobleme in der Gesichtserkennungsindustrie zu beheben. Doch die Autor*innen des Datensatzes hatten verkannt, dass die nicht-einvernehmliche Analyse und Verbreitung von Gesichtsdaten neue Probleme mit sich bringt, da sie nämlich gegen biometrische Datenschutzgesetze verstößt. Im Rahmen einer laufenden Sammelklage gegen IBM verlangen die Kläger*innen eine Entschädigung von 1.000 Dollar für jeden fahrlässigen Verstoß und 5.000 Dollar für jeden beabsichtigten Verstoß gegen den Illinois Biometric Information Privacy Act (BIPA), was das Unternehmen mehrere hundert Millionen Dollar Strafgeld kosten könnte.[9]

Der „Diversity in Faces"-Datensatz von IBM ist einer von dutzenden, ja vielleicht hunderten Gesichtserkennungsdatensätzen, die „in der freien Wildbahn" ohne Zustimmung der betroffenen Personen gesammelt wurden. In den über mehrere Jahre hinweg geführten Recherchen für mein Projekt *Exposing.ai* konnte ich nachweisen, dass mehrere Millionen Gesichter aus dem Internet abgegriffen und für das Trainieren, Testen und Optimieren von Gesichtserkennungs- und anderen biometrischen Analysetechnologien benutzt wurden. „MegaFace", einer der größten Datensätze, besteht aus 4,7 Millionen Bildern mit Gesichtern, die unter einer Creative-Commons-Lizenz auf Flickr veröffentlicht wurden. Anhand der nutzergenerierten Foto-Tags im „MegaFace"-Datensatz lässt sich nachweisen, dass noch bevor

#selfies zum Mainstream wurden, bereits Permutationen von den Tags #self und #portrait in Trainingsdatensätzen vorhanden waren und mindestens 51.230 Bilder betrafen.[10]
In der Gesichtserkennungsbranche sind Trainingsdatensätze streng gehütete Geheimnisse. Unternehmen geben nur ungern preis, woher sie ihre Trainingsdaten beziehen, weil sie rechtliche Probleme befürchten. Laut Ermittlungen von NBC wurde die Firma Everalbum, Inc. (heute Paravision AI) von der Federal Trade Commission (FTC) verklagt, weil sie Gesichtsbilder von Millionen Benutzer*innen ohne deren Zustimmung zur Entwicklung von Gesichtserkennungstechnologien benutzt hatte.[11] Die FTC zwang Everalbum, alle biometrischen Daten und alle damit trainierten Modelle zur Gesichtserkennung zu löschen.[12] Everalbums KI-Gruppe, so zeigte sich, nutzte auch den „MegaFace"-Datensatz mit den nicht einvernehmlichen gewonnenen Bildern von Flickr. Ever AI (heute Paravision) nahm auch am *Visa-Border* Projekt teil, das 1,6 Millionen offensichtlich ohne ihr explizites Einvernehmen verwendete Gesichtsbilder von Grenzgänger*innen in den USA verwendet. Alles deutet darauf hin, dass wo auch immer Selfies heutzutage veröffentlicht werden, Unternehmen und Behörden ihre Nutzung als biometrische Daten anstreben.
In der Biometrie-Branche ist das Wort „Selfie" im Grunde nur ein Kürzel für „biometrisches Profil". Die beliebte Branchen-Webseite BiometricUpdate.com gibt für die Zeit seit 2014 über 100 Ergebnisseiten für biometrische Nachrichten mit Bezug zu „Selfies" an. Was einst als persönliche Ausdrucksform im Internet galt, wurde operativ für Sicherheitszwecke umfunktioniert. Dadurch entstehen neue Datenschutzrisiken, da Selfies auch aussagekräftige Daten und „soziales Material"[13] oder performte soziale Identitätssignale beinhalten. Um den Zusammenhang von Performativität und Identität von Selfies besser zu verstehen, sammelte eine vom U.S. Army Research Office (ARO) und der Defense Advanced Research Projects Agency (DARPA) finanzierte Forschungsstudie 2017 2,5 Millionen Selfies von Instagram, die den Hashtag „selfie" verwendeten. Die Forscher*innen wandten dabei Erving Goffmans Begriff der „Frontbühne" aus seinem 1959 erschienenen Buch *Die Darstellung des Selbst im Alltag* auf den Bereich der sozialen Medien an. Goffman definiert diesen vorderen Bereich, auf dem wir in sozialen Kontexten performen, als das „expressive Verhalten", das wir während der Darstellung von Identität an den Tag legen. Anhand von Goffmans Begriff der „Frontbühne" untersuchten die Wissenschaftler*nnen, wie Identität auf Instagram performt wird, und zwar anhand von benutzerdefinierten Beleuchtungseffekten, Cropping Styles, GPS-Koordinaten, Mimiken (z. B. Entengesicht) und anderen Formen von sozio-technischen „expressiven Verhalten" als neue Ausdrucksweisen von sozialer Identität.[14]
Die Annahme, dass Selfies eine zusätzliche Ebene performativer Daten enthielten, erklärt zum Teil die fehlgeleiteten pseudowissenschaftlichen For-

schungsprojekte, die behaupten, von Gesichtsbildern auf die Bestimmung der Sexualität oder politischen Einstellung schließen zu können. Die Daten in Michal Kosinskis umstrittener Forschungsarbeit aus dem Jahr 2021 mit dem Titel „Facial recognition techology can expose political orientation from naturalistic facial images" zum Beispiel können auf vielfältige Weise interpretiert werden.[15] Kosinski behauptet, dass Gesichtserkennung dazu dienen kann, die politische Orientierung einer Person mit einer Genauigkeit von 73 % vorherzusagen. Doch seine Daten zeigen auch, dass Gesichtsausdruck (Wut, Glück, Traurigkeit) und Kopfhaltung (Rollen, Neigen, Nicken) zu 80 % genauso wirksam waren wie die Gesichtserkennungsdaten. Da Gesichtserkennung aber oft Übereinstimmungen basierend auf der Kopfhaltung und dem Gesichtsausdruck erzeugt (d. h. lächelnde Gesichter stimmen eher mit lächelnden Gesichtern überein und Profilansichten eher mit Profilansichten), ist es wahrscheinlicher, dass Kosinski Gesichtserkennung mit der Analyse von Gesichtsattributen gleichgesetzt und lediglich die Performance auf der „Frontbühne" statt der zugrundeliegenden intrinsischen Gesichtsstruktur entschlüsselt hat.
Die Annahme, dass Gesichter absolute und stabile Identitätsdaten liefern, darf angezweifelt werden. Anders als Fingerabdrücke verändern sich Gesichter im Laufe der Zeit und sammeln im Laufe des Lebens einzigartige Informationen an. Gesichter liefern biometrische Daten, die als harte (Schädel), starre (Knorpel), halbstarre (Ausdruck), weiche (Gesichtsbehaarung), chronologische (Falten) und „frontale" (performte soziale Signale) biometrische Daten charakterisiert werden können. Die Vielzahl von stabilen, instabilen, statischen, dynamischen und performten Datentypen mit Identitätsbezug, die angeblich mit Hilfe von digitalen Bilderkennungssystemen erkannt werden können, macht Gesichter besonders anfällig für Fehlidentifizierung und Fehlklassifizierung. Zahlreiche Forschungsarbeiten behaupten, Heiterkeit, Alter, Wut, Aufmerksamkeit, Attraktivität, Autismus, Ehrfurcht, Schönheit, Body-Mass-Index, Langeweile, Ruhe, Konzentration, Selbstvertrauen, Kriminalität, Depression und vieles mehr erkennen zu können.
Eine der Antriebsfedern für die Entwicklung dieser Analyse- und Überwachungstechnologien ist die schiere Fülle an frei verfügbaren Gesichtsdaten im Netz. Analysiert man öffentlich zugängliche Datensätze – die bloß die Spitze des Eisbergs sind, da die meisten privat sind – wird klar, dass je mehr Selfies und Gesichtsbilder online gestellt werden, umso mehr Datensätze entstehen. Das „UCF Selfie"-Dataset zum Beispiel hat 46.836 Selfies von Instagram abgegriffen, um einen Algorithmus zur Analyse von Gesichtsattributen zu erstellen, der Alter, Rasse, Gesichtsform und Gesichtsgestik bewertet. Um die Leistungsfähigkeit von Gesichtserkennungssystemen zu steigern, haben Forscher*innen von Microsoft 10 Millionen Gesichtsbilder von 100.000 Prominenten aus dem „MS-Celeb"-Datensatz abgegriffen, IBM 1 Million Gesichter von Flickr für seinen „DiF"-Da-

tensatz und die University of Washington 4,7 Millionen Gesichtsbilder von Flickr für den „MegaFace"-Datensatz. Gleichzeitig wurde „MegaFace" vom CEO der Firma Clearview AI verwendet, der heute am „Visa-Border"-Gesichtserkennungsprogramm des NIST teilnimmt, um Regierungsbehörden wie dem Department of Homeland Security biometrische Technologie zur Verfügung zu stellen. Anders gesagt, Ihr Gesicht wird, wenn dies nicht bereits jetzt schon der Fall ist, möglicherweise irgendwann in allen Phasen der Gesichtserkennungsentwicklung (Training, Tests, Bereitstellung) verwendet.

Wenn es stimmt, dass Angebot Nachfrage schafft, dann hat der Überschuss an Selfies dazu beigetragen, das Zeitalter der Gesichtsüberwachung einzuläuten. Die Selfies von heute sind nicht nur die biometrischen Profile von morgen, sondern auch die Wachstumstreiber der zukünftigen Systeme des maschinellen Sehens. Selfies gebären Biometrie. „Per Selfie bezahlen" bedeutet auch, in zukünftige Gesichtsüberwachungssysteme zu investieren.

Dieser Essay begleitet die Installation *TODAY'S SELFIE IS TOMORROW'S BIOMETRIC PROFILE*. Der Text ist auf einen Spiegel gedruckt, der die Besucher*innen auffordert, ein Selfie zu machen und es mit dem Hashtag #thinkprivacy, transforming privacy risk into privacy propaganda auf sozialen Medien zu teilen.

1 Siehe https:// www.aclu.org/ news/ privacy-technology/ three-key-problems-with-the-governments-use-of-a-flawed-facial-recognition-service.

2 Siehe https:// www.theatlantic.com/ ideas/ archive/ 2022/ 01 / irs-should-stop-using-facial -recognition/ 621386.

3 Siehe https:// www.cbsnews.com/ news/ irs-lawmakers-urge-drop-selfie-software-id-me.

4 Siehe https:// www.irs.gov/ newsroom/ irs-announces-transition-away-from-use-of-third-party-verification-involving-facial-recognition.

5 Siehe https:// www.nytimes.com/ 2021 / 11 / 23/ technology/ clearview-ai-facial-recognition-accuracy.html.

6 Siehe https:// www.nytimes.com/ 2018/ 02 / 09/ technology/ facial-recognition-race-artificial-intelligence.html.

7 Siehe https:// www.aclu.org/ blog/ privacy-technology/ surveillance-technologies/ amazons-face-recognition-falsely-matched-28.

8 „In the Age of AI," Frontline, podcast, November 14, 2019, https:// podcasts.apple.com/ de/ podcast/ frontlinefilm-audio-track-pbs/ id336934080?l=en &i=1000456779283.

9 https:// www.classaction.org/ news/ class-action-accuses-ibm-of-flagrant-violations-of-illinois-biometric-privacy-law-to-develop-facial-recognition-tech.

10 Siehe https:// exposing.ai/ search.

11 Siehe https:// www.nbcnews.com/ tech/ security/ millions-people-uploaded-photos-ever-app-then-company-used-them-n1003371.

12 Siehe https:// www.ftc.gov/ news-events/ press-releases/ 2021 / 01.

13 Siehe „Selfie-Presentation in Everyday Life: A Large-Scale Characterization of Selfie Contexts on Instagram".

14 Ebd.

15 Ebd.

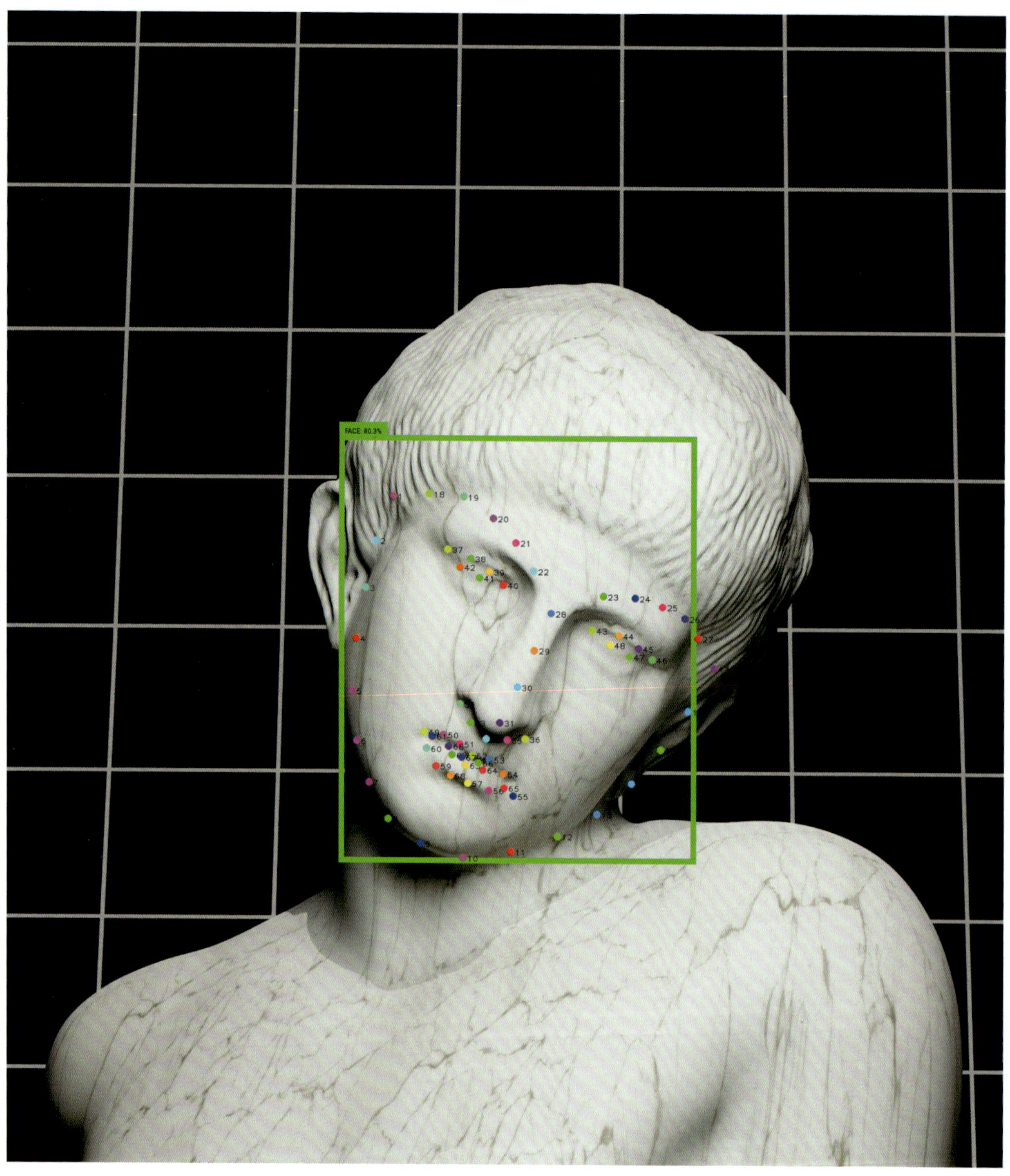

In der griechischen Mythologie faszinierte Narziss die Schönheit seines eigenen Spiegelbildes und führte schließlich zu seinem Untergang. Heute spielt sich eine ähnliche Tragödie im Spiegelbecken der sozialen Medien ab, wo die Verlockungen der Selfies zum Aufstieg biometrischer Überwachungstechnologien beigetragen haben. Illustration von Adam Harvey 2022 CC-BY-NC-SA (basierend auf einem 3D-Scan von "Ephebes Narzissus" von Scan The World).

In Greek mythology Narcissus became transfixed and paralyzed by the beauty of his own reflection, ultimately leading to his ruin. Today a similar tragedy is occurring in the reflecting pool of social media where the allure of selfies has contributed to the rise of biometric surveillance technologies. Artwork by Adam Harvey 2022 CC-BY-NC-SA (based on a 3D scan of "Ephebe Narcissus" by Scan The World).

TODAY'S SELFIE IS TOMORROW'S BIOMETRIC PROFILE

The production of commodities creates, and is the one and universal cause that creates a market for the commodities produced. James Mill, *Commerce Defended* (1808)

ADAM HARVEY

In 2021 the IRS (U.S. Internal Revenue Service) announced they would begin requiring "selfies" to access and manage tax documents on their website. Their decision to demand biometric authentication was strongly rejected by civil rights groups[1], technology activists[2], and even politicians from both parties.[3] In response, the IRS announced in February 2022 they "will transition away from using a third-party service for facial recognition" and instead "bring online an additional authentication process that does not involve facial recognition."[4]

It is the latest example of a precarious global trend towards using selfie-style biometric authentication. Amazon, Google, Intel, MasterCard, and countless financial startups have already launched similar programs using "pay by selfie" technology that utilizes frontal-facing smartphone cameras to authenticate financial transactions. The habituated, comfortable, and expressive action of taking self-portraits is now a high-security interaction. Many airports and border control checkpoints around the world are also using similar selfie-styled face recognition kiosks to screen for potential terrorists and expedite passenger boarding verification.

In the U.S., airlines claim to delete these photos, but there are different retention rules for different nationalities, and exceptions for suspicious persons. Whether or not a traveler's biometrics are actually deleted remains uncertain and unknowable. The airlines do not actually provide the face recognition technology, only the camera interface. The face recognition algorithms and database of known subjects are operated by the Department for Homeland Security (DHS), Customs and Border Protection, or similar agencies. In order to evaluate the performance of this technology, faces may be retained for quality assurance and to improve the product.

For example, NIST (National Institute of Standards and Technology) compiled a dataset with 1.6 million face images from border checkpoints called ***Visa-Border***. The faces were collected to benchmark commercial face recognition technology vendors and determine the most accurate algorithms. The dataset enables commercial face recognition vendors to evaluate, understand, and improve their algorithms. Benchmark data plays an important role as a diagnostic tool in advancing computer vision. Companies use NIST evaluations to measure progress and understand technical shortcomings. Top ranking companies can also use their scores in advertisements. For example, in 2020 CyberLink boasted that their FaceMe® technology achieves a True Acceptance Rate (TAR) of 98.11% on a database of 1.6 million travelers in the NIST ***Visa-Border*** dataset. More recently in October 2021, the controversial face recognition company Clearview AI used their NIST scores for a press release, which was then picked up by media organizations, providing free advertising.[5] In this way, the non-consensual faces used in the NIST Visa-Border dataset create tangible value for commercial face recognition vendors.

Prior to benchmarking, face recognition algorithms must first be trained on a separate dataset of faces from a different source. The training dataset is typically around 5–10 times larger than than testing datasets. There is no formal metric for how many faces are needed to train, but several million faces with diverse pose, age, gender, skin tone, expression, and image quality are commonly used, with more images typically leading to higher performance. Since higher performance face recognition algorithms are more marketable, companies have an economic incentive to collect as many faces as possible. To obtain large quantities of facial training data developers often rely on the Internet as a virtually unlimited source of face data. Among the most common sources cited in face recognition research papers and public face recognition datasets are search results from Google, celebrity photos from IMDB.com, selfies from Instagram, YouTube videos, and Creative Commons licensed images from Flickr. Images obtained online without the consent of the subject are referred to by researchers as "media in the wild," implying that the images originate from real world scenarios. But the Internet does not accurately portray reality; it is a simulation full of bias and commercial eccentricities. Most face datasets suffer from being overwhelmingly white and full of celebrities. This reflects social inequalities embedded in mainstream media (#OscarsSoWhite) and social media platforms which can skew heavily towards affluent tech users with lighter skin tones. When media biases are hard-coded into face recognition training datasets, they trickle down into dangerously incompetent or racist face recognition systems. Numerous articles[6] and studies have pointed out the dangers caused by biometric systems when they are built using unrepresentative datasets. For instance, an ACLU study from 2018 found that Amazon's face recognition incorrectly identified 28 members of the U.S. Congress as criminals in a mugshot database, of which a disproportionate number had darker skin tones.[7]

The engineering solution to racially incompetent face recognition systems is to add more diverse training data. According to AI expert Kai-Fu Lee "[t]he more data the better the AI works, more brilliantly than how the researcher is working on the problem."[8] Misguided by good intentions, researchers from IBM in 2019 aimed to solve bias in face recognition by creating a more racially diverse dataset, called IBM Diversity in Faces (DiF), with over 1 million faces. They hoped that by providing this data it would help solve representational problems across the face recognition industry. However, the dataset authors failed to understand that non-consensual analysis and distribution of biometric data creates a different set of problems; it violates biometric information protection laws. An ongoing class-action lawsuit against IBM is seeking damages of $1,000 for each negligent violation and $5,000 for each intentional violation of BIPA (Illinois' Biometric Information Privacy Act) per use, possibly amounting to hundreds of millions in fines.[9]

The ***IBM DiF*** dataset is one among dozens, likely hundreds, of face recognition datasets created "in the wild" by taking faces without consent. During the last several years, research for my Exposing.ai project has shown that tens of millions of faces have been scraped from the Internet and used for training, testing, and enhancing face recognition and other biometric analysis technologies. One of the largest datasets, called ***MegaFace***, used over 4.7 million faces taken from Creative Commons licensed Flickr images. Even before #selfies were mainstream, user-generated photo tags in ***MegaFace*** show that permutations of #self and #portrait tags were already a common theme in training data, comprising at least 51,230 images.[10]

Training datasets are highly guarded secrets in the face recognition industry. Companies are reluctant to disclose their data sources out of fear it could cause legal issues. For example, in 2021 an NBC investigation[11] revealed that Everalbum, Inc. (now Paravision AI) was charged by the Federal Trade Commission for using millions of users' faces without consent to build face recognition technologies. The FTC forced Everalbum to delete all biometric data and any face recognition model trained using it.[12] Coincidentally, Everalbum's AI group was listed as a user of the ***MegaFace*** dataset of non-consensual Flickr images. Ever AI (now Paravision) also participated in the NIST ***Visa-Border*** that uses 1.6 million apparently non-consensual face images from border crossings in U.S. It seems that no matter where your selfies are appearing these days, companies and government agencies are eager to use it as biometric data.

To those working in the biometrics industry the word "selfie" is basically shorthand for a biometric profile. The popular biometric industry website, BiometricUpdate.com, yields over 100 pages of results for "selfie" related biometric news dating back to 2014. What was once viewed as form of personal expression on the Internet has been operationalized into security systems. This creates new privacy risks because selfies also contain expressive data and "sociomaterial"[13], or performed social identity signals.

To better understand the performative identity component of selfies, a 2017 research study funded by U.S. Army Research Office (ARO) and Defense

Advanced Research Projects Agency (DARPA) collected 2.5 million images from Instagram that used the hashtag #selfie. The researchers used Erving Goffman's concept of a performed "front" from his book ***The Presentation of Self in Everyday Life*** (1959) as a starting point to reconsider how this is played out on social media. Goffman considered "front" as the "expressive equipment" used during the performance of identity. The researchers use Goffman's idea of a "front" to understand how identity is performed on Instagram using custom lighting effects, cropping styles, GPS coordinates, memetic expressions (e.g. duck face), and other forms of socio-technical "expressive equipment" as new types of performed identity data.[14]

Thinking of selfies in this way, as having an additional layer of performed data, helps to explain misleading pseudo-scientific research projects that claim to use face recognition to detect sexuality[15] or political orientation[16]. In Michal Kosinski's controversial 2021 research paper "Facial recognition technology can expose political orientation from naturalistic facial images" the data can be interpreted in multiple ways. Kosinski claimed that face recognition can be used to predict political orientation with 73% accuracy, but his data also shows that facial expression attributes (anger, happiness, sadness) and head pose (roll, yaw, pitch) were 80% as effective as the face recognition data. But since face recognition can often produce matches based on head pose and expression (i.e. smiling faces are more likely to match smiling faces and profile views are more like to match profile views) it is more likely that he conflated face recognition with face attribute analysis, and merely decoded the performed front-matter, not the underlying intrinsic facial structure.

Assuming that faces can provide absolute and stable identity data is dubious. Faces, unlike fingerprints, change over time and accrue unique information throughout life. Faces comprise solid (skull), rigid (cartilage), semi-rigid (expression), soft (facial hair), chronological (wrinkles), and front-matter (performed social signals) biometric data. The multitude of stable, unstable, static, dynamic, and performed identity data types that can supposedly be detected using computer vision make faces uniquely vulnerable to misidentification and misclassification. Numerous research papers claim to be able to detect amusement, age, anger, attentiveness, attractiveness, autism, awe, beauty, body mass index, boredom, calmness, concentration, confidence, criminality, and depression to name only a few.

One of the driving factors behind the growth of facial analysis technologies and pseudo-scientific research is the surplus of face data available online. By analyzing publicly available datasets, which are the tip of the iceberg because most are private, it becomes clear that as more face images are posted online, more face datasets begin to appear. For example, the ***UCF Selfie Dataset*** scraped 46,836 selfies from Instagram to build facial attribute analysis algorithm to estimate age, gender, race, face shape, and face gesture. To improve face recognition performance, Microsoft researchers scraped and distributed 10 million face images of 100,000 celebrities in the MS-Celeb dataset, IBM downloaded 1 million faces from Flickr for their DiF dataset, and the University of Washington took 4.7 million face images from Flickr for the MegaFace dataset. Coincidentally, MegaFace was used by the CEO of Clearview AI, who now competes in the NIST ***Visa-Border*** face recognition challenge to provide biometric technology to government agencies like the Department of Homeland Security. In other words, it is possible your face is or will eventually be used during all stages of face recognition development: training, testing, and deployment.

If supply can be said to create demand, then the surplus of selfies has helped deliver the age of facial surveillance. Today's selfies are not only tomorrow's biometric profiles, they are also the growth drivers of future technologies. Selfies beget biometrics. To "pay by selfie" is also to invest in facial surveillance futures.

This essay accompanies the installation of artwork titled "TODAY'S SELFIE IS TOMORROW'S BIOEMETRIC PROFILE". The text is printed on a mirror that encourages people to take a selfie and share it on social media with the hashtag #thinkprivacy, transforming privacy risk into privacy propaganda.

1 https://www.aclu.org/news/privacy-technology/three-key-problems-with-the-governments-use-of-a-flawed-facial-recognition-service.

2 https://www.theatlantic.com/ideas/archive/2022/01/irs-should-stop-using-facial-recognition/621386.

3 https://www.cbsnews.com/news/irs-lawmakers-urge-drop-selfie-software-id-me.

4 https://www.irs.gov/newsroom/irs-announces-transition-away-from-use-of-third-party-verification-involving-facial-recognition.

5 https://www.nytimes.com/2021/11/23 technology/clearview-ai-facial-recognition-accuracy.html.

6 https://www.nytimes.com/2018/02/09/technology/facial-recognition-race-artificial-intelligence.html.

7 https://www.aclu.org/blog/privacy-technology/surveillance-technologies/amazons-face-recognition-falsely-matched-28.

8 "In the Age of AI," Frontline, podcast, November 14, 2019, https://podcasts.apple.com/de/podcast/frontlinefilm-audio-track-pbs/id336934080?l=en&i=1000456779283.

9 https://www.classaction.org/news/class-action-accuses-ibm-of-flagrant-violations-of-illinois-biometric-privacy-law-to-develop-facial-recognition-tech.

10 https://exposing.ai/search.

11 https://www.nbcnews.com/tech/security/millions-people-uploaded-photos-ever-app-then-company-used-them-n1003371.

12 https://www.ftc.gov/news-events/press-releases/2021/01.

13 "Selfie-Presentation in Everyday Life: A Large-Scale Characterization of Selfie Contexts on Instagram"

14 Ibid.

15 https://www.gsb.stanford.edu/faculty-research/publications/deep-neural-networks-are-more-accurate-humans-detecting-sexual

16 https://www.gsb.stanford.edu/faculty-research/publications/deep-neural-networks-are-more-accurate-humans-detecting-sexual

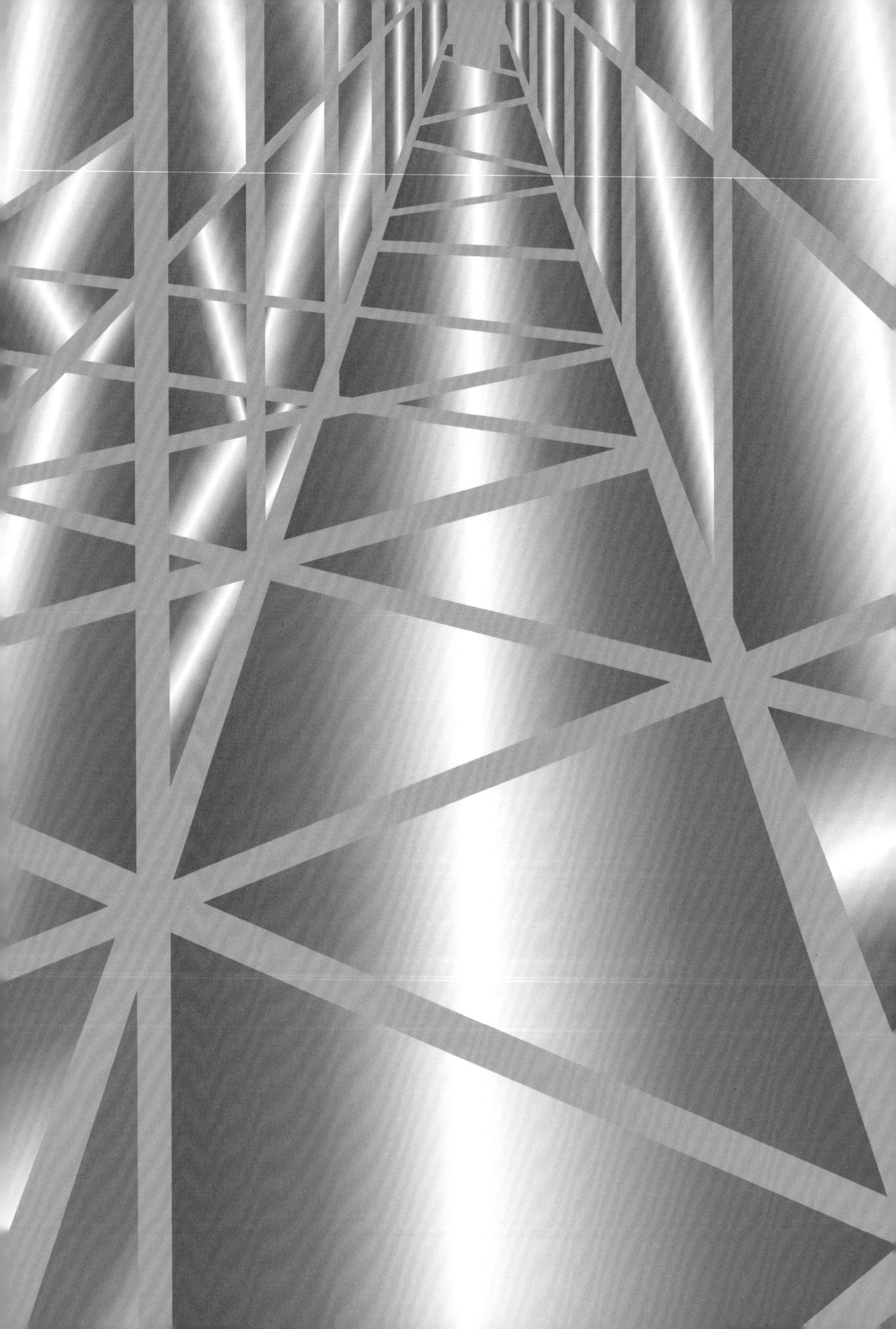

EXPONATE
EXHIBITS

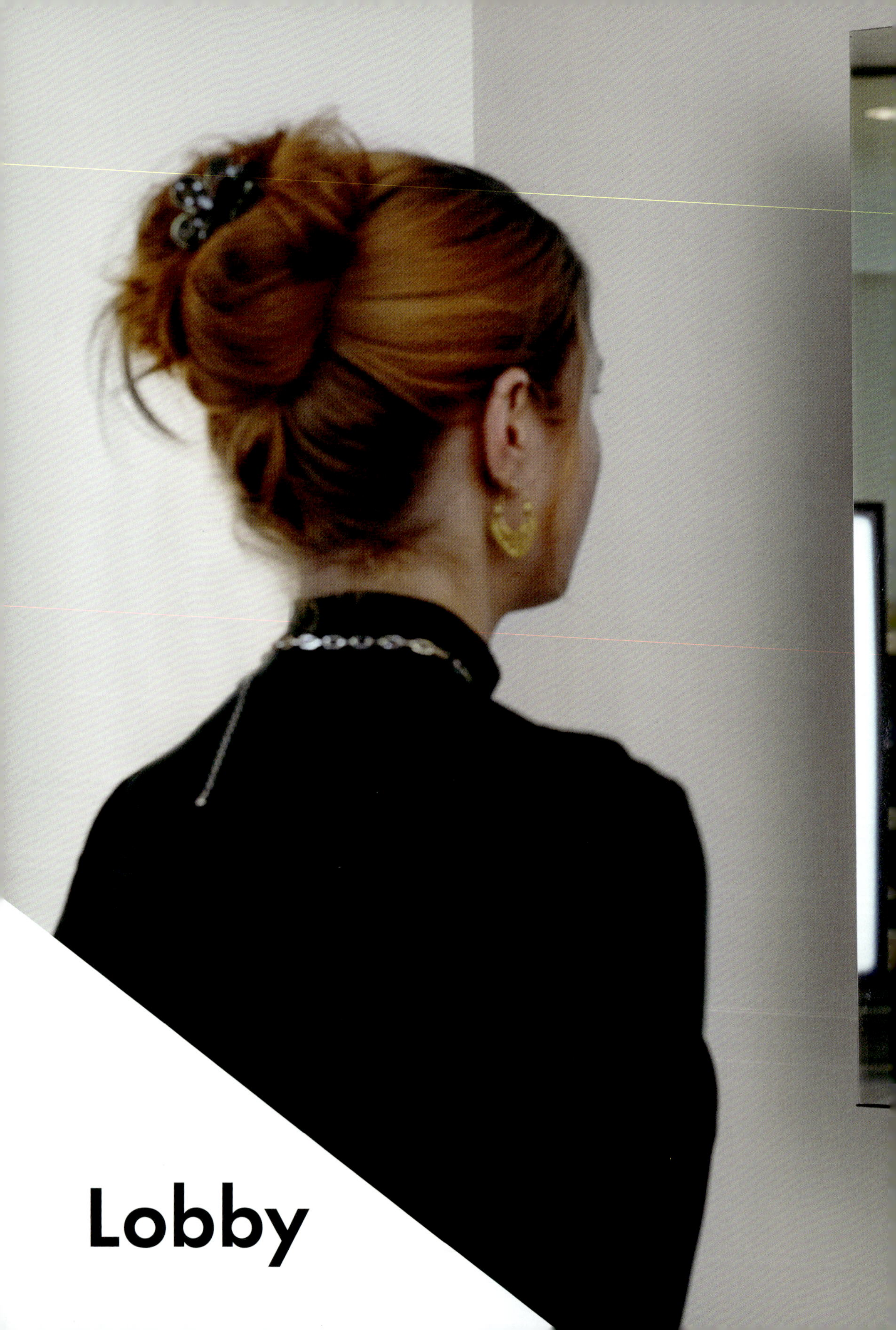

Lobby

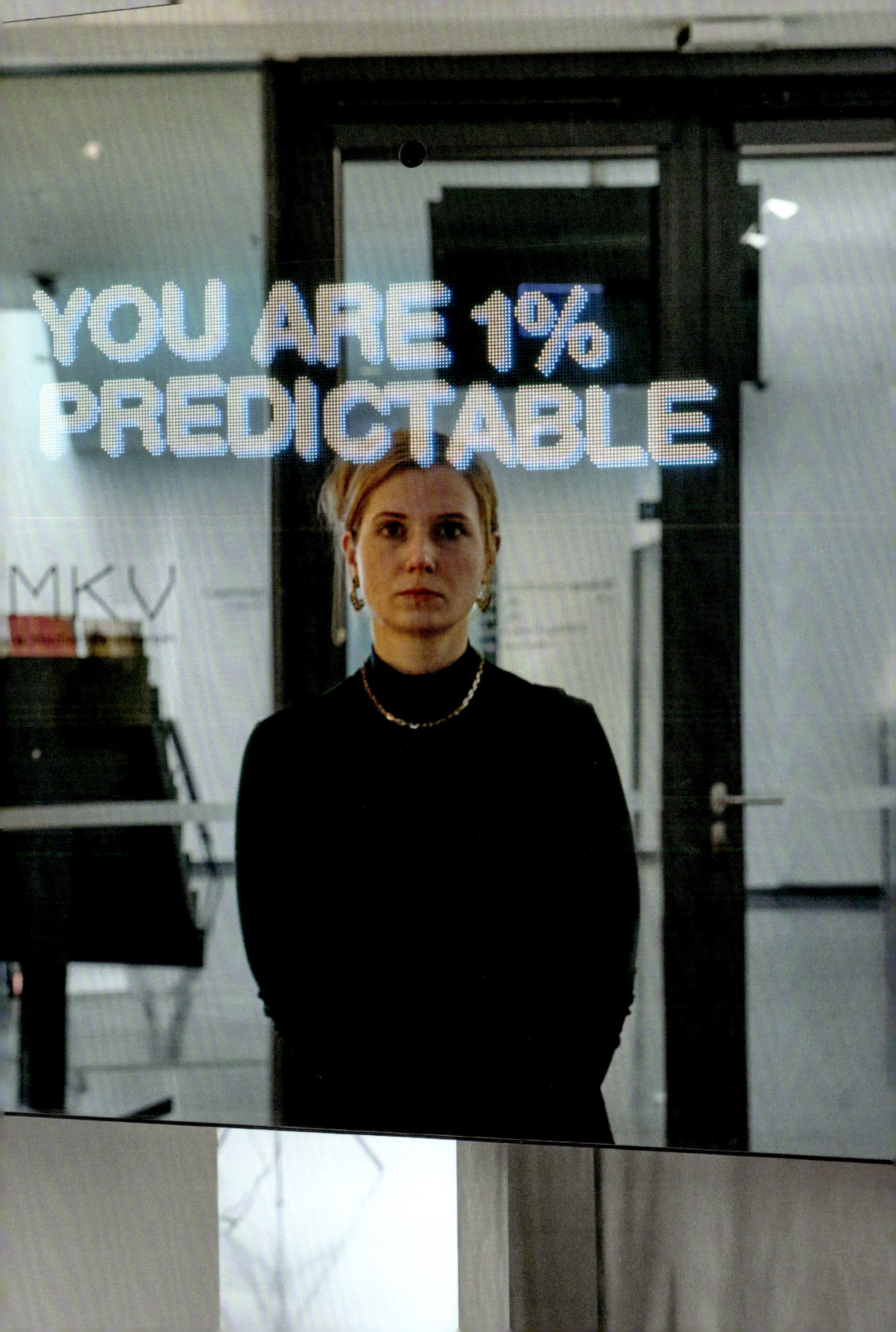
YOU ARE 1%
PREDICTABLE
MKV

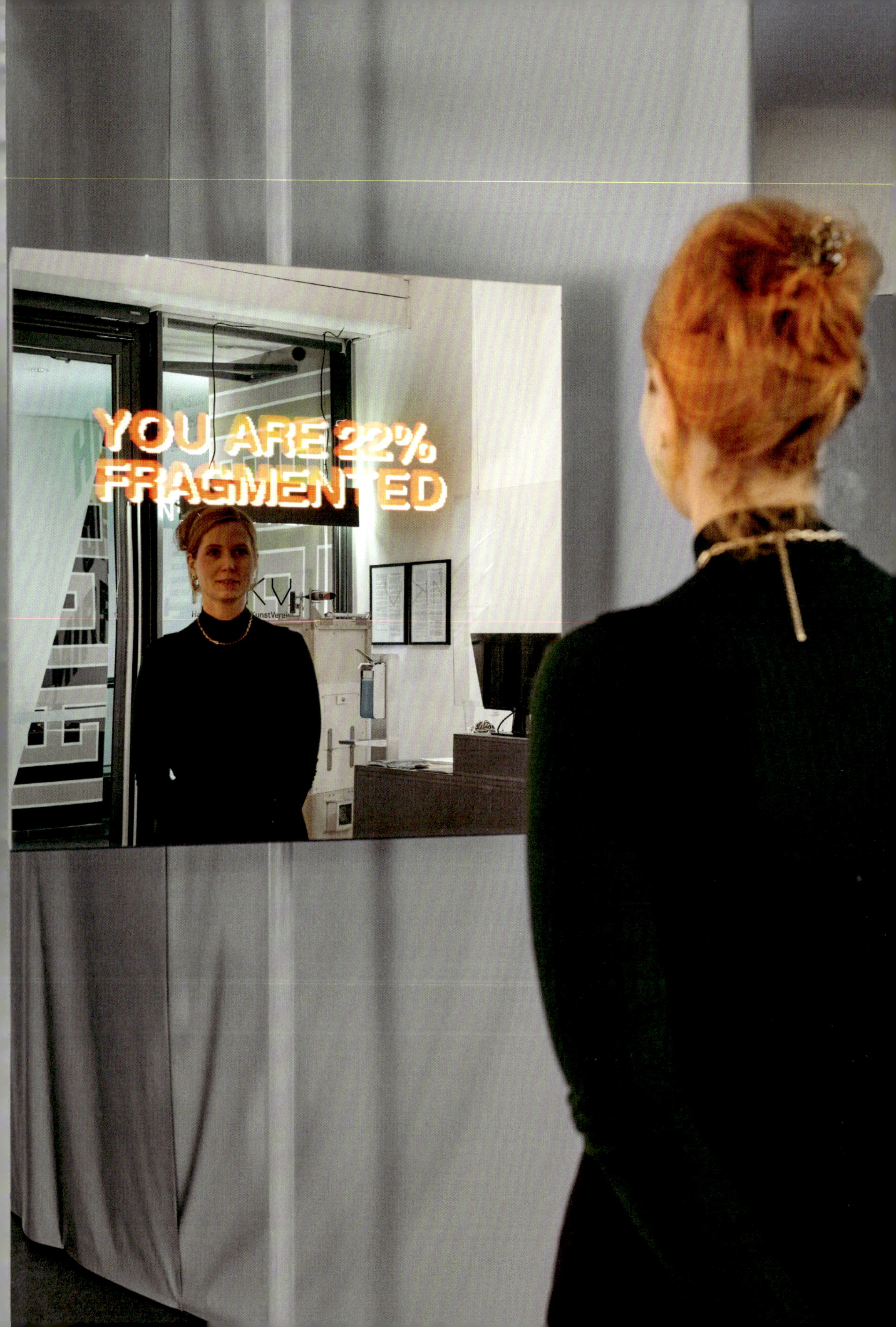
YOU ARE 22%
FRAGMENTED

SEBASTIAN SCHMIEG

Decisive Mirror
2019

In der Lobby begegnet uns das Phantasma der totalen Sichtbarkeit. Emotionserkennung, „psychometrisches Profiling" und Stimmungsanalyse werden von Unternehmen oder Plattformen genutzt, um uns zu beurteilen. Doch die Algorithmen „sehen" uns nicht. Sie können nur so gut sein wie ihre Datenbasis. Sebastian Schmieg hat für *Decisive Mirror* einen eigenen Algorithmus entwickelt. *Decisive Mirror* nutzt maschinelles Sehen. Er verwendet Merkmale wie „Lebendigkeit" oder „Einbildungskraft". Doch möglicherweise liefert er nicht die Ergebnisse, die wir erwarten. Dieser Spiegel erinnert uns daran, dass unser Gesicht, unsere Worte, unsere Handlungen und sogar unsere Emotionen jeden Tag bewertet werden. Doch die Maßstäbe sind willkürlich, zufällig oder ungenau.

Zwei-Wege-Spiegel, LED-Matrix, Computer, Kamera, Datenset, Neurales Netzwerk / Two-way mirror, LED matrix, computer, camera, dataset, neural network, https://sebastianschmieg.com/decisive-mirror/
Auftragsarbeit von / Commissioned by HeK, Haus der elektronischen Künste, Basel

DE In der Lobby der Ausstellung werden wir mit einer Arbeit konfrontiert, die das Phantasma der Transparenz (d.h. der totalen Sichtbarkeit) perfekt verkörpert: der *Decisive Mirror* von Sebastian Schmieg.

Emotionserkennung, psychometrisches Profiling und Stimmungsanalyse werden zunehmend von Unternehmen, Social-Media-Plattformen und anderen genutzt, um Rückschlüsse auf uns zu ziehen. Aber Algorithmen kommen nicht immer zu den richtigen Schlüssen über uns. Ein Algorithmus ist schließlich nur genau so gut wie der Datensatz, mit dem er trainiert wurde.

Sebastian Schmieg hat für *Decisive Mirror* einen eigenen Algorithmus entwickelt, der uns auf der Grundlage von unkonventionellen Merkmalen wie unserer „Lebendigkeit" oder „Einbildungskraft" analysiert. *Decisive Mirror* nutzt maschinelles Sehen, um uns zu beurteilen, aber es könnte sein, dass er nicht die Ergebnisse liefert, die wir erwarten. Dieser Spiegel erinnert uns daran, dass unser Gesicht, unsere Worte, unsere Handlungen und sogar unsere Emotionen jeden Tag auf der Grundlage willkürlicher, zufälliger oder ungenauer Kategorien bewertet werden.

EN In the lobby of the exhibition, we are confronted with an artwork that perfectly embodies the phantasm of transparency (i.e., total visibility): the ***Decisive Mirror*** by Sebastian Schmieg.

Emotion recognition, psychometric profiling, and sentiment analysis are increasingly being used by companies, social media platforms, and others to draw conclusions about us. However, algorithms don't always come to the right conclusions about us. An algorithm is, after all, only as accurate as the data set it was trained with.

Sebastian Schmieg has designed his own algorithm for ***Decisive Mirror***, which analyses us based on unconventional traits like "liveliness" or "faculty of imagination". ***Decisive Mirror*** uses machine vision to assess us, but it might not yield the results we expect. This mirror reminds us that our face, words, actions, and even emotions are being profiled every day based on categories that are arbitrary, random or inaccurate.

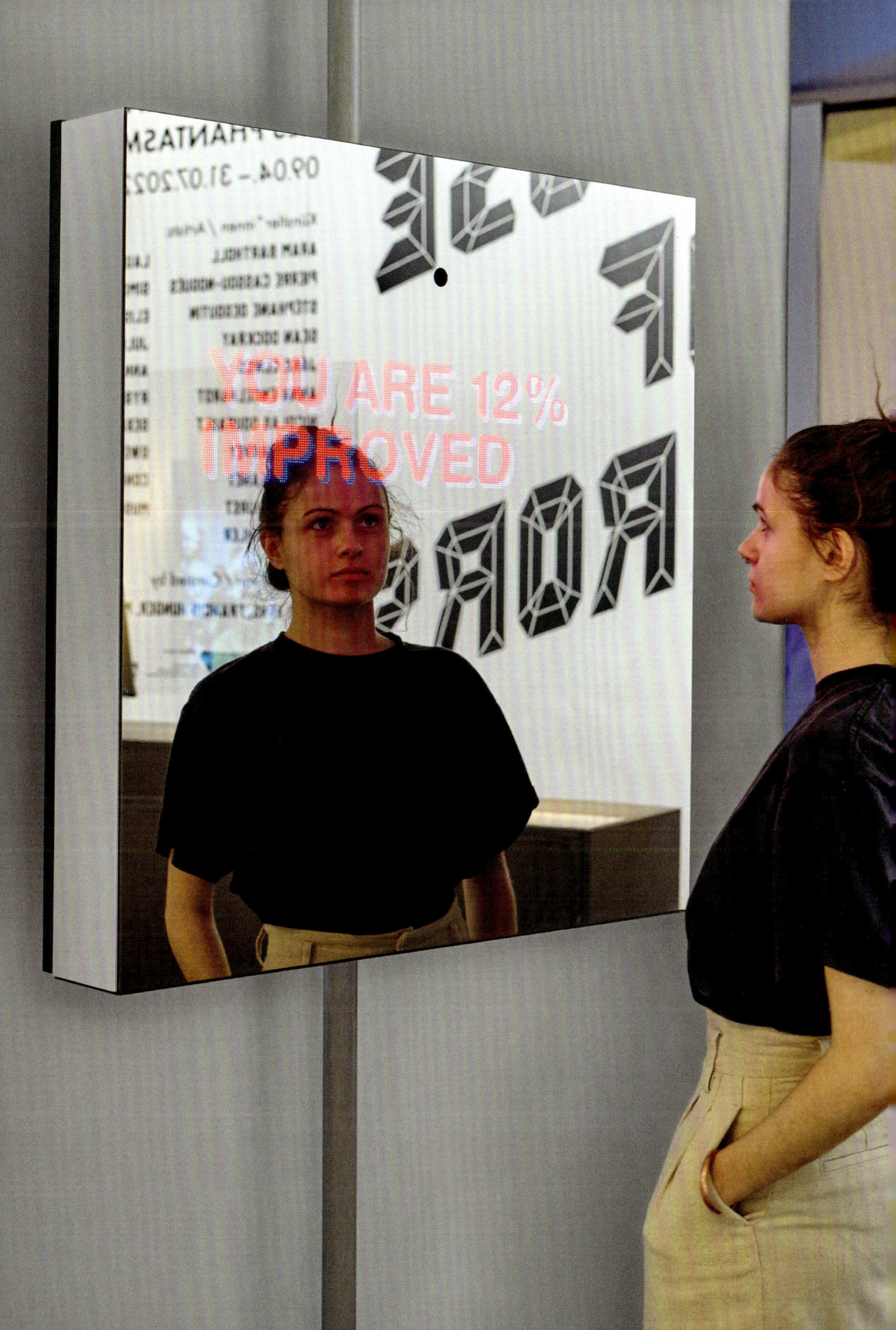
YOU ARE 12%
IMPROVED

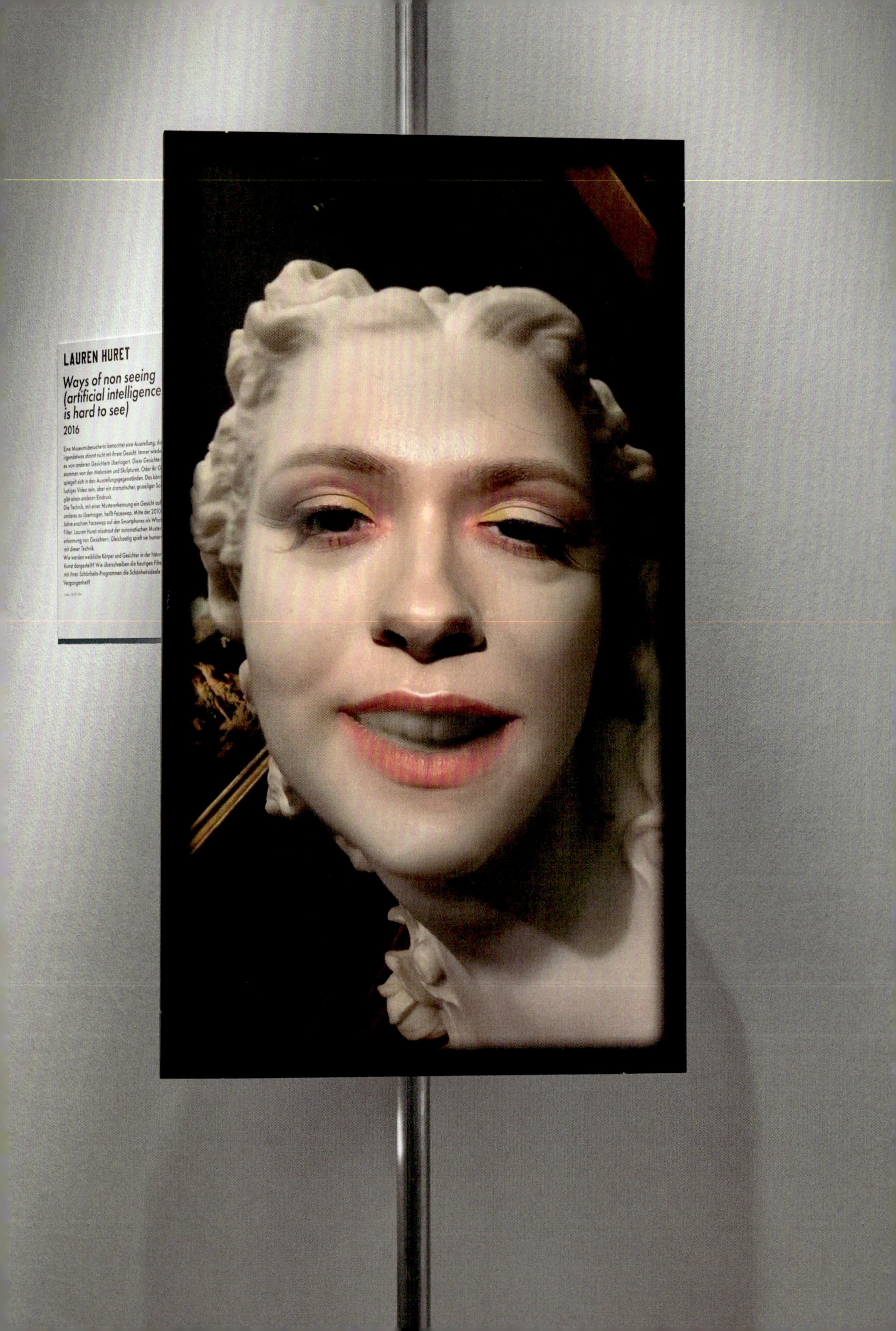

LAUREN HURET
Ways of non seeing (artificial intelligence is hard to see)
2016

LAUREN HURET

Ways of non-seeing (artificial intelligence is hard to see) 2016

Eine Museumsbesucherin betrachtet eine Ausstellung, doch irgendetwas stimmt nicht mit ihrem Gesicht. Immer wieder wird es von anderen Gesichtern überlagert. Diese Gesichter stammen von den Malereien und Skulpturen. Oder ihr Gesicht spiegelt sich in den Ausstellungsgegenständen. Das könnte ein lustiges Video sein, aber ein dramatischer, gruseliger Sound gibt einen anderen Eindruck. Die Technik, mit einer Mustererkennung ein Gesicht auf ein anderes zu übertragen, heißt Faceswap. Mitte der 2010er Jahre erschien Faceswap auf den Smartphones als Whatsapp-Filter. Lauren Huret misstraut der automatischen Mustererkennung von Gesichtern. Gleichzeitig spielt sie humorvoll mit dieser Technik. Wie werden weibliche Körper und Gesichter in der historischen Kunst dargestellt? Wie überschreiben die heutigen Filter mit ihren Schönheits-Programmen die Schönheitsideale der Vergangenheit?

Video, 16:00 Min.

DE Eine Museumsbesucherin betrachtet eine Ausstellung, doch irgendetwas stimmt nicht mit ihrem Gesicht. Immer wieder wird es von anderen Gesichtern überlagert, Gesichtern die den Malereien und Skulpturen entstammen, oder ihr Gesicht spiegelt sich in den Ausstellungsgegenständen. Was eigentlich als lustiges Tik-Tok-Video funktionieren könnte, wird durch die teils gruselige, Spannung erzeugende Soundebene konterkariert.
Faceswap nennt sich jene populäre Technik, die es erlaubt, mittels Mustererkennung ein Gesicht auf ein anderes Gesicht zu übertragen. Die Ankunft von Faceswap auf den Smartphones als Whatsapp-Filter Mitte der 2010er Jahre rückte die neuen Fähigkeiten von Gesichtserkennung in den Blick einer breiten Öffentlichkeit. Hurets Videoperformance formuliert mit hintergründigem Humor das Mißtrauen der Künstlerin gegenüber automatisierter Mustererkennung von menschlichen Gesichtern und ist gleichzeitig eine ironische Aneignung dieser Technik. Die Arbeit hinterfragt zudem die Darstellung des weiblichen Körpers in der Kunstgeschichte und wie die Filter von Smartphone-Kameras historische Schönheitsstandards mit der heutigen algorithmischen Interpretation von Schönheit überlagern.

EN A museum visitor is looking at an exhibition, but something is wrong with her face. Again and again, it is overlaid by other faces; faces that stem from the paintings and sculptures. Or her face is reflected in the exhibits. What might actually work as a funny Tik-Tok video is contrasted by the partly creepy, tension-generating sound of the video.
Faceswap is a popular technology that allows a face to be transferred to another face using pattern recognition. The arrival of Faceswap on smartphones as a Whatsapp filter in the mid-2010s brought the new capabilities of facial recognition to the attention of a wider public. Huret's video performance formulates the artist's distrust of automated pattern recognition in human faces with enigmatic humour and is at the same time an ironic appropriation of this technology. It also comments on the representation of the female body in art history and how filters on smart phone cameras overlay historical beauty standards with today's algorithmic interpretation of beauty.

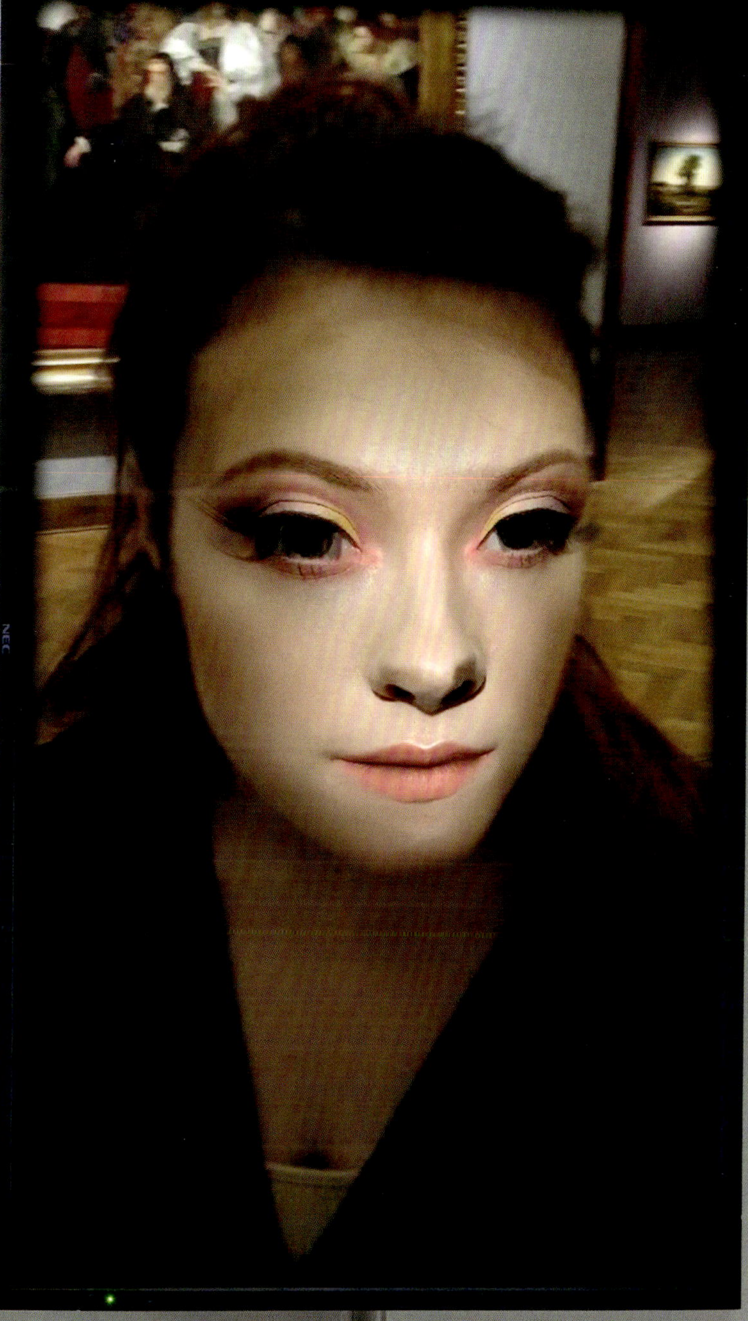
LAUREN HURET
Ways of non seeing (artificial intelligence is hard to see)
2016
NEC

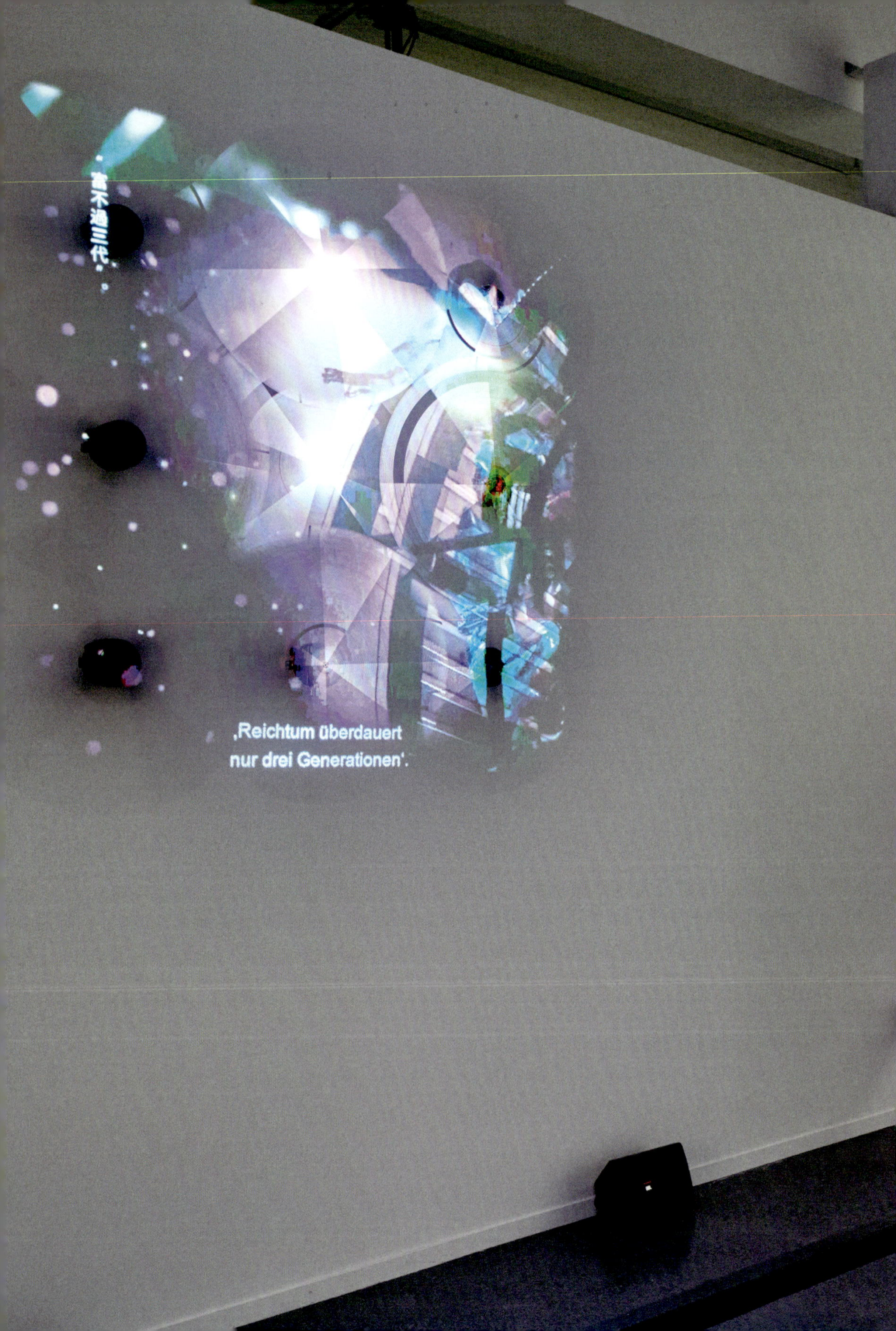

"富不過三代"。
,Reichtum überdauert
nur drei Generationen'.

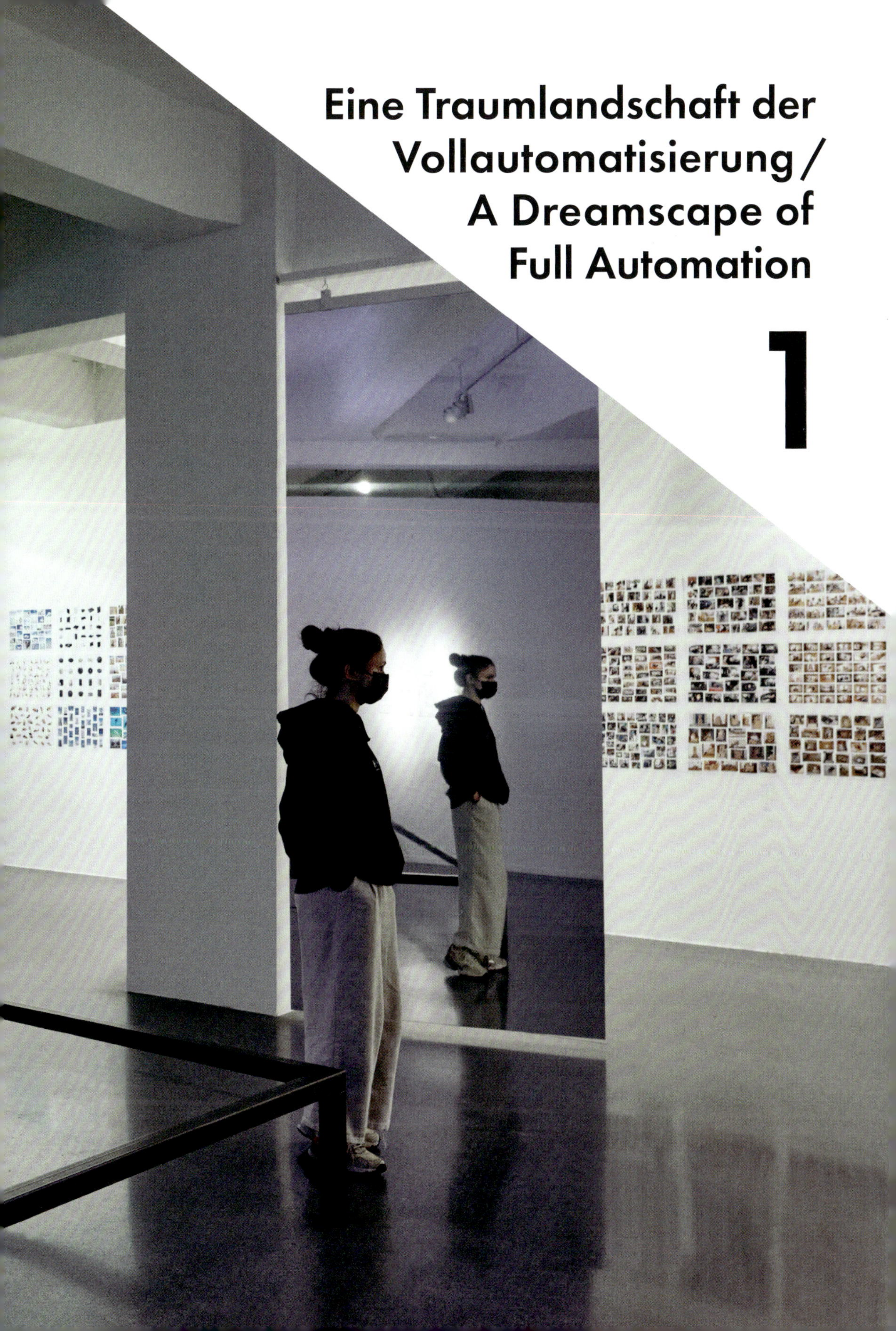

Eine Traumlandschaft der Vollautomatisierung / A Dreamscape of Full Automation

1

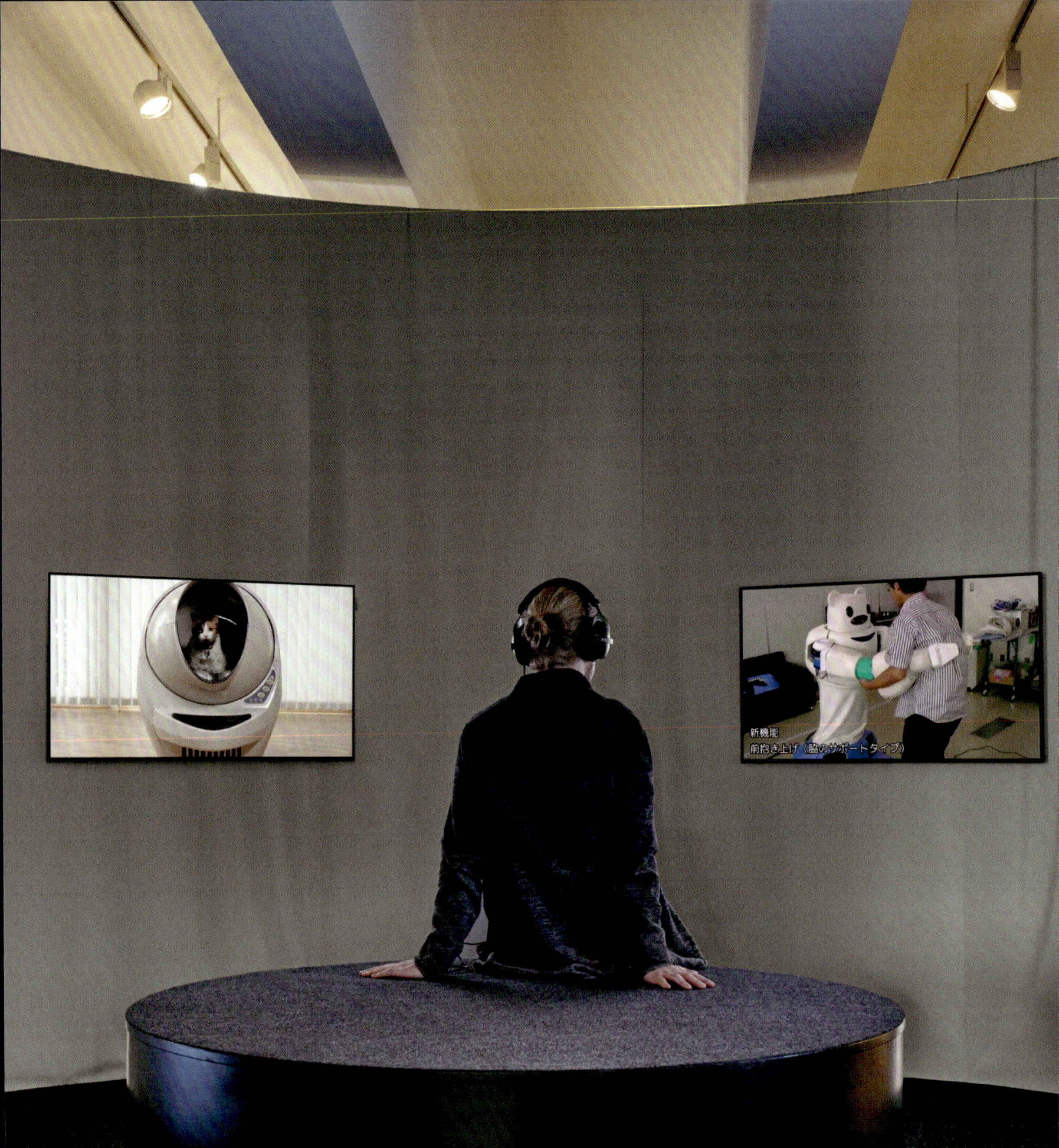
新機能
前抱き上げ（脇のサポートタイプ）

PIERRE CASSOU-NOGUÈS + STÉPHANE DEGOUTIN + GWENOLA WAGON

Welcome to Erewhon 2019

Hier kommt ein alter Traum der Menschheit zum Ausdruck: das Ende der Arbeit durch totale Automatisierung. Endlich sind die Erewhoner*innen von schwerer körperlicher Arbeit befreit und arbeiten nur noch für ihr eigenes Glück. Sie gehen spielerischen Beschäftigungen nach. Fabriken produzieren alles, was man zum Leben braucht, Farmen bauen Pflanzen und Tiere an und verarbeiten sie. Fahrzeuge liefern sie aus. Roboter massieren die Bewohner*innen oder bereiten ihnen das Essen zu. Katzen entwickeln eine Zuneigung zu Staubsaugerrobotern. Willkommen im Traum eines Ingenieurs!
Samuel Butler schrieb 1872 den Roman *Erewhon* („Erewhon" ist das Anagramm von „Nowhere") über eine Stadt, die wie „Utopia" nirgendwo liegt, aber in unserer Vorstellung existiert. Wie im Roman beschreibt die Video-Installation in elf Kapiteln die fiktive Stadt.
Die Autor*innen versuchen nicht, sich die Zukunft vorzustellen. Sie dokumentieren nur die Automatisierungsfantasien des frühen 21. Jahrhunderts. Dabei greifen sie ausschließlich auf Videos aus dem Internet zurück. In Butlers Originalroman zerstören die Menschen am Ende aus Angst die Maschinen. In *Welcome to Erewhon* haben sich die Maschinen weiter entwickelt. Sie kümmern sich nun um die Menschen.

Videoinstallation, 11 Videos auf 5 Flatscreens, Länge variabel / Video installation, 11 videos on 5 flatscreens, https://welcometoerewhon.com

DE Hier kommt ein alter Traum der Menschheit zum Ausdruck: das Ende der Arbeit durch totale Automatisierung. Endlich sind die Erewhoner*innen von schwerer körperlicher Arbeit befreit und arbeiten nur noch für ihr eigenes Glück. Sie gehen spielerischen Beschäftigungen nach. Fabriken produzieren alles, was man zum Leben braucht, Farmen bauen Pflanzen und Tiere an und verarbeiten sie. Fahrzeuge liefern sie aus. Roboter massieren die Bewohner*innen oder bereiten ihnen das Essen zu. Katzen entwickeln eine Zuneigung zu Staubsaugerrobotern.
Willkommen im Traum eines Ingenieurs! Wie in *Erewhon* (1872), dem utopischen Roman von Samuel Butler, zeichnet diese Videoinstallation in elf Kapiteln das Porträt einer Stadt, die nirgendwo liegt (Erewhon ist das Anagramm von „Nowhere"), aber sehr wohl existiert, zumindest in unserer Vorstellungswelt. Die Autor*innen versuchen nicht, sich die Zukunft vorzustellen, sondern dokumentieren lediglich die Automatisierungsfantasien des frühen 21. Jahrhunderts, wobei sie ausschließlich auf Videos aus dem Internet zurückgreifen. Im Gegensatz zu Butlers Originalroman, in welchem die Bewohner*innen aus Angst vor der bedrohlichen Entwicklung der Maschinen alle Maschinen zerstören, haben sich in der zeitgenössischen Fabel *Welcome to Erewhon* die wohlwollenden Maschinen weiterentwickelt und kümmern sich nun um die Menschen.

EN In ***Welcome to Erewhon***, an old dream of humanity is expressed: the end of work through total automation. The Erewhonians have finally been liberated from heavy, physical labour, and now only work in pursuit of their own happiness. They pursue playful activities. Factories produce everything needed for life. Farms cultivate and process plants and animals. Vehicles deliver them. Robots massage the inhabitants or prepare their meals. Cats develop an affection for vacuum cleaner robots.
Welcome to an engineer's dream! Like in ***Erewhon*** (1872), the utopian novel of Samuel Butler, this video installation presents in eleven chapters the portrait of a city that lies nowhere (Erewhon is the anagram of "Nowhere"), but does in fact very well exist, at least in the world of our imagination. The authors do not attempt to imagine the future, but instead merely document the automation fantasies of the early 21st century, resorting exclusively to videos from the Internet in the process. In contrast with Butler's original novel, in which the inhabitants destroy all machines for fear of their ominous development, the benevolent machines in the contemporary fable ***Welcome to Erewhon*** have developed further and now look after human beings.

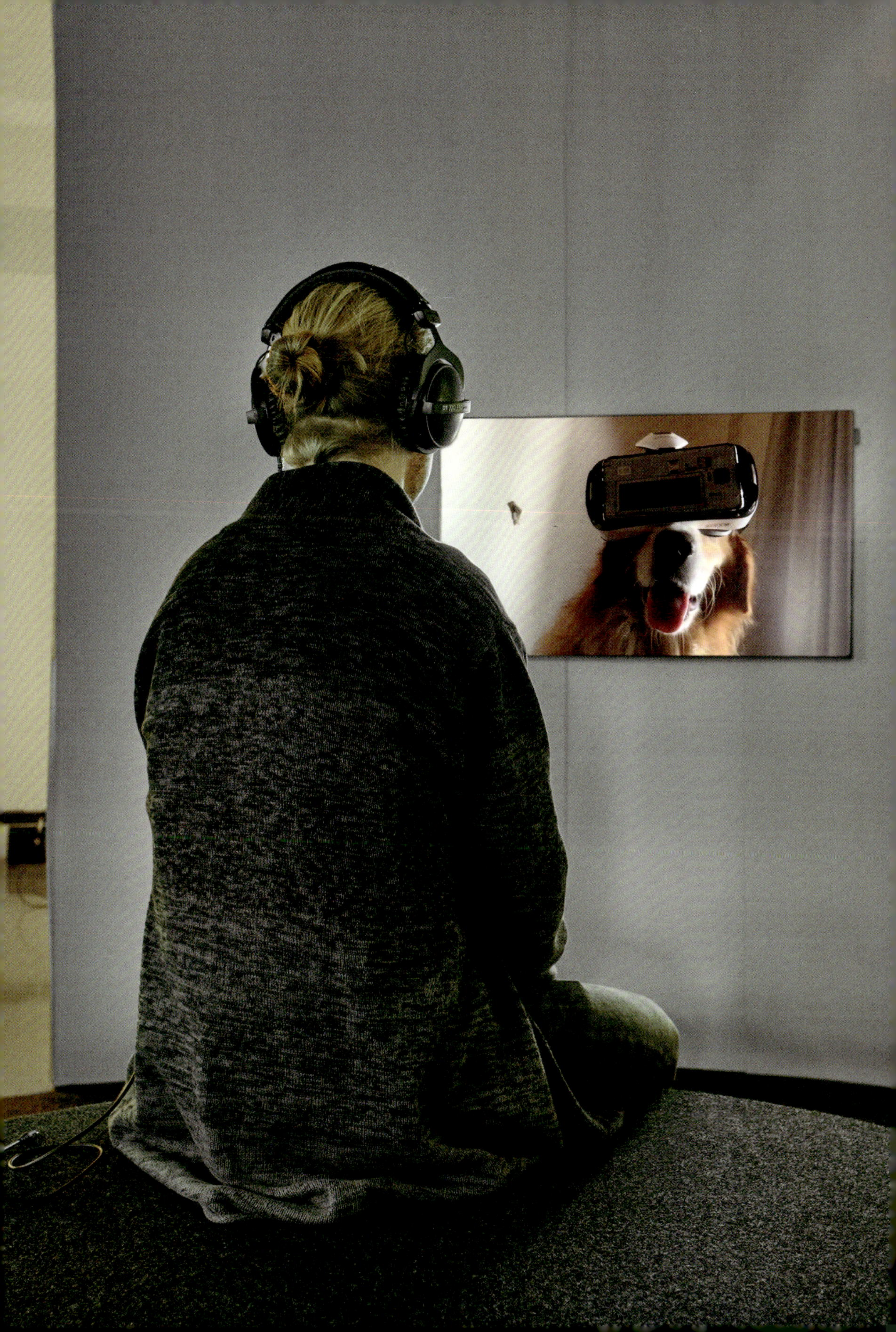

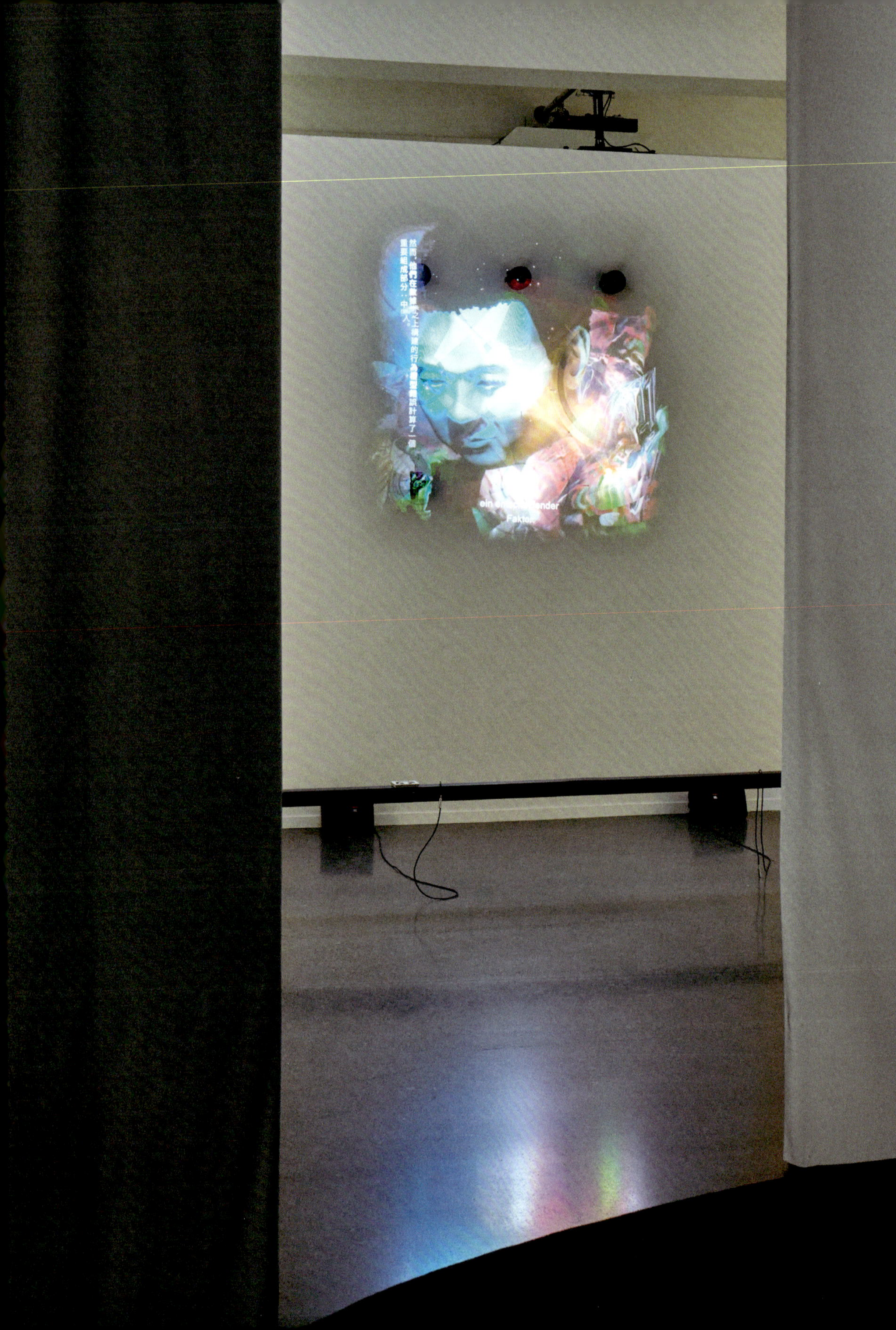

ZHENG MAHLER

The Master Algorithm

2019

Jedes Jahr studieren chinesische Netizens (Internet-Citizens/-Bürger*innen) die Neujahrsansprache des Präsidenten Xi Jinping. Das heißt, sie untersuchen das Bücherregal hinter ihm.

2018 standen dort nicht nur Marx' *Das Kapital* und *Das Kommunistische Manifest*, sondern auch Pedro Domingos *The Master Algorithm* (2015), ein Buch über Künstliche Intelligenz.

Domingo schreibt: „Alles Wissen – vergangenes, gegenwärtiges und zukünftiges – kann durch einen einzigen, universellen lernenden Algorithmus aus Daten abgeleitet werden."

Das ist der „Master Algorithmus." Zheng Mahler stellt sich vor, der chinesische Staat macht in der Zukunft seine digitalen Überwachungssysteme mit diesem Monster-Algorithmus perfekt.

Seit 2018 gibt es im staatlichen Fernsehen den ersten künstlich intelligenten Nachrichtensprecher. Mit Hilfe von Gesichtserkennung, Sprachsynthese und maschinellem Lernen wurde er dem echten Sprecher Qiu Hao nachgebildet.

Der künstliche Qiu Hao verkörpert hier den Master-Algorithmus. Seine holographische Figur verändert sich, wächst und löst sich in Daten-Wolken auf. Die Wolken schlagen sich als technische Alpträume, Utopien und in Stadtlandschaften nieder.

3D-Animation, 9 holografische Ventilatoren, Bluetooth, Ton, 15:24 Min. / 3D animation, 9 holographic ventilators, blue tooth sound, 15:24 min., https://www.zhengmahler.world/themasteralgorithm

DE Jedes Jahr studieren chinesische Netizens die Neujahrsansprache des Präsidenten Xi Jinping – genauer: das Bücherregal hinter ihm. 2018 standen dort nicht nur Marx' *Das Kapital* und *Das Kommunistische Manifest*, sondern auch Pedro Domingos *The Master Algorithm* (2015), ein Buch über KI. „Alles Wissen – vergangenes, gegenwärtiges und zukünftiges – kann," so der Autor, „durch einen einzigen, universellen lernenden Algorithmus aus Daten abgeleitet werden" – den sogenannten „Master Algorithm". Zheng Mahlers Arbeit imaginiert einen chinesischen Staat, der diesen „Monsteralgorithmus" zur Perfektionierung seines Sozialkreditsystems einsetzt. Verkörpert wird er durch den ersten KI-Nachrichtensprecher Chinas, der seit 2018 im staatlichen Fernsehen zu sehen ist. Dieser emuliert mit Hilfe von Gesichtserkennung, Sprachsynthese und maschinellem Lernen den echten Nachrichtensprecher Qiu Hao. Die Arbeit besteht aus der holografischen Projektion einer Figur, die „mutiert, wächst und in Datenwolken verschwindet, die sich als techno-orientalistische Alpträume und asiatische algorithmische Utopien und Stadtlandschaften re-materialisieren." (Zheng Mahler)

EN Each year, Chinese netizens study the New Year address of President Xi Jinping – or more precisely: the bookshelf behind him. In 2018, not only Marx' ***Capital*** and ***The Communist Manifesto*** stood on it, but also Pedro Domingo's ***The Master Algorithm*** (2015), a book about AI. "All knowledge – past, present and future – can," according to the author, "be derived from data [...] through a single, universally learning algorithm" – the so-called "Master Algorithm". Zheng Mahler's work imagines a Chinese state that deploys this "monster algorithm" to perfect its social credit system. It is embodied by the first AI newscaster in China, who can be seen on state television since 2018. With the help of face recognition, speech synthesis and machine learning, this emulates the real newscaster, Qiu Hao. The work consists of the holographic projection of a figure that "mutates, grows and disappears in data clouds, which re-materialise as techno-Orientalist nightmares and Asian algorithmic utopias and urban landscapes." (Zheng Mahler)

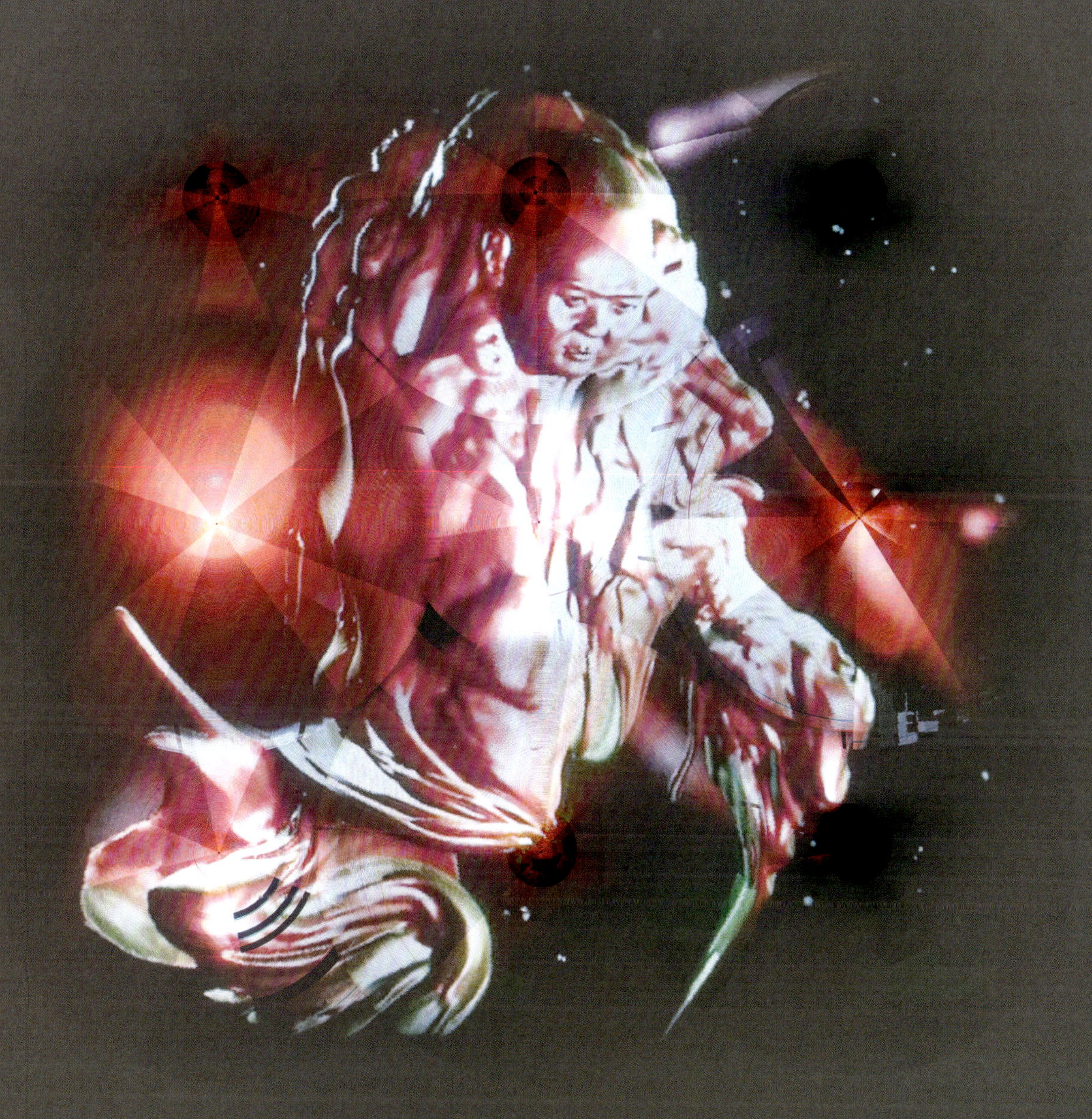

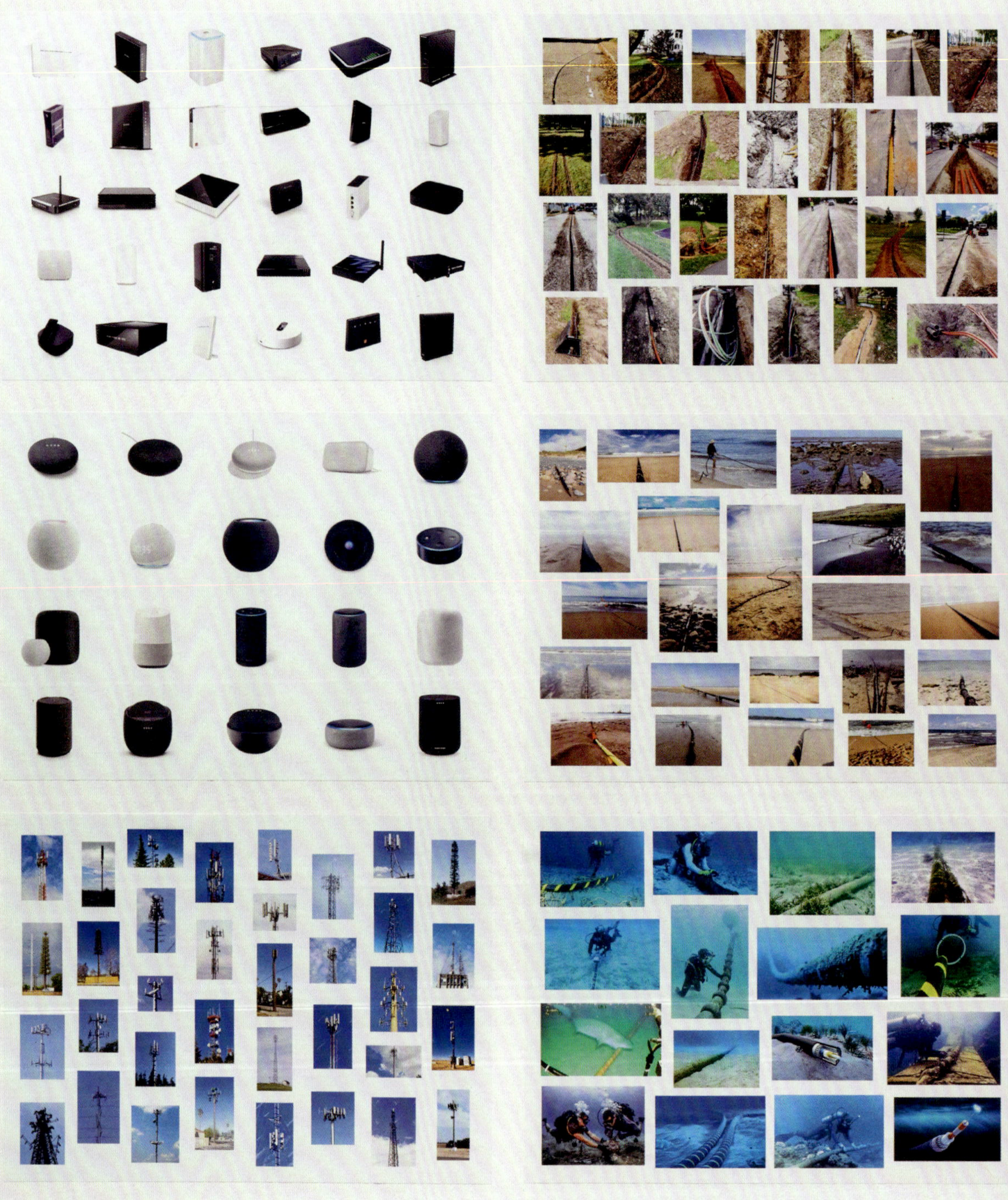

STÉPHANE DEGOUTIN + GWENOLA WAGON

Atlas of the Cloud

2021

Wir leben in einer riesigen Wolke, in der jede Information, jedes Ding und jede Person mit einem Klick über das Smartphone oder den Computer erreichbar ist.

Atlas of the Cloud enthüllt das unsichtbare Geflecht aus menschlicher Arbeit, Energie- und Rohstoffverbrauch, das die Basis für digitale Netzwerke und Künstliche Intelligenz bildet.

Die Künstler*innen entwerfen ein Panorama dieses Systems, das fälschlicherweise als „Cloud" bezeichnet wird. Sie haben Bilder der Infrastruktur des Internets und seiner Nutzung gesammelt. Glasfaserkabel, die den Meeresboden durchziehen und Kontinente überqueren. Antennen. Energieintensive Rechenzentren, in denen unsere Daten gespeichert werden. Riesige Auslieferungslager, in denen menschliche Arbeiter*innen und Roboter tätig sind. Unmengen an Verpackungskartons, die von Zusteller*innen auf Lastwagen, auf Motorrollern oder Fahrrädern transportiert werden. Armeen von Fahrer*innen, die die Ware so schnell wie möglich in unsere immer smarter werdenden Häuser bringen. Häuser, die von intelligenten, vernetzten Lautsprechern überschwemmt werden. Berge von Elektroschrott, die sich auf den Müllhalden in Afrika und Asien türmen.

72 Drucke, je 48 × 35 cm, Farbe / 72 photo prints, each 48 × 35 cm, colour, https://d-w.fr/en/projects/atlas/

DE

Atlas of the Cloud enthüllt die unsichtbare Matrix aus menschlicher Arbeit, Energieverbrauch und Ressourcenextraktion, die die Basis für digitale Netzwerke und Künstliche Intelligenz ist.

Wir leben in einer riesigen Wolke, in der jede Information, jedes Ding und jede Person mit einem Klick über das Smartphone oder den Computer erreichbar ist. Eine Wolke, die jedoch keineswegs immateriell ist. Die Künstler*innen entwerfen ein visuelles Panorama dieses Systems, das fälschlicherweise als „Cloud" bezeichnet wird. Sie haben Bilder der Infrastruktur des Internets und seiner Nutzung gesammelt: Internationale Netze von Glasfaserkabeln, die den Meeresboden durchziehen und Kontinente überqueren, Antennen, energieintensive Rechenzentren, in denen Hunderte von Zettabytes unserer Daten gespeichert werden, riesige Auslieferungslager, in denen menschliche Arbeiter*innen und Roboter tätig sind, Unmengen an Verpackungskartons, die von Zusteller*innen auf Lastwagen, auf Motorrollern oder Fahrrädern transportiert werden, Armeen von Fahrer*innen, die die Ware so schnell wie möglich in unsere immer smarter werdenden Häuser bringen, die von intelligenten vernetzten Lautsprechern überschwemmt werden, und Berge von Elektroschrott, die sich auf den Müllhalden in Afrika und Asien türmen.

EN

Atlas of the Cloud reveals the invisible matrix of human labour, energy consumption and resource extraction that forms the basis for digital networks and artificial intelligence.

We live in a gigantic cloud, in which every piece of information, each thing and each person can be reached with a click on the smartphone or the computer. A cloud that is, however, in no sense immaterial. The artists design a visual panorama of this system, which is erroneously referred to as a "cloud". They have compiled images of the infrastructure of the Internet and its use: international networks of fibre optic cables that cross the floor of the oceans and continents, antennas, energy-intensive datacenters, in which hundreds of zettabytes of our data are stored, gigantic distribution warehouses in which human employees and robots work, countless packaging cartons that are transported by delivery people on trucks, scooters or bicycles, armies of drivers who bring the goods as quickly as possible into our ever-smarter homes, which are flooded with intelligently networked speakers, and mountains of electrical waste towering in the landfills of Africa and Asia.

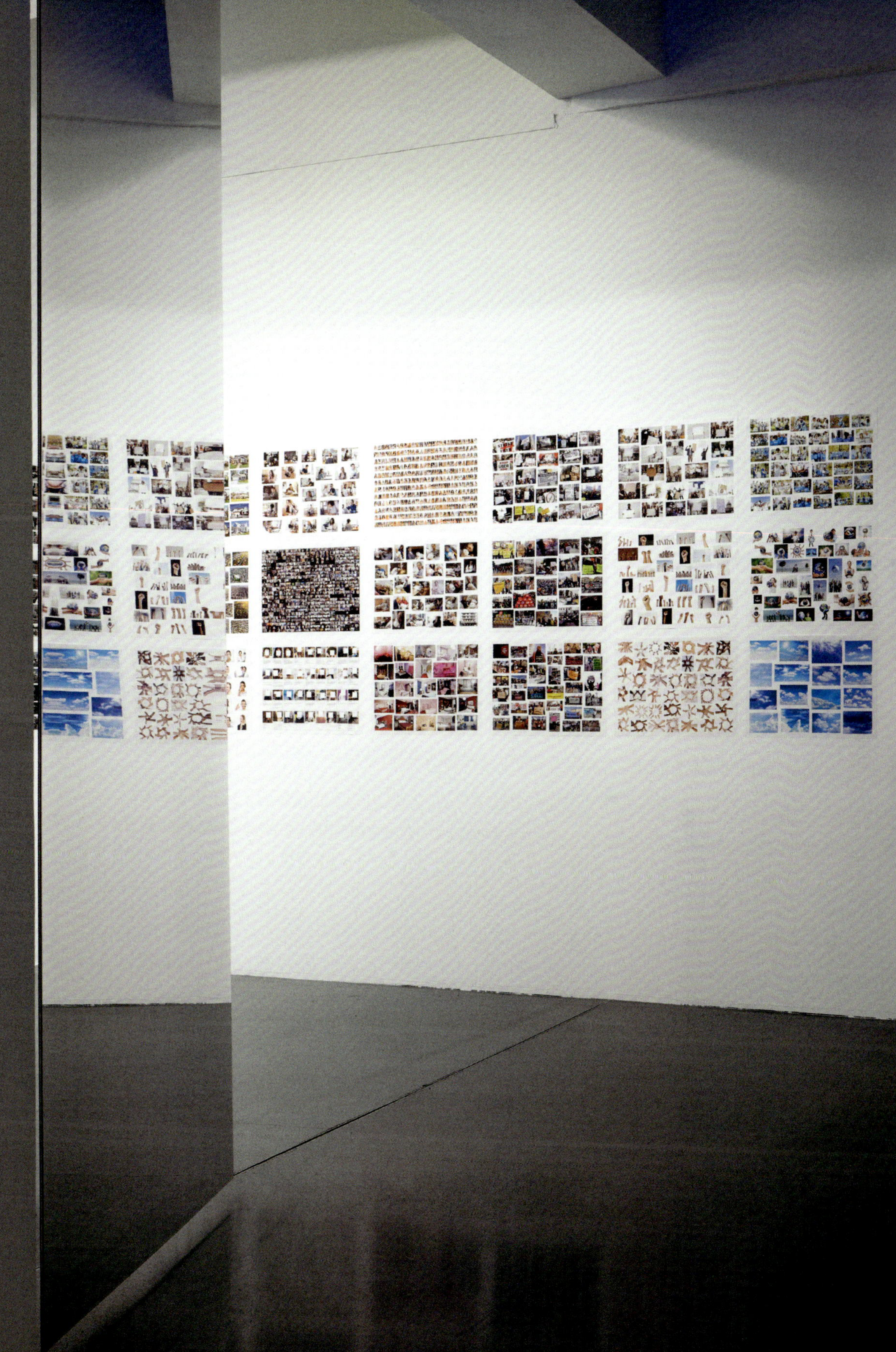

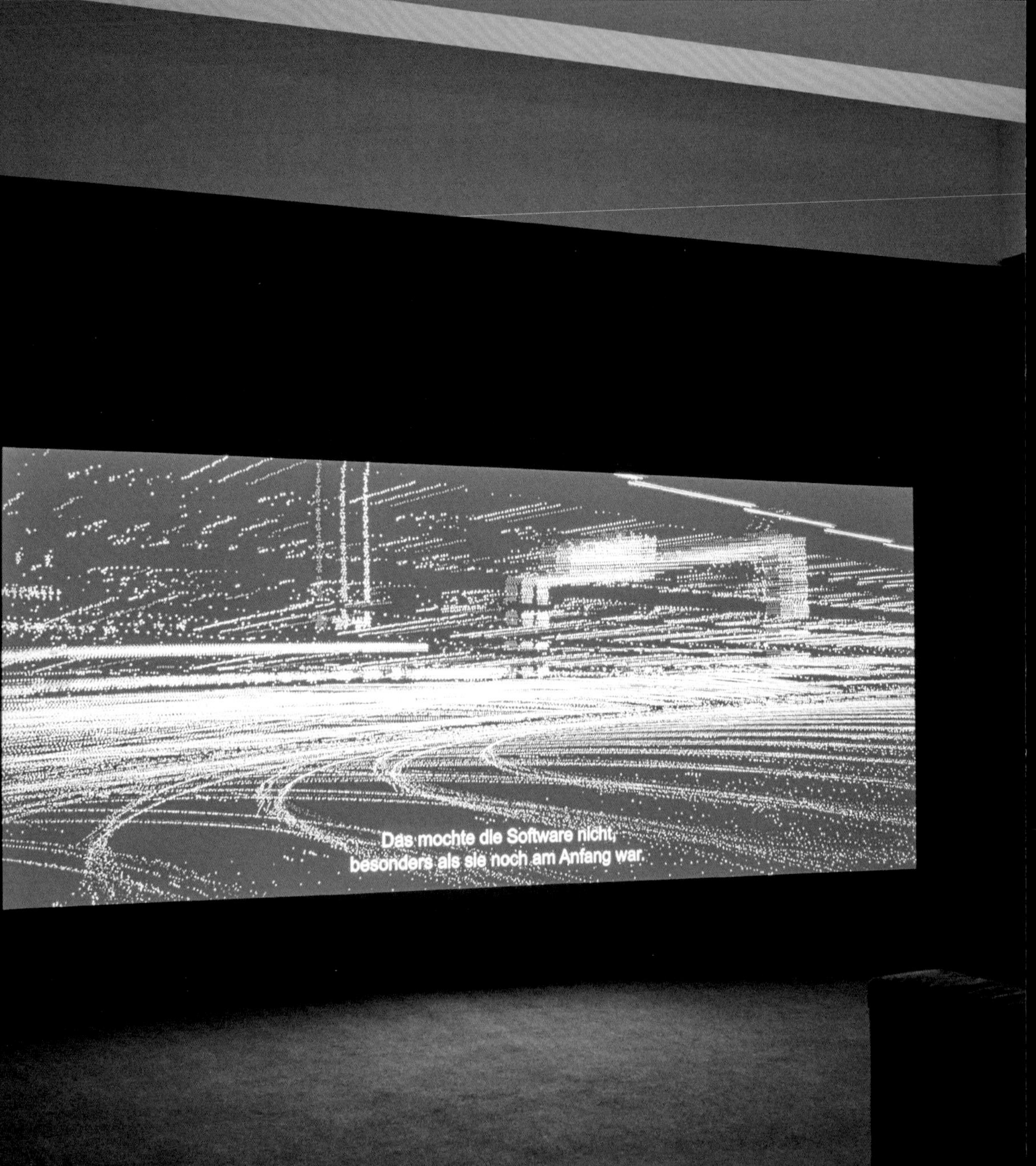

Das mochte die Software nicht,
besonders als sie noch am Anfang war.

NICOLAS GOURAULT

VO

2020

Wer erinnert sich an Elaine Herzberg? Elaine Herzberg wurde am 18. März 2018 überfahren. Sie überquerte eine Straße in einem Vorort von Phoenix (USA). Elaine Herzberg war die erste Fußgängerin, die von einem selbstfahrenden Auto getötet wurde.

„Hat eine intelligente Maschine, ein gesichtsloses Unternehmen oder eine Frau aus Phoenix die Fußgängerin Elaine Herzberg auf den Straßen von Tempe getötet?" fragte die Lokalzeitung. Wer sind die Verantwortlichen für diesen Unfall? Im Mittelpunkt steht das Unternehmen Uber. Es testet selbstfahrende Taxis. Die Taxis sollen so bald wie möglich zur Verfügung stehen. Selbstfahrende Autos sind eine Phantasie von Ingenieuren. Die selbstfahrenden Taxis werden auf ihren Fahrten von Menschen überwacht. Diese „Vehicle Operators" (VO) beobachten, wie das Fahrzeug lernt, selbstständig zu fahren.

Der Film untersucht die widersprüchliche Rolle dieser Fahrer*innen. Sie begleiten einen Lernprozess. Am Ende soll das Auto ohne sie fahren können.

Wir steigen in das Auto ein und teilen die sinnliche Erfahrung einer oder eines VO. Auf einer nächtlichen Tour wechseln sich die Eindrücke der Person mit den Bildern der Maschine ab. Sie nimmt mit Lichtsensoren (Lidar) ihre Umgebung wahr.

Video, 19:06 Min. / Video, 19:06 min.
Courtesy of Le Fresnoy, Studio national des arts contemporains

DE Wer erinnert sich noch an Elaine Herzberg, die am 18. März 2018 überfahren wurde, als sie als sie in einem Vorort von Phoenix (USA) eine Straße überquerte? Sie war die erste Fußgängerin, die von einem selbstfahrenden Auto getötet wurde. „Did an artificially intelligent machine, a faceless corporation, or a local woman kill pedestrian Elaine Herzberg on the streets of Tempe?" fragte die Lokalzeitung – und fragte damit nach den Verantwortlichen für diesen tragischen Unfall. Der Unfall rückte das Unternehmen Uber und seine Tests zur schnellen Bereitstellung von selbstfahrenden Taxis in den Mittelpunkt des Interesses. Das selbstfahrende Auto ist eine der Phantasien von Ingenieuren, deren Einführung ständig angekündigt und immer wieder verschoben wird. Der Unfall zeigte, dass es noch keine vollständig autonomen Fahrzeuge gibt und dass Menschen – sogenannte Vehicle Operators (VO) – damit beauftragt waren, das Auto zu überwachen, während es lernte, selbstständig zu fahren. Der Film ist eine sensorische Untersuchung der paradoxen Rolle dieser Fahrer*innen, die den Lernprozess der Maschinen begleiten – deren Ziel es ist, irgendwann ohne diese VOs auszukommen. Der*die Zuschauer*in steigt in das Auto ein, um die Erfahrungen eines*r dieser VOs während einer nächtlichen Tour zu teilen: Hierbei wechselt er*sie vom menschlichen Blick zum Blick der Maschine – und zwar über die Lidar-Sensoren, mit denen die Maschine die Umgebung wahrnimmt.

EN Who can still remember Elaine Herzberg, who was run over on March 18th, 2018 while crossing a street in a suburb of Phoenix (USA)? She was the first pedestrian to be killed by a self-driving car. "Did an artificially intelligent machine, a faceless corporation, or a local woman kill pedestrian Elaine Herzberg on the streets of Tempe?", the local newspaper asked, thus looking to assign responsibility for this tragic accident. The accident drew the focus of attention to the Uber company and its tests for the rapid provision of self-driving taxis. The self-driving car is one of the fantasies of engineers, the introduction of which is constantly heralded and repeatedly postponed. The accident showed that there are as yet no completely autonomous vehicles and that humans, so-called vehicle operators (VO), were thus deployed to monitor the car while it learned to drive independently. The film is a sensory examination of the paradox role of these drivers accompanying the learning process of the machines, whose goal it is to someday be able to get along without these VOs. The spectator climbs into the car to share the experiences of one of these VOs during a nocturnal tour: in the process, he or she shifts from a human perspective to the perspective of the machine; this via the Lidar sensors, with which the machine perceives its environment.

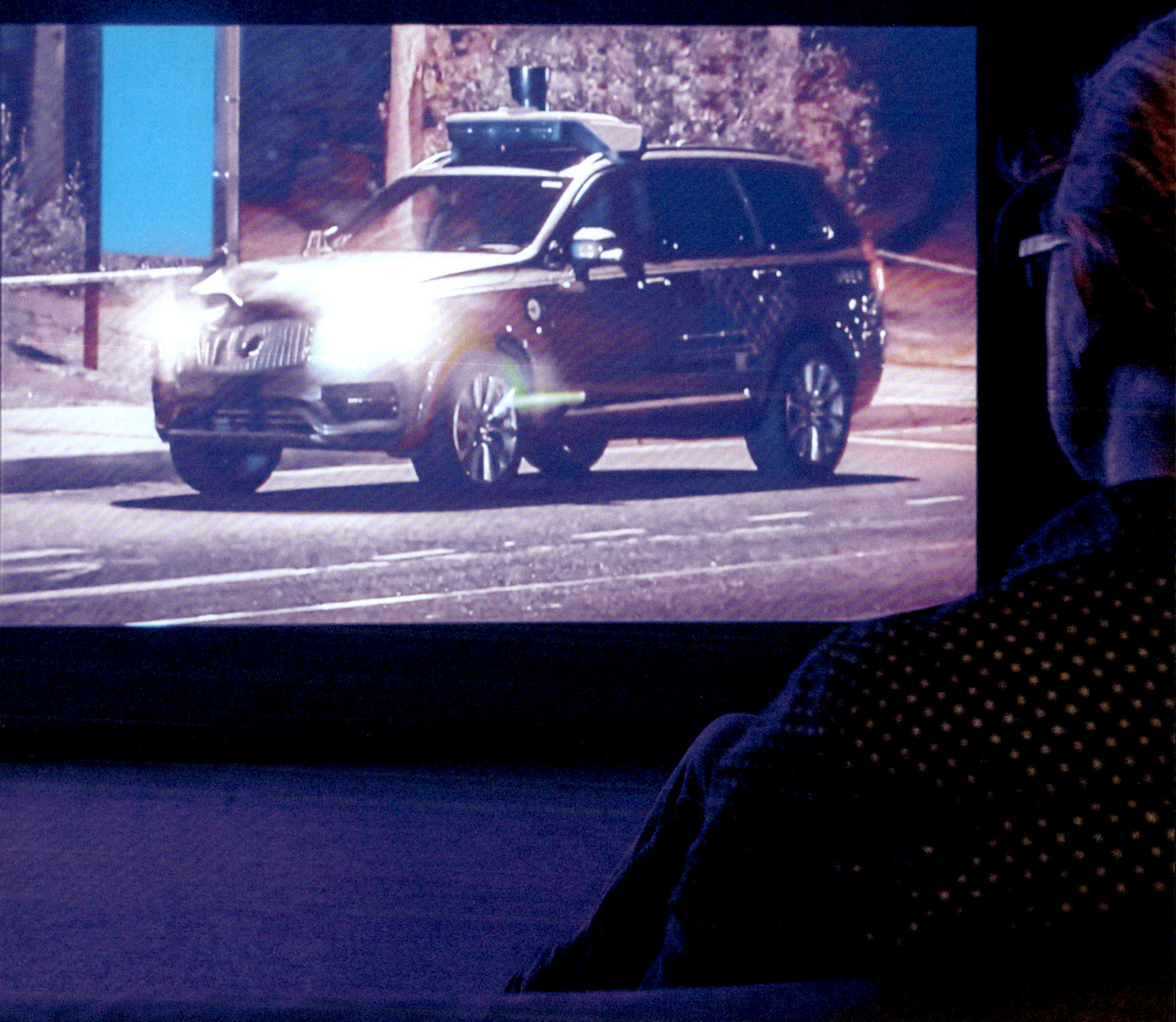

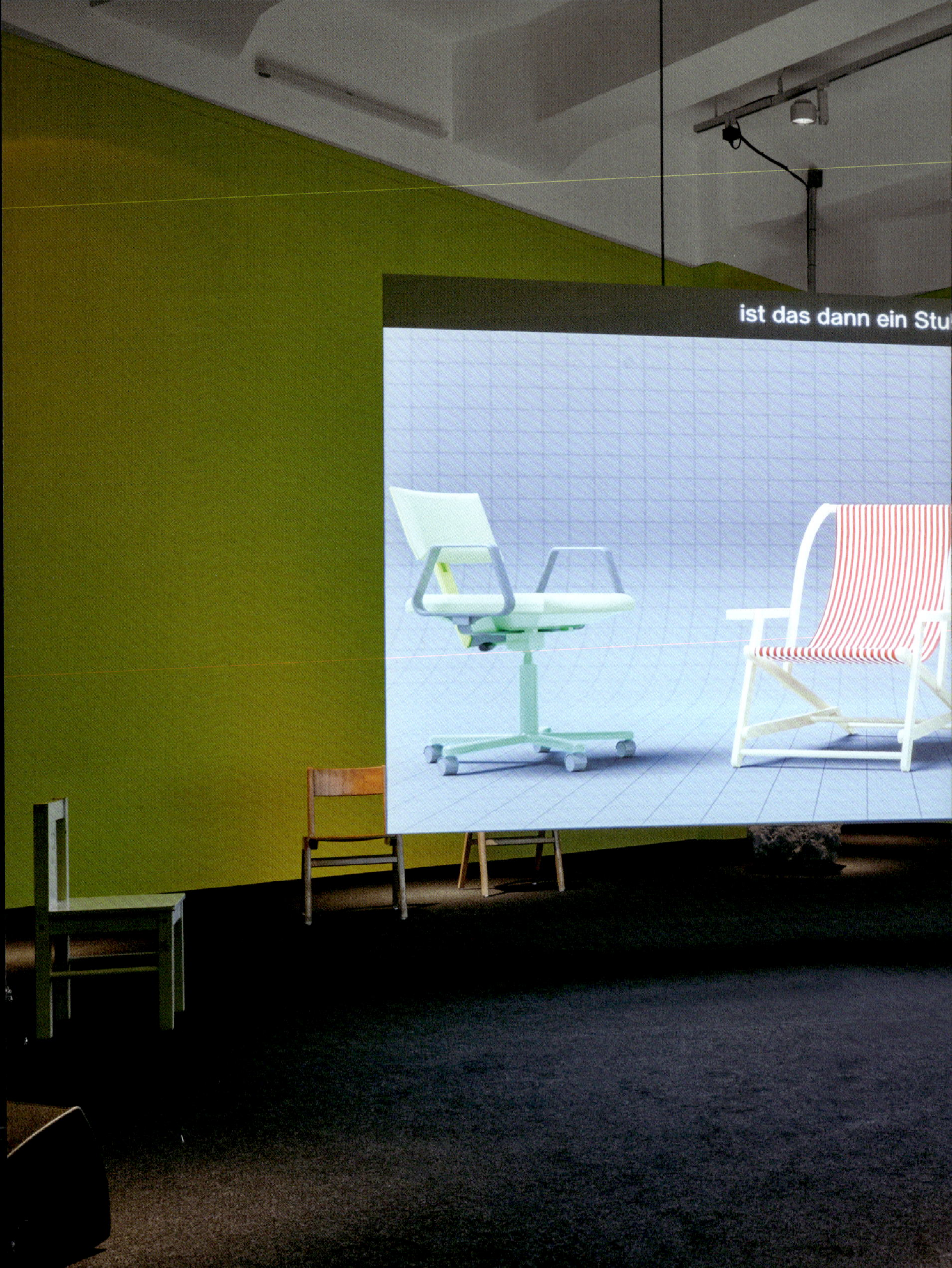
ist das dann ein

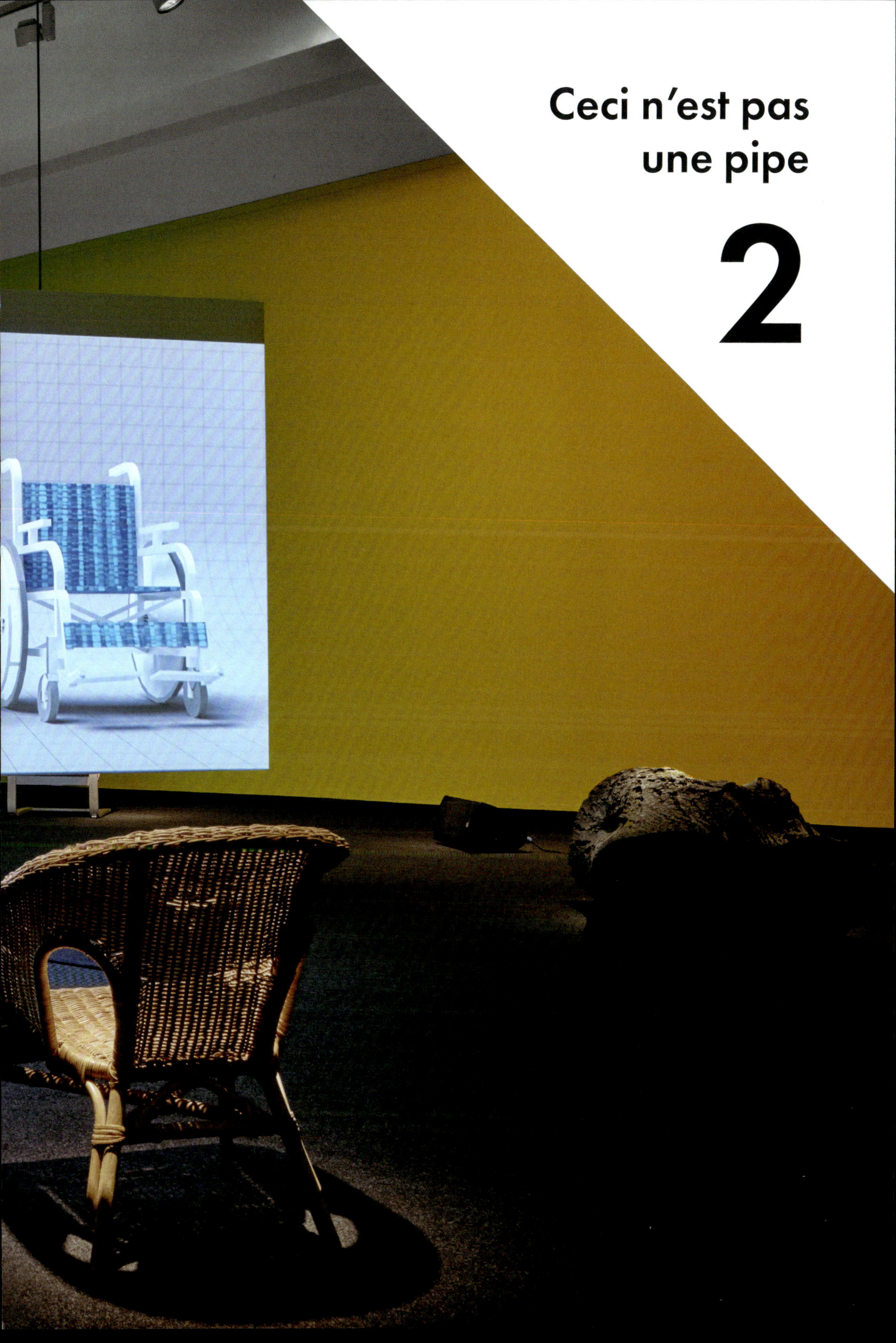

Ceci n'est pas une pipe

2

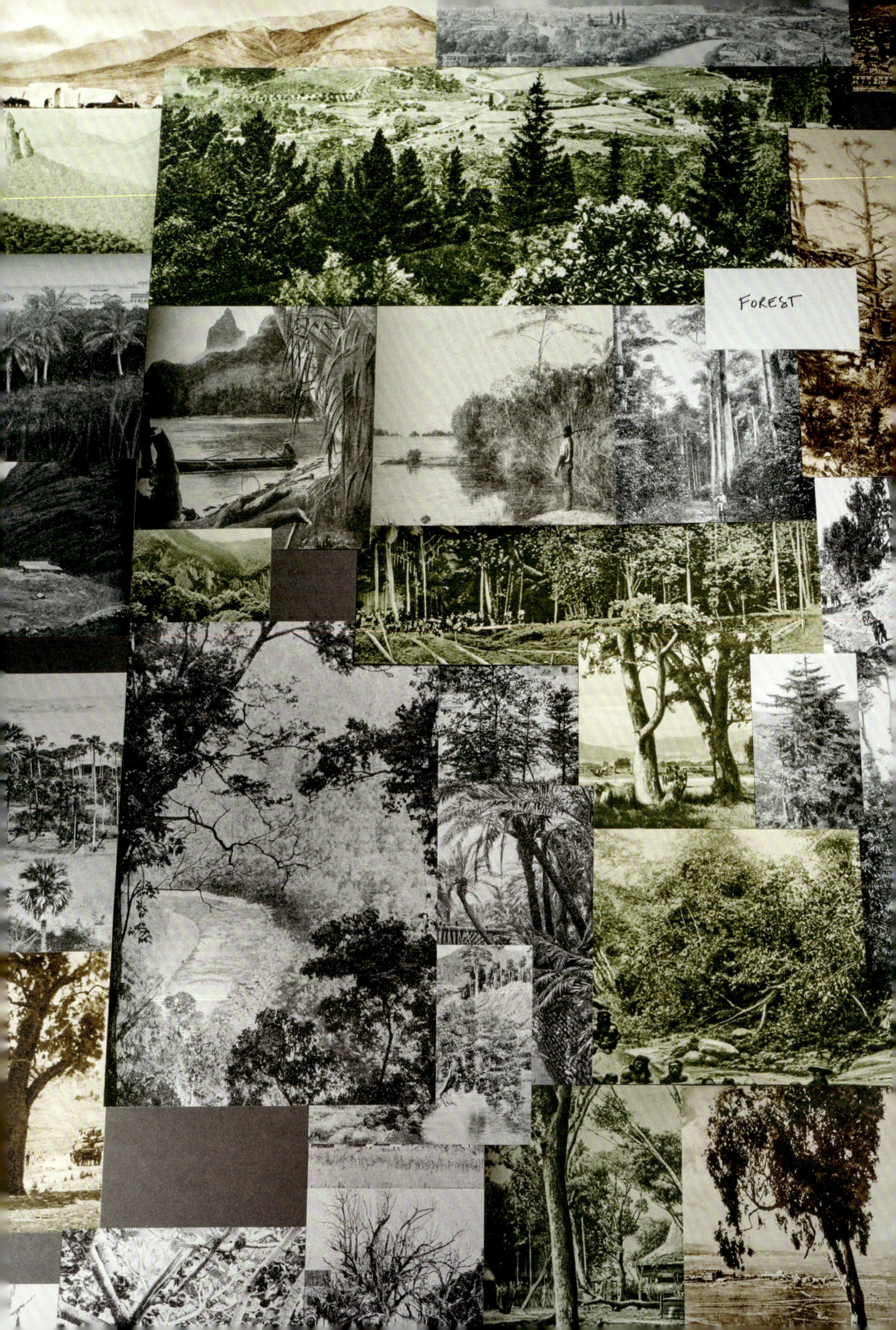
FOREST

ANNA RIDLER

Laws of Ordered Form

2020 –

Anna Ridler scannt Abbildungen aus historischen Enzyklopädien ein. Sie ordnet die Bilder und verknüpft sie mit Stichwörtern. Auf diese Weise werden auch künstlich „intelligente" Bilderkennungsprogramme trainiert. Die Programme verstehen die Bilder nicht. Sie verbinden nur die Muster der Bilddaten mit den Stichwörtern.

Im 17. und 18. Jahrhundert dienten Enzyklopädien dazu, Wissen zu sammeln, zu ordnen und zu kategorisieren. Auf diese Weise konnte neues Wissen erzeugt werden.

Kategorien, also feste Maßstäbe, machen Denken erst möglich. Doch dabei können falsche Schlüsse entstehen und sich zum Beispiel negativ auf gesellschaftliche Gruppen auswirken.

Entstehen solche falschen Zuordnungen automatisch in einer „intelligenten" Maschine, erscheinen sie als objektiv. Sie werden so auf verschiedene Weise unmenschlich.

3 Videoloops (je 24:00 Min.), Tonaufnahme, Installation mit Digitaldrucken /
3 video loops, each 24:00 min., audio recording, installation with digital reproductions

DE

Anna Ridler dokumentiert den Prozess der Datenproduktion. Sie scannt Abbildungen aus historischen Enzyklopädien ein, ordnet diese und versieht sie mit Stichworten. Ridler zeigt damit die Vorbedingungen für das Funktionieren künstlicher „Intelligenz". Denn diese basiert nicht auf tatsächlichem Verstehen oder tatsächlicher Wissensbildung, sondern darauf, dass Menschen manuell bestimmte Abbildungen mit Stichwörtern beschreiben. Diese Datensätze aus Bildern und Stichworten erlauben das ‚Trainieren' von Bilderkennung.
Die Verwendung historischer Enzyklopädien durch Ridler ist dabei kein Zufall: Im 17. und 18. Jahrhundert dienten enzyklopädische Sammlungen dazu, Wissen überhaupt erst zu erzeugen, es zu sammeln, zu ordnen und zu kategorisieren. Das Denken in Kategorien hat den Menschen das Denken überhaupt erst ermöglicht. Doch enstehen dabei Einschlüsse und Ausschlüsse, die sich beispielsweise negativ auf marginalisierte Gruppen auswirken können. In der Automatisierung mittels künstlicher Intelligenz erscheinen diese Einschlüsse und Ausschlüsse in der Maschine als quasi-objektiv. Sie werden damit in mehrfacher Hinsicht in-human.

EN

Anna Ridler documents a process of data production. She scans images from historical encyclopaedias, arranges them and provides them with keywords. Ridler thus demonstrates the precondition for the functioning of artificial 'intelligence'. For AI is not based on actual understanding or actual knowledge formation, but on the fact that humans manually describe images with keywords. These datasets of images and keywords allow the 'training' of image recognition. Ridler's use of historical encyclopaedias is no coincidence: in the 17th and 18th centuries, encyclopaedic collections served to generate knowledge in the first place, to collect, order and categorise it. Thinking in categories enables humans to think in the first place. However, this creates inclusions and exclusions that can, for example, have a negative impact on marginalised groups. In automation by means of artificial intelligence, these inclusions and exclusions appear in the machine as quasi-objective. They thus become in-human in several respects.

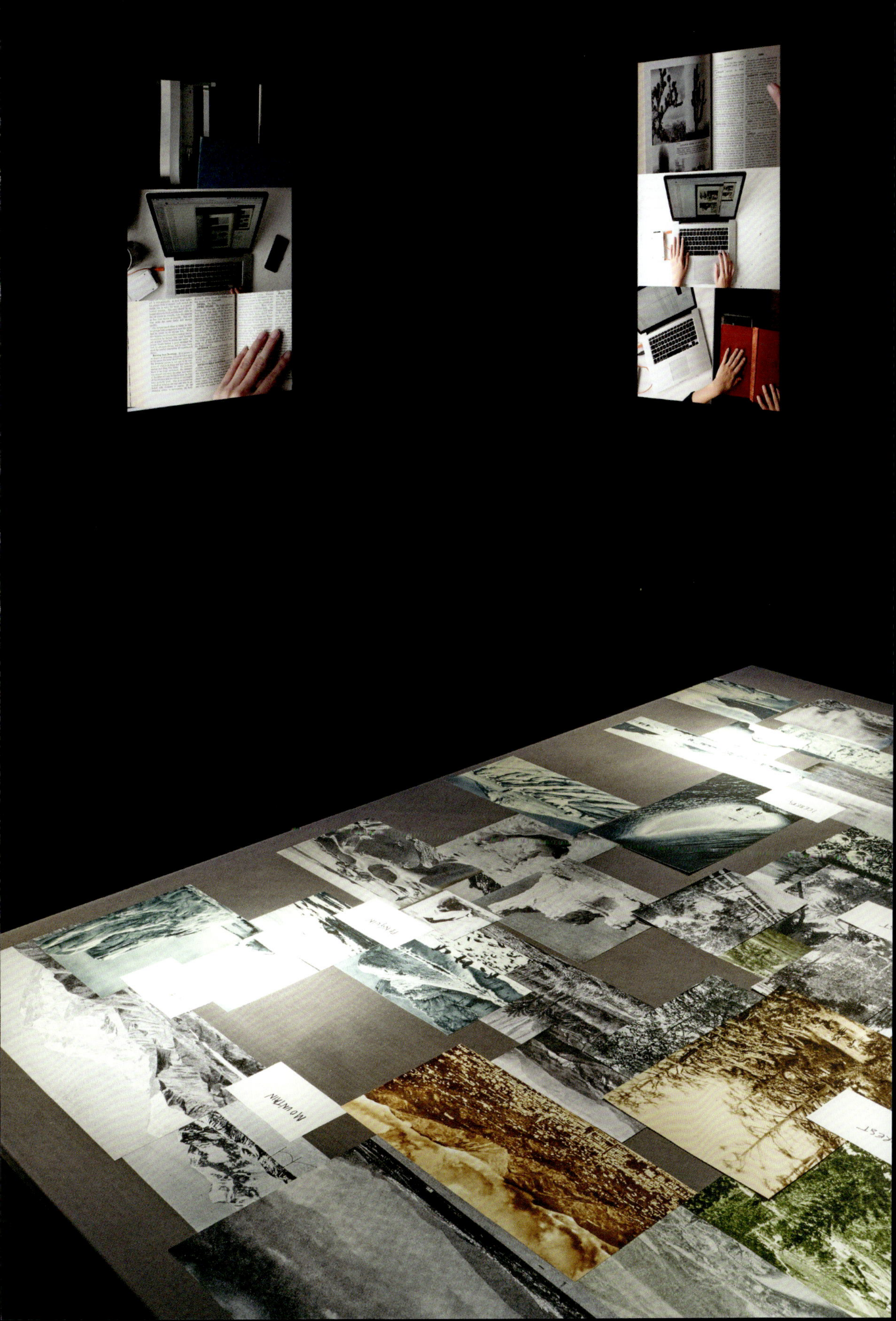

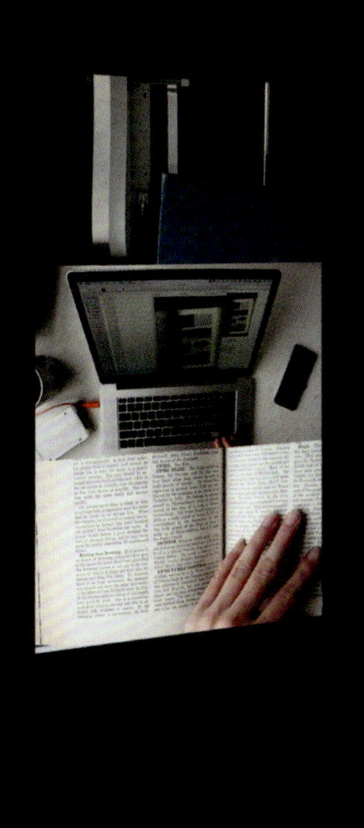

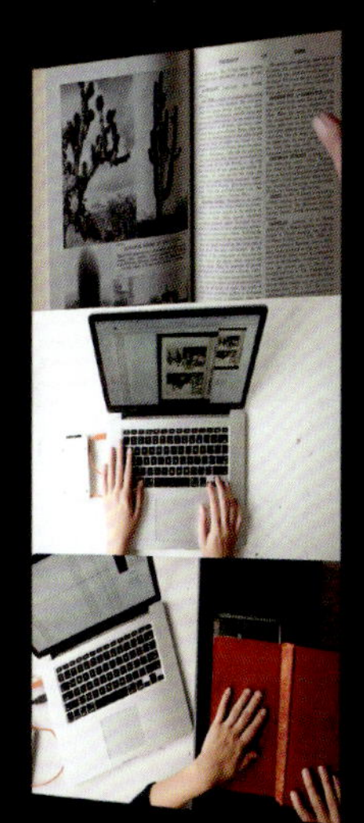

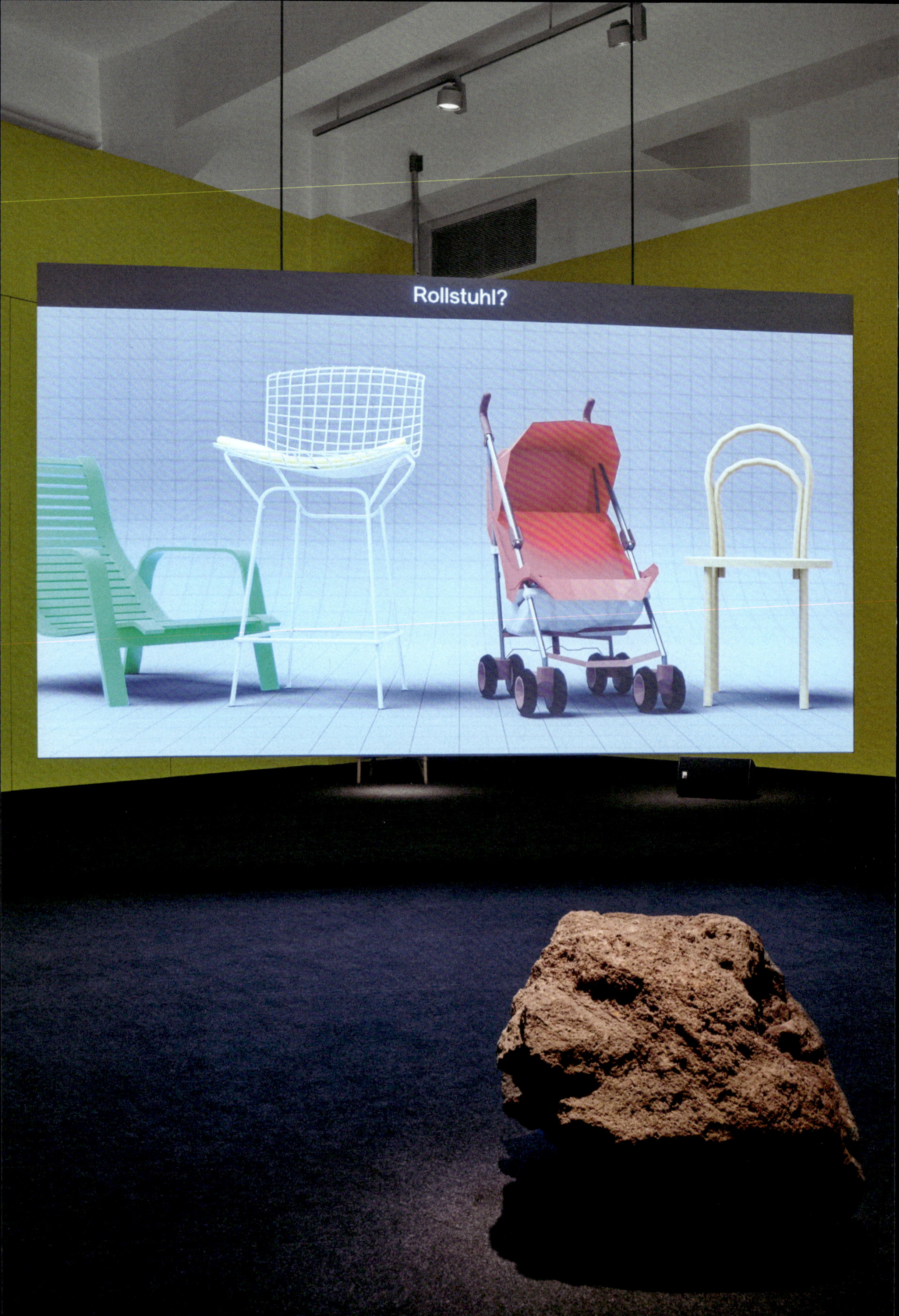
Rollstuhl?

SIMONE C NIQUILLE

Sorting Song
2021

Unsere Augen wissen nicht, was sie sehen. Unser Verstand sucht in den Signalen nach bekannten Mustern. Kameras wissen nicht, was sie sehen. Computer suchen in den Signalen nach vorgegebenen Mustern. Sind Augen und Computerkameras gleich gut im Erkennen von Bildern? Die Muster gehören zu verschiedenen Kategorien.

Die Animation *Sorting Song* ist einem amerikanischen Kinderlied zum Lernen nachempfunden. Haushaltsgegenstände mit mehrdeutigen Formen ziehen an uns vorbei: eine Vase wird zur Schale, ein Sofa zu einem Sessel, ein Stuhl zu einer Toilette. Die Objekte stammen aus einem Trainingsdatensatz des Imperial College London. Mit diesen Bilddaten sollen Haushaltsroboter trainiert werden.

Kann man Objekte einfach nach der Form ordnen? In einer Sequenz werden unterschiedliche Stühle vorgeführt. Der Computer soll „verstehen“, was ein „Stuhl“ ist. Aber ist der Stuhl einfach ein Objekt? Oder machen wir durch unser Verhalten – wir setzen uns darauf – ein Objekt zu einem Stuhl? Und ist dann jedes Objekt, auf dem wir sitzen, ein Stuhl? Wir Menschen entscheiden immer neu, was für uns gerade ein „Stuhl“ ist oder wozu wir einen „Stuhl“ verwenden wollen. Maschinen können das nicht. Sie erzeugen eine Welt starrer Begriffe und Ordnungen. *Sorting Song* macht uns auf die starre Welt der Maschinen aufmerksam.

HD-Video, 3D-Animation, 6:50 Min., Stereoton / HD video, 3D animation, 06:50 min., stereo sound, Produziert mit Unterstützung des / Produced with the support of the Pax Media Art Award 2020, https://technofle.sh/sos/sortingsong.php

DE

Augen (genau wie Kameras) wissen nicht, was sie sehen. Um die aufgenommenen visuellen Informationen zu verstehen, teilt das Gehirn (oder das Netzwerk künstlicher Neuronen) die erhaltenen Signale in Kategorien auf. In dieser Animation, die einem amerikanischen Kinderlied zum Lernen nachempfunden ist, ziehen Haushaltsgegenstände mit mehrdeutigen Formen an uns vorbei: Eine Vase mutiert zur Schale, ein Sofa zu einem Sessel, ein Stuhl zu einer Toilette. Die Objekte stammen aus einem Trainingsdatensatz des Imperial College London, einer riesigen Bibliothek mit 3D-Modellen, Wohnungsplänen und Objekten, die mit Blick auf das „zukünftige Sehen" von Haushaltsrobotern gesammelt wurden.

Der Film hinterfragt die Möglichkeit, Objekte nur nach ihrer Form zu klassifizieren. Wo endet die Schale und wo beginnt die Vase? In einer Sequenz werden unterschiedliche Stühle vorgeführt. Diese soll es Computern ermöglichen zu „verstehen", was ein „Stuhl" ist. Aber ist der Stuhl ein Objekt? Oder ist es ein Verhalten? Man kann auch auf dem Boden oder auf einem Felsen sitzen. Aber macht das den Boden und den Felsen zu Stühlen?

Für den Menschen ist die wissenschaftliche Stimmigkeit einer Kategorie nicht ausschlaggebend, denn diese wird je nach Kontext immer wieder neu verhandelt. Dies gilt jedoch nicht für Maschinen, die starre Darstellungen der Welt erzeugen. *Sorting Song* macht uns auf die in den Maschinen einkodierten Vorurteile aufmerksam.

EN

Eyes (like cameras) do not know what they are looking at. To make sense of this visual data, the brain (or the network of artificial neurons) organises these signals into categories.

In this animation, which mimics an educational nursery rhyme, domestic objects with ambiguous contours scroll by: a vase becomes a bowl, a sofa an armchair, a chair a toilet. These objects come from a training dataset of the Imperial College London, a vast library of 3D models, apartment plans and objects, collected to develop the 'vision' of future household robots.

The film questions the difficulty of classifying objects simply by their shape. Where does the bowl end and the vase begin? In one sequence, a selection of different chairs is shown, with the intention of allowing computers to 'understand' what a 'chair' is. But is a chair an object? Or is it the behaviour? One can also sit on the ground, or on a rock. Do the ground and the rock become chairs?

While the scientific accuracy of a category is not determinant for humans, and is constantly renegotiated according to the context, this is not the case for machines that generate fixed representations of the world. *Sorting Song* alerts us to this world of prejudices encoded in the machine.

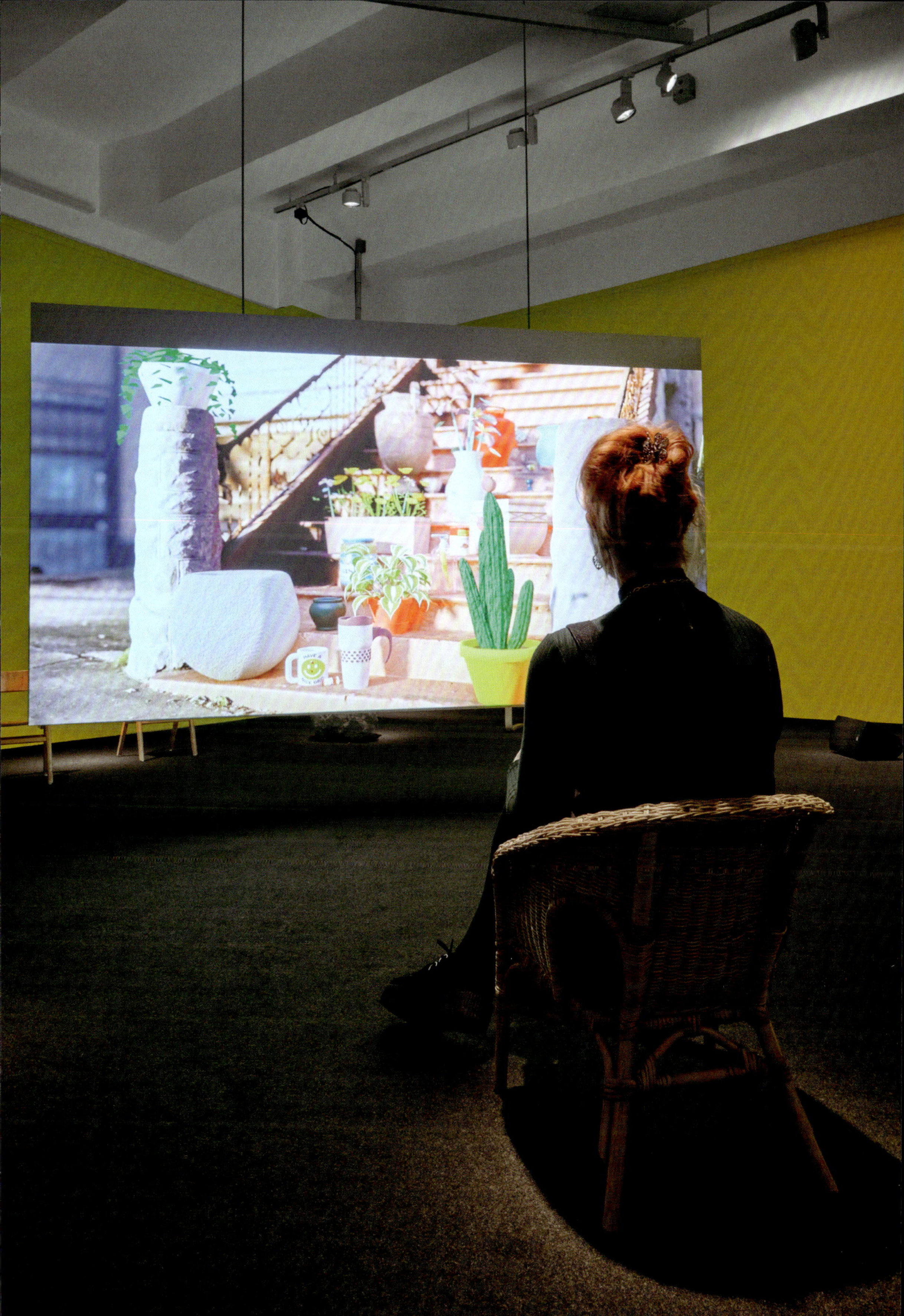
HAVE A

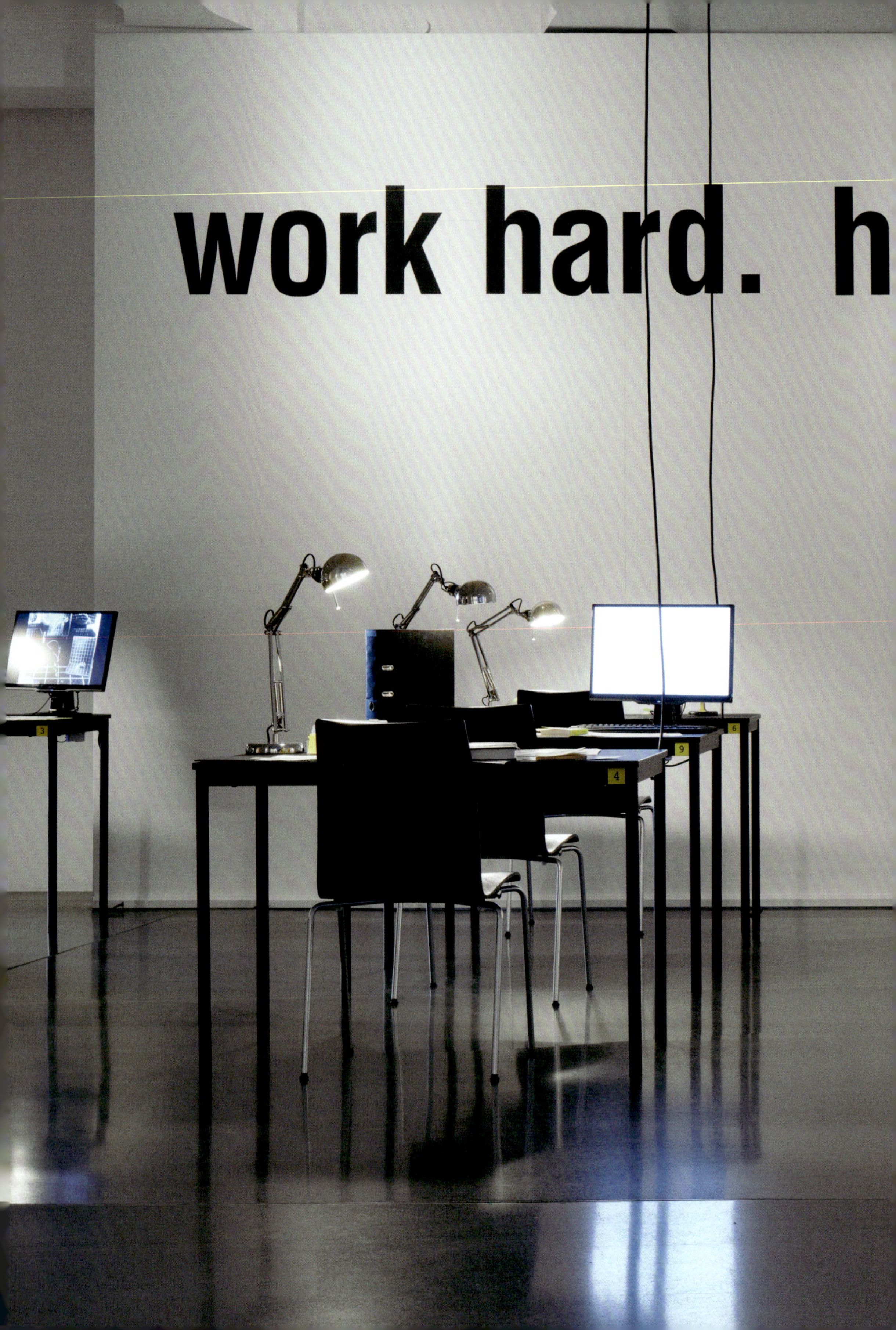
work hard. h

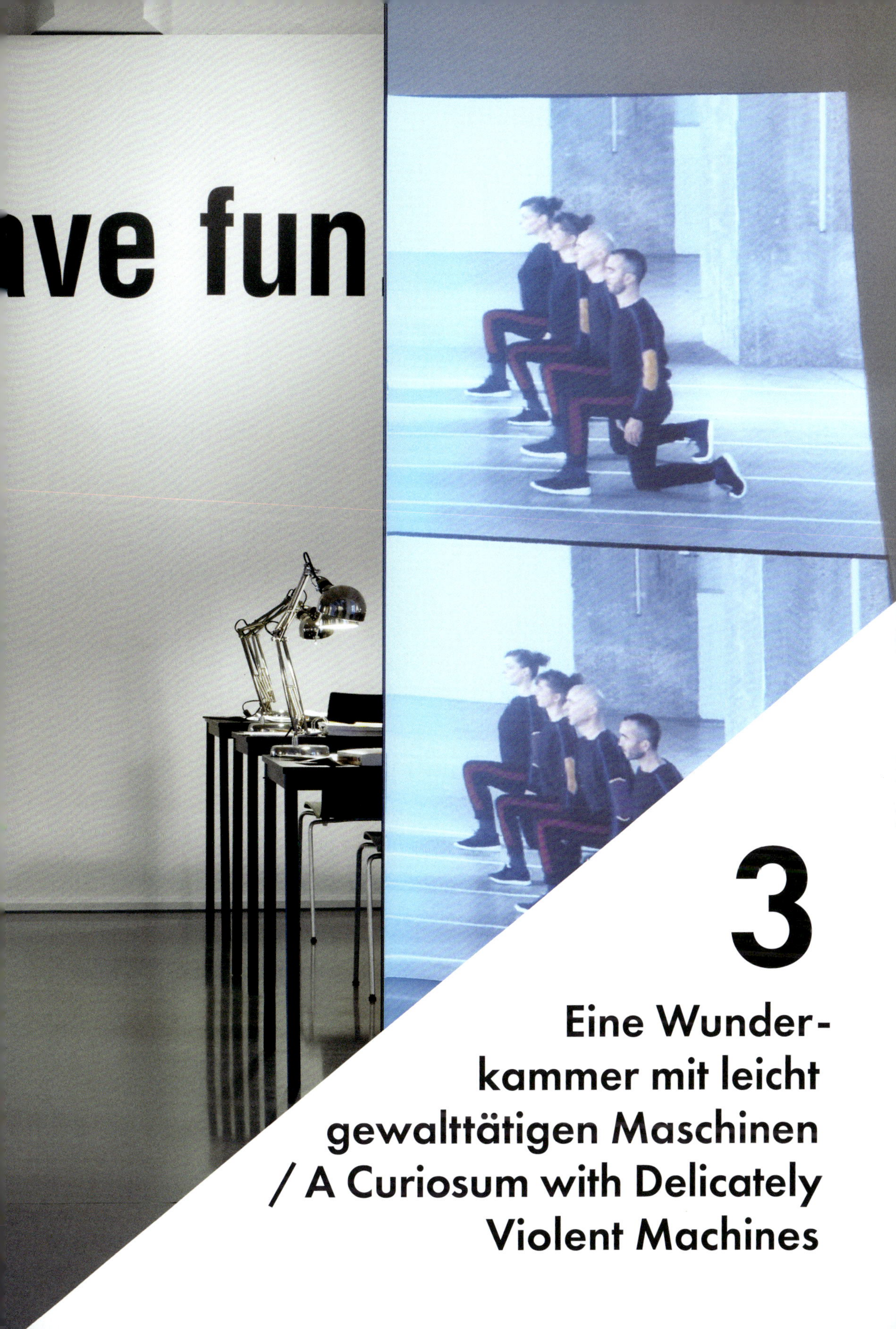

3

Eine Wunder-kammer mit leicht gewalttätigen Maschinen / A Curiosum with Delicately Violent Machines

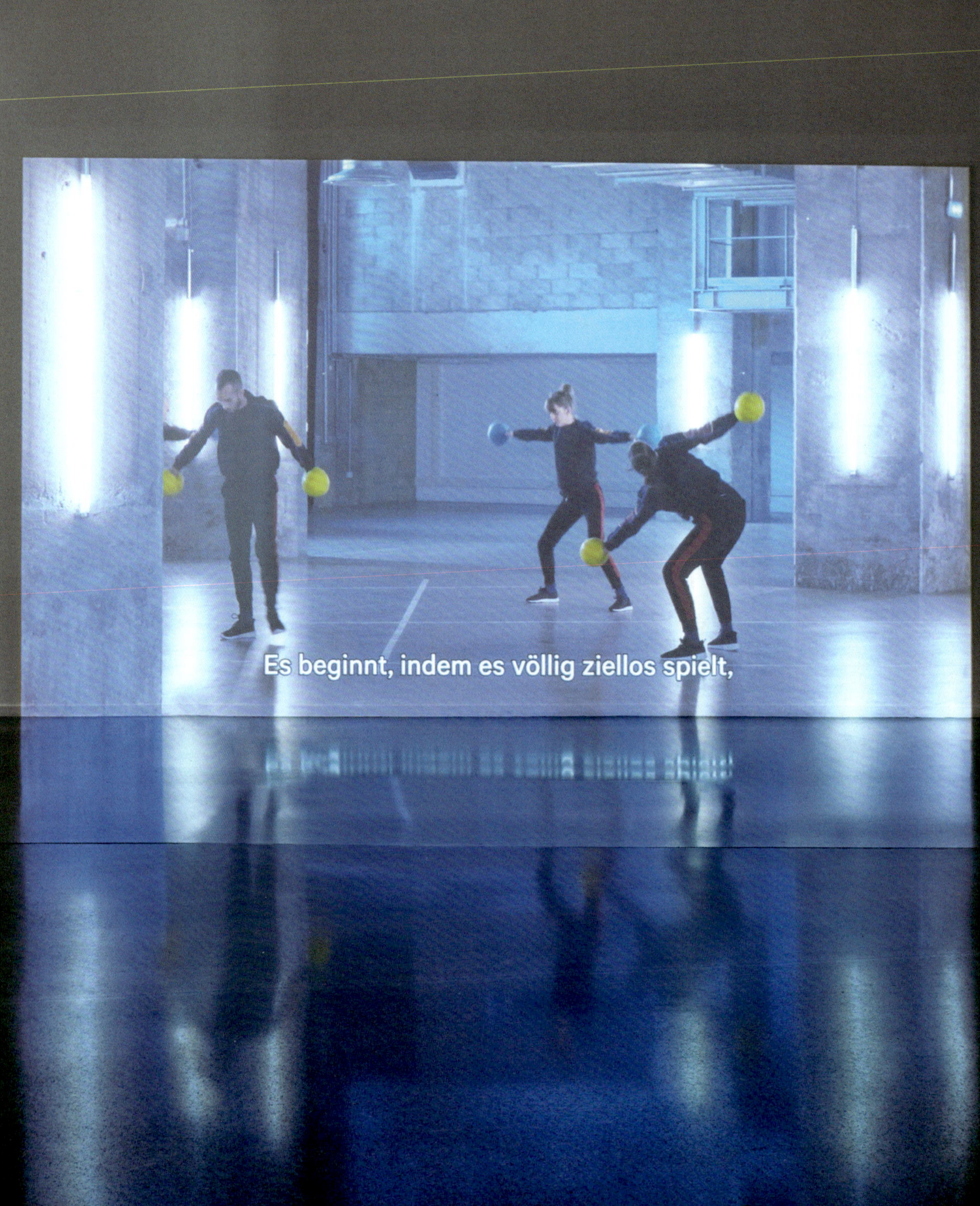
Es beginnt, indem es völlig ziellos spielt,

JULIEN PRÉVIEUX

Where is My (Deep) Mind?

2019

Julien Prévieux zeigt in diesem Video wichtige Experimente. Sie sind eine Grundlage für die Technologien des maschinellen Lernens. Prévieux wendet diese Experimente auf die Körper von vier Performer*-innen an. Die Performer*innen stellen eine Reihe von Trial-and-Error-Lernprozessen dar, die vom Erkennen sportlicher Bewegungen bis hin zu Verhandlungstechniken beim Kauf und Verkauf reichen.

Mechanisches Verhalten, in Körperbewegungen oder gesprochen, führt zu einer grotesken Endlosschleife, in der Menschen Roboter nachmachen, die wiederum Menschen nachmachen.
Prévieux inszeniert die Auswirkungen dieser Technologien auf unsere Körper. Er beleuchtet so die Folgen des allmählichen Eindringens dieser künstlichen Intelligenzen in unseren Alltag. Die Maschinen werden sich nicht gegen die Menschen erheben, sie werden sie auch nicht ersetzen. Stattdessen „verwachsen" wir allmählich mit ihnen. Es sind nicht so sehr die Maschinen, die menschlich werden, sondern wir, die zu Maschinen werden. Wir formatieren und mechanisieren unser Verhalten. Unser eigener Vorrat an Gesten und Worten verarmt.

HD Video, 14:59 Min. / HD video, 14:59 min.,
unterstützt durch die / Supported by Fondation des Artistes und das / and the Departement Seine-Saint Denis, Lab'Bel und / and General Pop

DE Julien Prévieux zeigt in diesem Video Schlüsselexperimente, die den Technologien des maschinellen Lernens zugrunde liegen, indem er sie auf die Körper von vier Performer*innen anwendet. Diese interpretieren eine Reihe von Trial-and-Error-Lernprozessen, die vom Erkennen sportlicher Bewegungen bis hin zu Verhandlungstechniken beim Kauf und Verkauf reichen. Mechanisches Verhalten, in Körperbewegungen oder verbaler Argumentation, führt zu einer grotesken Endlosschleife, in der Menschen Roboter nachmachen, die wiederum Menschen nachmachen.

Prévieux inszeniert die Auswirkungen dieser Technologien auf unsere Körper und beleuchtet so die Folgen des allmählichen Eindringens dieser künstlichen Intelligenzen in unseren Alltag. Im Gegensatz zu (literarischen) Fiktionen werden sich die Maschinen nicht gegen die Menschen erheben, sie werden sie auch nicht ersetzen, stattdessen hybridisieren wir uns allmählich mit ihnen. Es sind nicht so sehr die Maschinen, die menschlich werden, sondern wir, die zu Maschinen werden, indem wir unser Verhalten formatieren und mechanisieren und unser Repertoire an Gesten und Worten verarmen lassen.

EN In this video, Julien Prévieux shows key experiments that provide the basis for technologies of machine learning by applying them to the bodies of four performers. They interpret a series of trial-and-error learning processes, extending from the recognition of athletic movements to negotiation techniques when buying and selling. Mechanical behaviour, in body movements or verbal argumentation, results in a grotesque, endless loop, in which humans imitate robots, who in turn imitate people. Prévieux stages the impacts of these technologies on our bodies, thus illuminating the consequences of the gradual proliferation of these artificial intelligences in our everyday life. In contrast with (literary) fictions, the machines will not rise up against human beings, and will not replace them. Instead, we will gradually hybridise with them. It is not so much the machines that become human, but instead us who become machines by formatting and mechanising our behaviour and allowing our repertoire of gestures and words to become depleted.

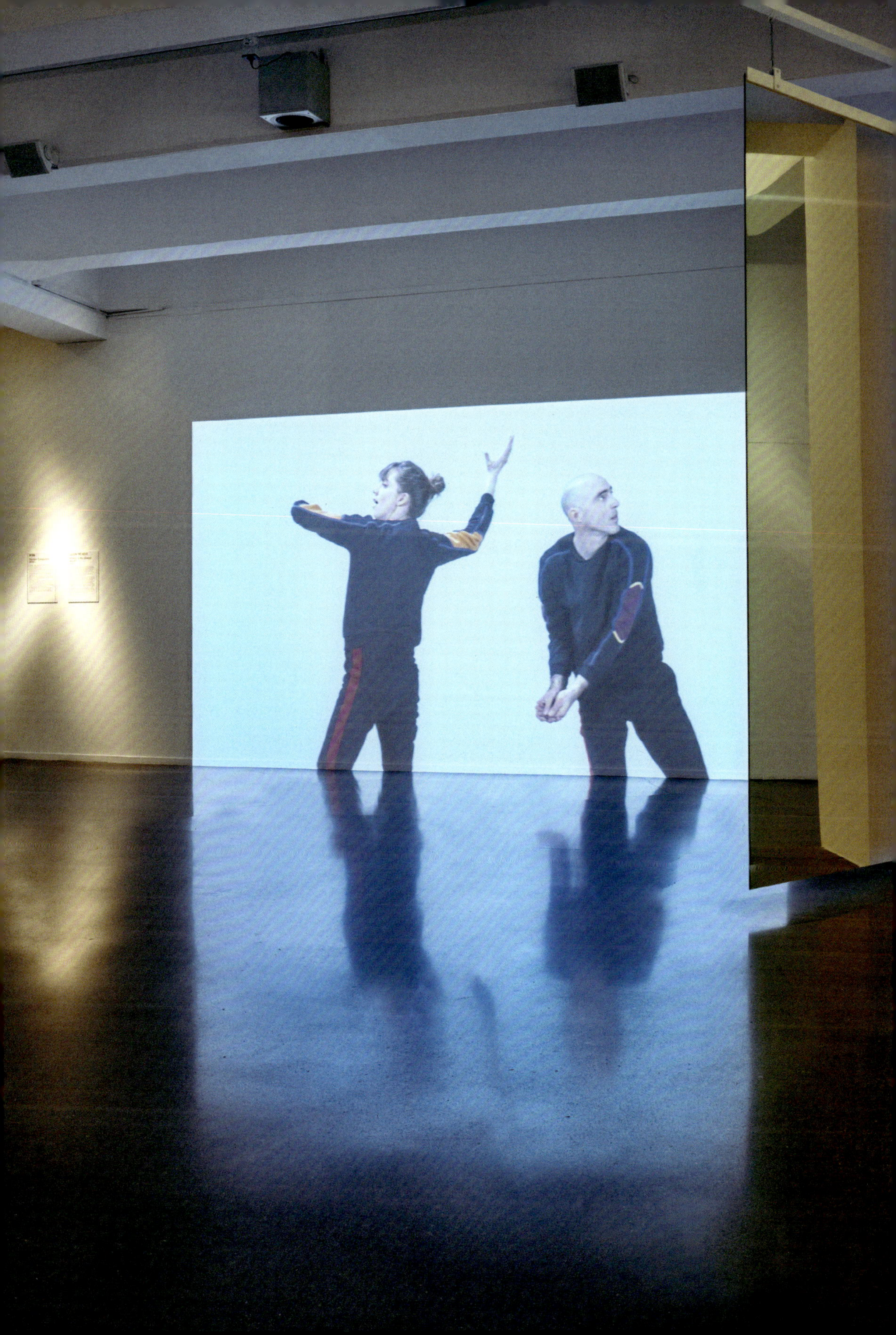

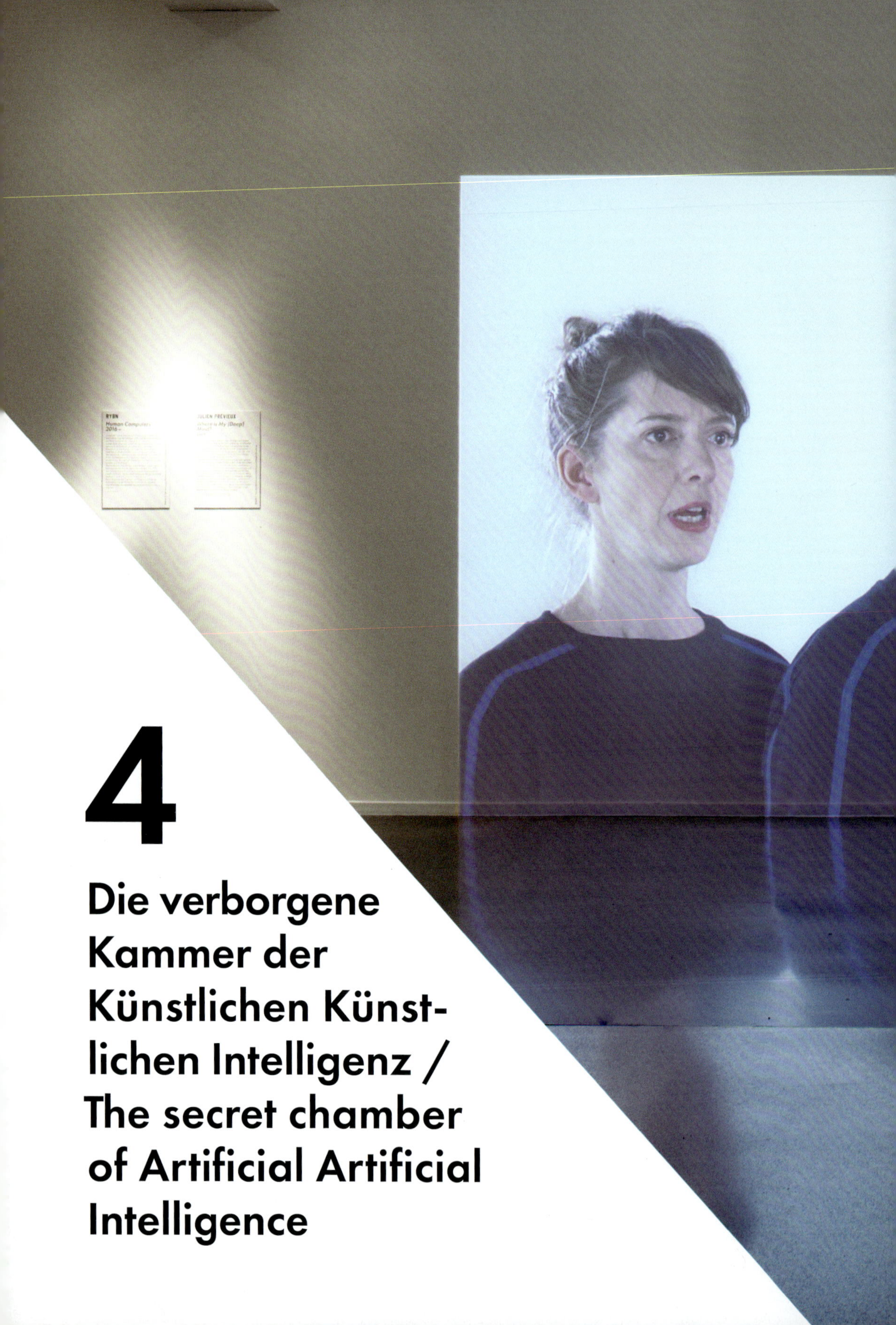

4

Die verborgene Kammer der Künstlichen Künstlichen Intelligenz / The secret chamber of Artificial Artificial Intelligence

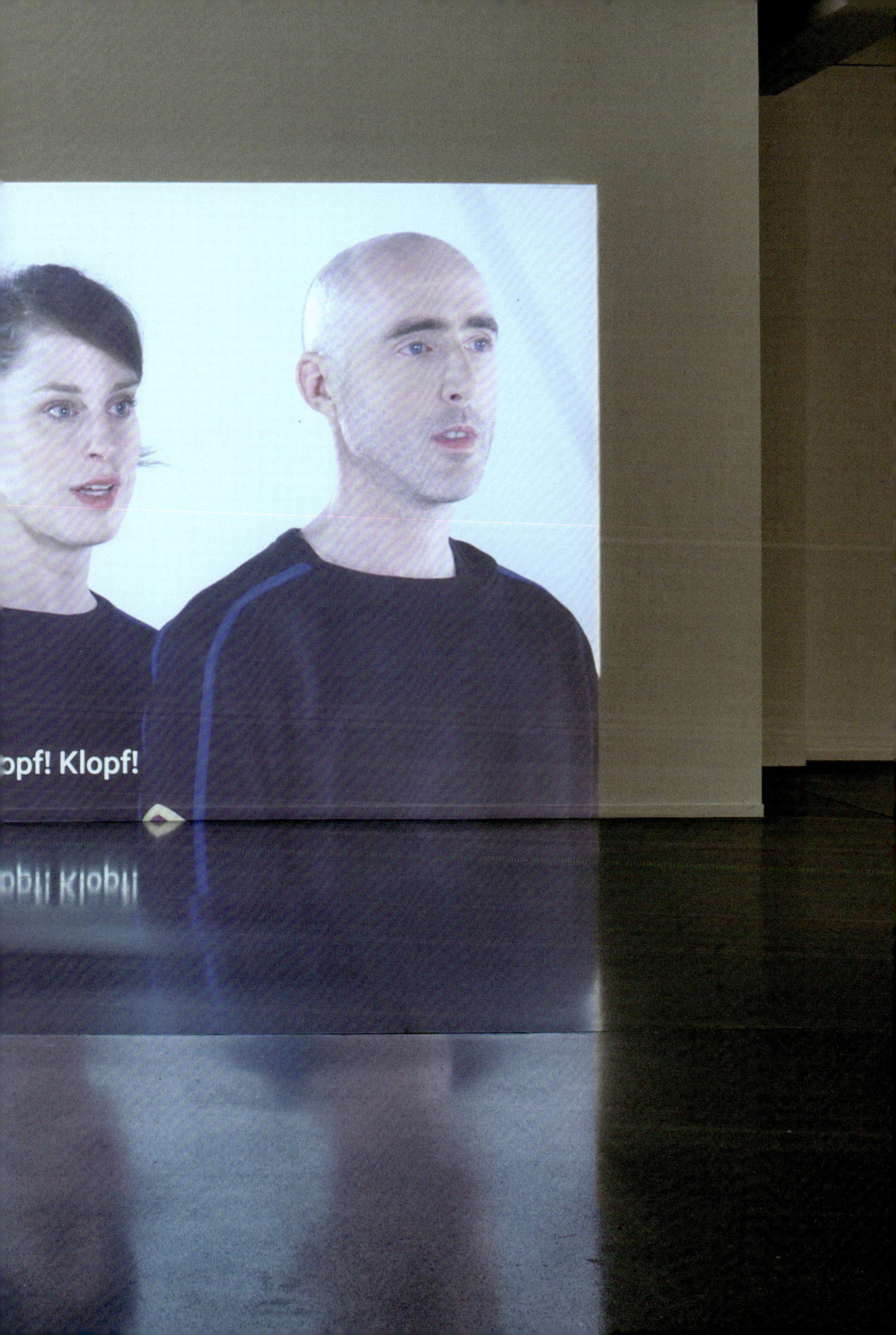
opf! Klopf!

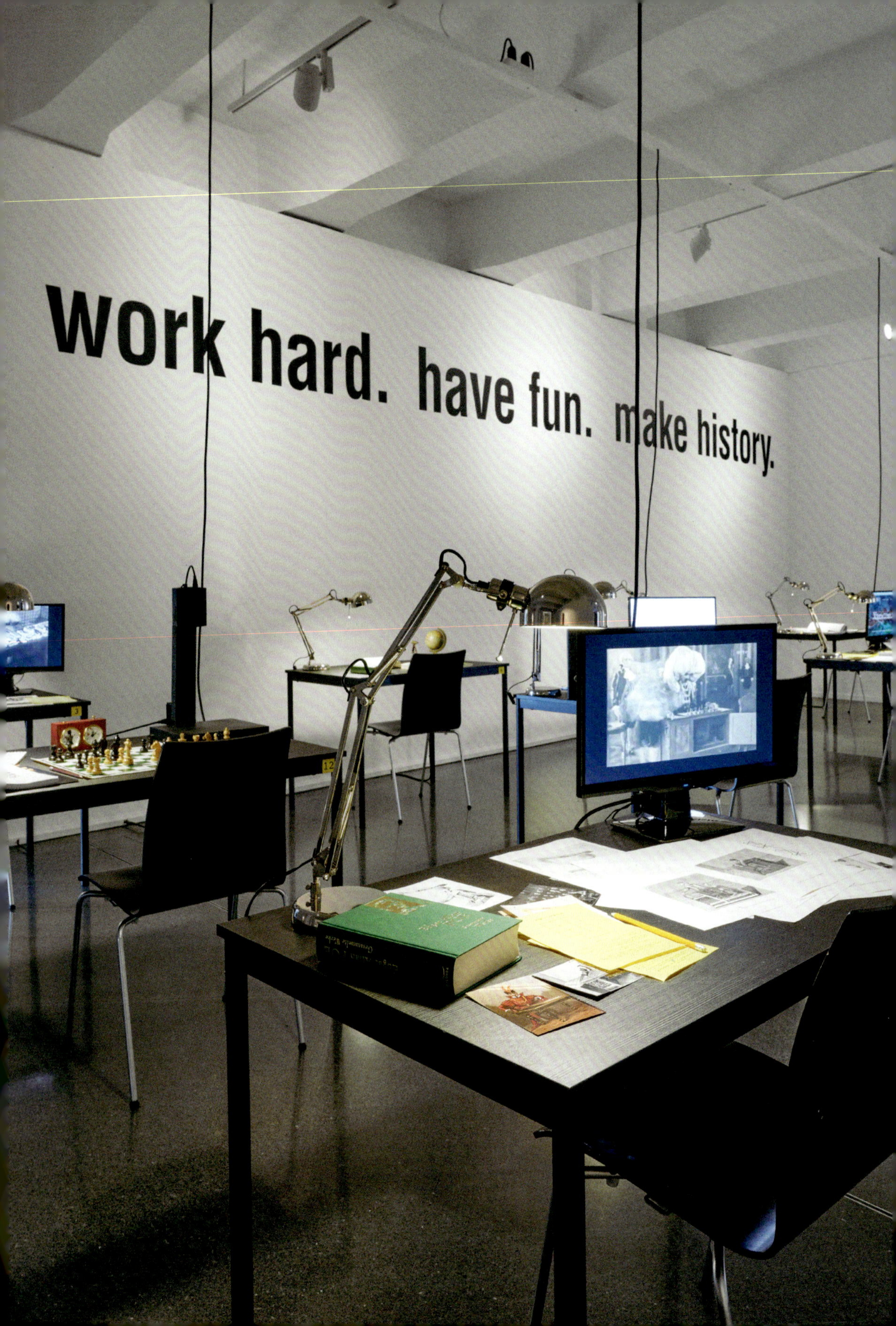
work hard. have fun. make history.

RYBN

Human Computers

2016 –

„Computer" waren zuerst Arbeiter*innen, die für Unternehmen und Institute in großen Mengen immer gleiche Berechnungen per Hand ausführten (to compute heißt „berechnen"). Sie wurden durch Maschinen ersetzt. Mit dem maschinellen Rechnen entwickelt sich Ende des 18. Jahrhunderts die industrielle Arbeitsteilung. Der französische Ingenieur Gaspard de Prony überträgt die Methoden der Fabrik auf die Rechenarbeit.

Hier beginnt die Untersuchung der menschlichen Computer von RYBN. Sie interpretiert die Geschichte unserer technologischen Moderne neu. Sie verknüpft Geschichten und Theorien, Wissenschaften und Mythologie.

Die Installation kreist um den „mechanischen Türken", einen schachspielenden Pseudo-Automaten aus dem Jahr 1770. Der Konzern Amazon nennt seine digitale Arbeitsplattform „Mechanical Turk." Sie bearbeitet Aufgaben, die von Künstlicher Intelligenz noch nicht erledigt werden können.

Ein Audioguide führt Sie durch die lange Geschichte der Automatisierung der Arbeit. Der Guide ist vom digitalen, algorithmischen Management der Amazon-Verteilzentren inspiriert.

Installation, Audioguide / installation, audioguide

DE Bevor das Wort „Computer" die Maschinen bezeichnete, die sie später ersetzen sollten, bezeichnete es Arbeiter*innen, die Berechnungen per Hand vornahmen. Sowohl der Computer als auch die Arbeitsteilung, zwei Konzepte, die die moderne Welt geformt haben, tauchten Ende des 18. Jahrhunderts auf. Inspiriert durch die Lektüre von Adam Smiths Der Wohlstand der Nationen, dem Gründungswerk des Wirtschaftsliberalismus, wird der französische Ingenieur Gaspard de Prony die Methoden der Fabrik in die Rechenarbeit importieren, da die Nachfrage explodiert. Hier beginnt RYBNs Untersuchung der menschlichen Computer, eine Neuinterpretation der Geschichte unserer technologischen Moderne, die Geschichten und Theorien aus den Wissenschaften und einer gewissen Mythologie miteinander verknüpft. Die Installation dreht sich um den „mechanischen Türken", einen (vermeintlich) schachspielenden Automaten aus dem Jahr 1770, den Amazon für die Benennung seiner Mikroarbeitsplattform für Aufgaben, die von KI noch nicht erledigt werden können, verwendet. Ein Audioguide, der vom algorithmischen Management inspiriert ist, das Amazons Distributionszentren regiert, wird Sie durch die lange Geschichte der Automatisierung der Arbeit führen.

EN Before the word "computer" was used to designate those machines that were later meant to replace them, it was used for workers who carried out calculations by hand. Both the computer and the division of labour, two concepts that formed the modern world, emerged at the end of the 18th century. Inspired by reading Adam Smith's The Wealth of Nations, the foundational work of economic liberalism, the French engineer Gaspard de Prony was inspired to import the methods of the factory into computing work, as the demand for this was exploding. Here begins RYBN's examination of the human computers, a reinterpretation of the history of technological modernity, which links stories and theories from the sciences and a certain mythology with one another. The installation revolves around the "mechanical Turk", an (allegedly) chess automaton from the year 1770, which Amazon used to name its microwork platform for tasks that cannot yet be performed by AI. An audio guide inspired by algorithmic management, which governs Amazon's distribution centres, will lead you through the long history of the automation of work.

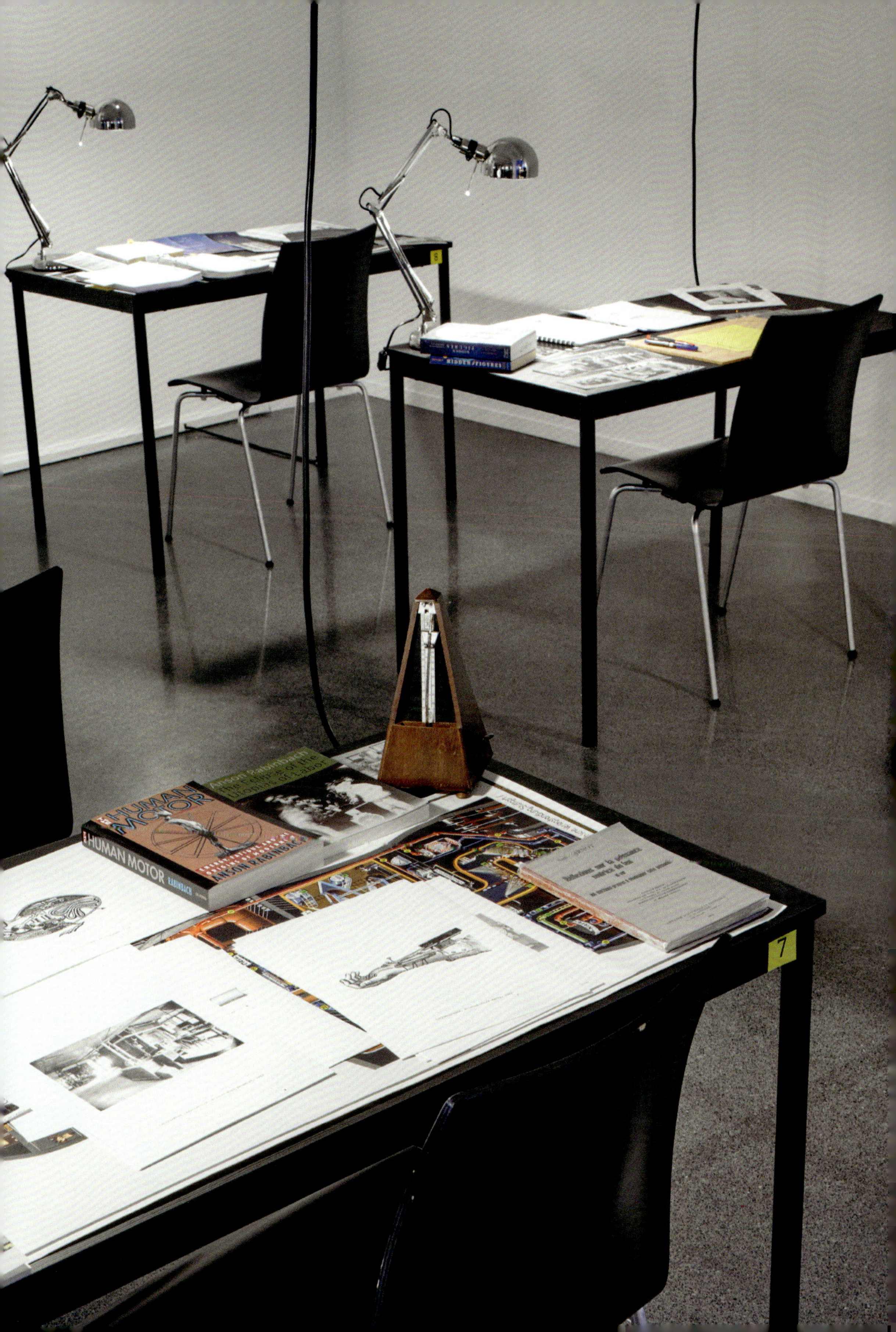

HUMAN MOTOR
HUMAN MOTOR RABINBACH
ANSON RABINBACH
Anson Rabinbach
The Eclipse of the Utopias of Labor
7

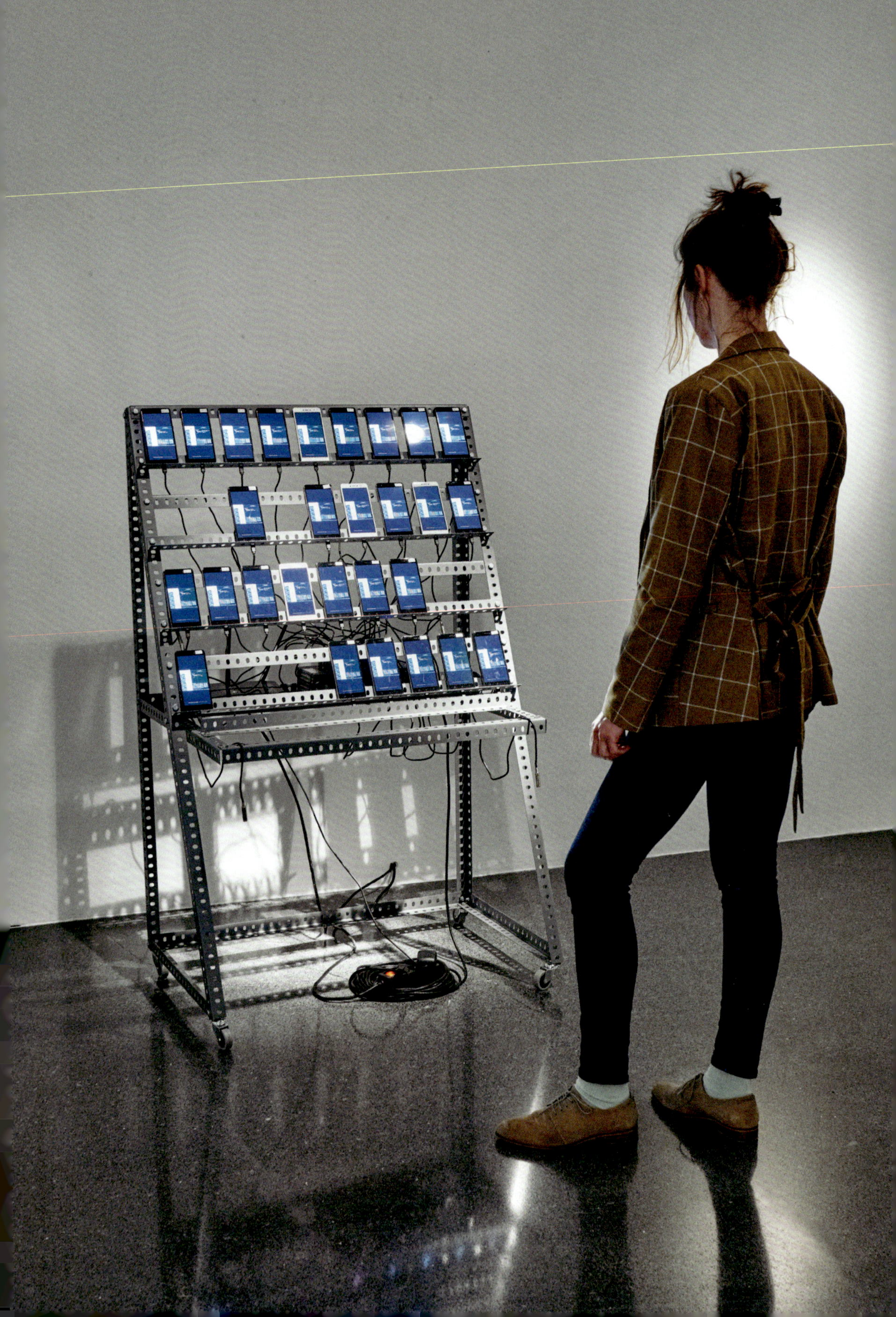

CONRAD WEISE

<-- human-driven condition
2021

Die sogenannte Künstliche Intelligenz soll Arbeit unterstützen. Doch sie dient auch dazu, Arbeit in kleinste Schritte zu zerlegen.
Group Control Systems sind Systeme, mit denen hunderte und tausende von einzelnen Smartphones gesteuert werden. Menschliche Clickworker*innen bedienen nach Anweisungen gleichzeitig dutzende Geräte. Sie versenden massenhaft Nachrichten, liken, folgen oder kommentieren. Sie legen (Fake)-User-Profile an, schreiben Bewertungen oder spielen Computerspiele. So erzeugen sie auf Bestellung Datenverkehr und Aufmerksamkeit für das Marketing von Apps, Produkten oder Spielen. Diese Arbeit ist stupide und langweilig. Die Menschen sind hier nur noch Anhängsel von Maschinen. Sie erledigen Hilfsarbeiten, für die eine Maschine zu aufwändig wäre.
Conrad Weises Arbeit zerlegt einen Essay über die Group Control Systems. Er verteilt ihn über zahlreiche Smartphones und schaltet regelmäßig in den Automatikmodus, der sich wie ein Group Control System verhält.

Installation, Smartphones, Computer-Kontrollsystem, Videoessay /
Installation, smart phones, computer control system, video essay

DE

Während durch die Automatisierung mittels Mustererkennung, sogenannter Künstlicher „Intelligenz", tatsächlich auch Arbeitserleichterungen eintreten, zum Beispiel bei Übersetzungen, wird an anderer Stelle Arbeit in kleinste Einheiten zerlegt, stupide und langweilig. Beobachten lässt sich dies anhand von Clickworker*innen, welche ausführen, was maschinell nicht erledigt werden kann. Zu ihren Diensten zählen das massenhafte Versenden von Nachrichten, Liken, Folgen oder Kommentieren. Ebenso legen sie (Fake)-User-Profile an, fügen Bewertungen für Produkte und Dienstleistungen auf Websites ein oder spielen Computerspiele für Dritte. Die Vorgehensweise erinnert an die Fließbandproduktion in den Autofabriken Henry Fords. In den Group Control Systems (群控系統, 群控, 云控), so die Bezeichnung für die reihenweise Teilautomatisierung mittels Smartphones, werden Menschen zum Anhängsel der Maschine. Conrad Weises Arbeit zerlegt einen Essay über die Group Control Systems, verteilt ihn über zahlreiche Smartphones, und schaltet regelmäßig in den Automatikmodus, der sich wie ein Group Control System verhält.

EN

While automation using pattern recognition, so-called Artificial 'Intelligence', actually creates an easing of labor, for example, with translations, labor is elsewhere dissected into the smallest units, stupid and boring. This can be observed in clickworkers, who carry out what cannot be done by machines. Their services include the mass sending of messages, likes, follows or comments. They also create (fake) user profiles, leave feedback for products and services at websites or play computer games for third parties. The procedure is reminiscent of the assembly belt production in the automobile factories of Henry Ford. In Group Control Systems (群控系統, 群控, 云控) a term for the serial semi-automation using smartphones, people become the appendices of machines. Conrad Weise's work dissects the essay on the Group Control Systems, distributes it via numerous smartphones and regularly switches to the automatic mode, which behaves like a Group Control System.

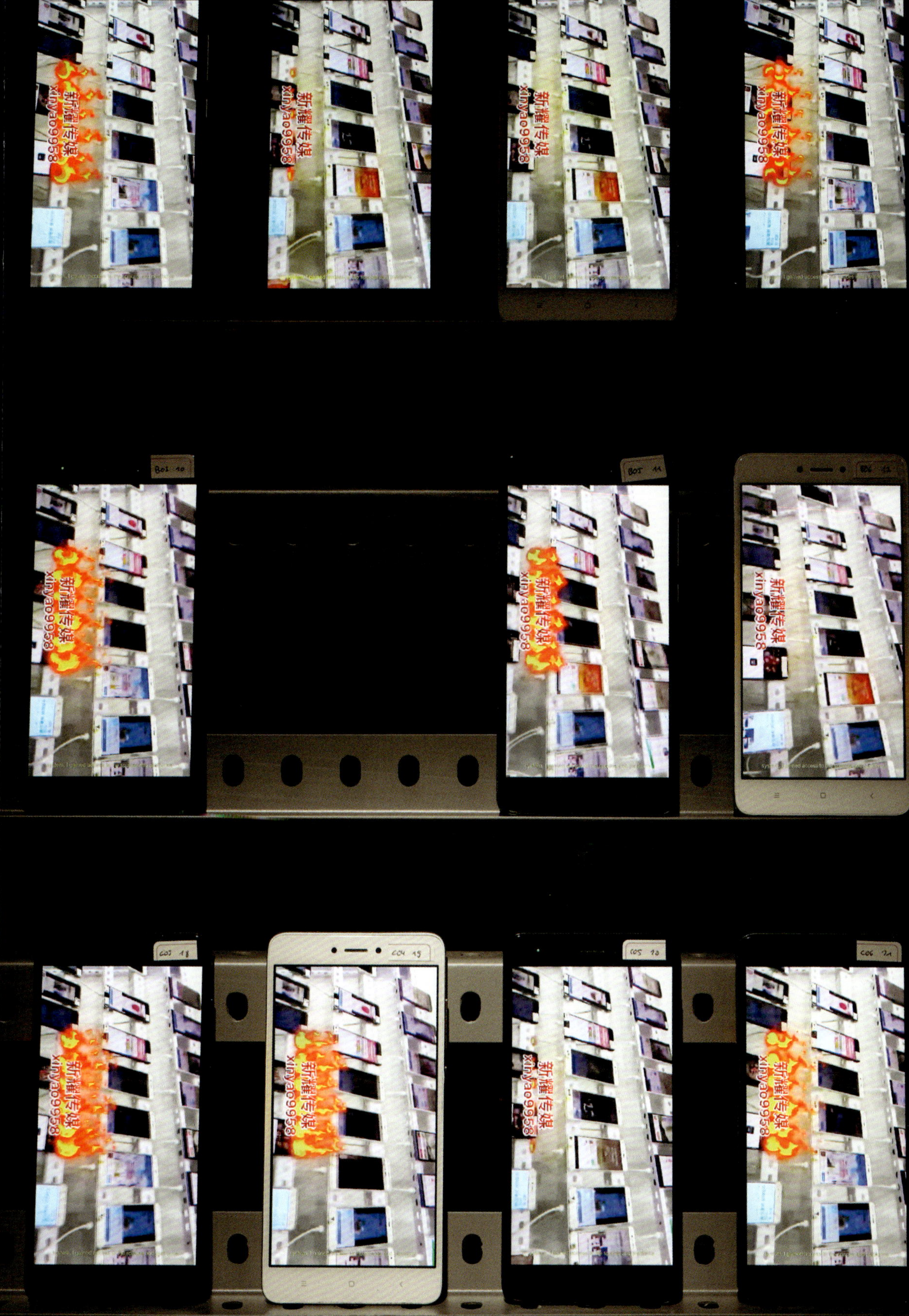
新耀传媒
xinyao9958

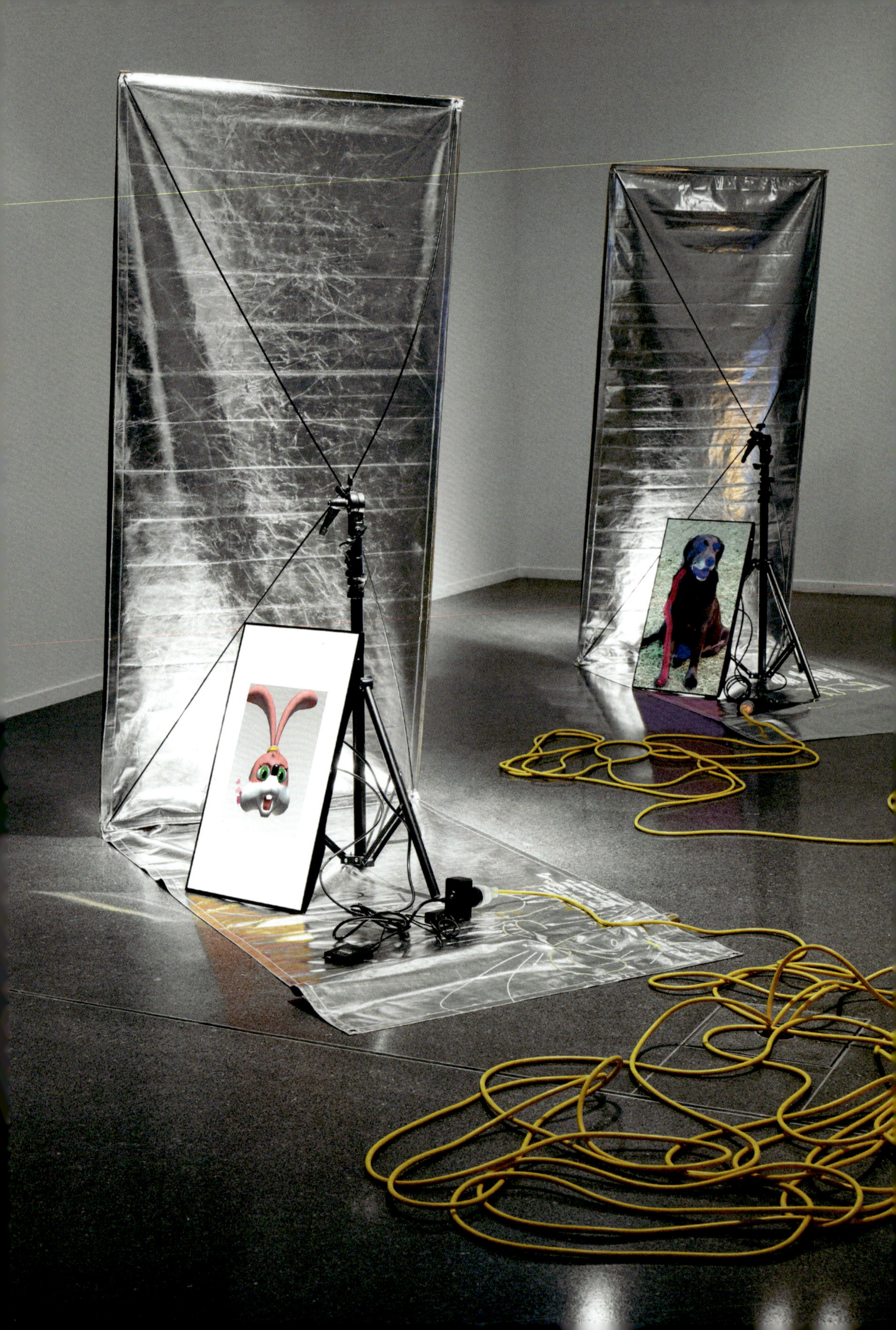

ELISA GIARDINA PAPA

Cleaning Emotional Data

2020

Viele Aufgaben, von denen wir glauben, dass sie von Computern erledigt werden, werden in Wirklichkeit von Menschen ausgeführt. Das wird gern verborgen, uns bleibt die Illusion der Automatisierung erhalten. Ganze Armeen menschlicher Arbeiter*innen führen gering oder gar nicht bezahlte Mikroaufgaben aus, um Maschinen das „Sehen" beizubringen. Sie kennzeichnen, ordnen, kommentieren und bewerten große Datenmengen und trainieren so die Algorithmen.

Die sizilianische Künstlerin Elisa Giardina Papa hat in Fernarbeit für nordamerikanische Unternehmen als „Datenreinigerin" gearbeitet. Sie kommentierte Gesichtsausdrücke, ordnete Gefühle ein und zeichnete Bilder von sich selbst auf. Diese Bilder dienen zur Animation von 3D-Figuren.

Ihre Installation dokumentiert diese Mikroaufgaben und fragt nach den psychologischen Theorien hinter dem Erfassen und Zuordnen von Gesichtsausdrücken. Diese Theorien entstanden im 19. Jahrhundert. Viele Wissenschaftler*innen kritisieren sie oder halten sie für falsch. Trotzdem bauen aktuelle KI-Systeme auf diesen alten Ideen auf. Bestickte Textilien zeigen die abstrakten Linien von Gesichtsausdrücken, die von Algorithmen erkannt werden. Sie stellen die Linien emotionalen Ausdrücken aus dem Sizilianischen gegenüber, die man kaum übersetzen kann. Technische Kategorien können die Vielfalt und Feinheiten unserer Gefühlszustände nicht erfassen.

Videoinstallation, 3 HD-Videos, Farbe, 8:32 / 6:24 / 1:24 Min., bestickter Stoff /
Video installation, 3 HD videos, colour, sound, 8:32 / 6:24 / 1:24 min., embroidered textile

DE

Viele Aufgaben, von denen wir annehmen, dass sie von Computern erledigt werden, werden in Wirklichkeit von Menschen im Verborgenen ausgeführt, um die Illusion der Automatisierung aufrecht zu erhalten. Um Maschinen das Sehen beizubringen, führen ganze Armeen menschlicher Arbeiter*innen gering oder gar nicht bezahlte Mikroaufgaben aus, um große Datenmengen zu kennzeichnen, zu kategorisieren, zu kommentieren und zu validieren, und so die Algorithmen zu trainieren.

Die sizilianische Künstlerin Elisa Giardina Papa war in Fernarbeit für nordamerikanische Unternehmen als „Datenreinigerin" im Bereich der Gefühlserkennung tätig. Zu ihren Aufgaben gehörte das Taxonomisieren von Gefühlen, das Kommentieren von Gesichtsausdrücken und das Aufzeichnen von Bildern ihrer selbst für die Animation von 3D-Figuren. Ihre Installation dokumentiert diese Microtasks und hinterfragt die kontroversen psychologischen Theorien hinter dem Erfassen und Zuordnen von Gesichtsausdrücken, die im 19. Jahrhundert ihren Anfang nahmen und in den aktuellen KI-Systemen gipfeln. Indem die bestickten Textilien den abstrakten Linien der von den Algorithmen erkannten Mikro-Gesichtsausdrücke eine unübersetzbare, emotionale Umgangssprache aus dem sizilianischen Dialekt gegenüberstellen, verdeutlichen sie, dass Gefühlszustände sich restriktiven Kategorisierungsversuchen widersetzen.

EN

Many of the tasks thought to be done by computers are actually done by humans in a concealed way, feeding the illusion of automation. To teach machines to see, legions of human workers perform low- or unpaid microtasks of labelling, categorising, annotating and validating large amounts of data to train the algorithms.

The Sicilian artist Elisa Giardina Papa worked remotely for North American companies as a 'data cleaner' for the purpose of emotion detection. Her tasks included taxonomising emotions, annotating facial expressions and recording her own images to animate 3D figures. The installation documents these microtasks and interrogates the history of the contested psychological theories behind this mapping of facial expressions, which emerged in the 19th century and culminated in AI systems. The embroidered textiles juxtapose the abstract lines of the facial micro-expressions detected by the algorithms with untranslatable, emotional vernacular from the Sicilian dialect, demonstrating how emotional sensibilities exceed reductive categorisation.

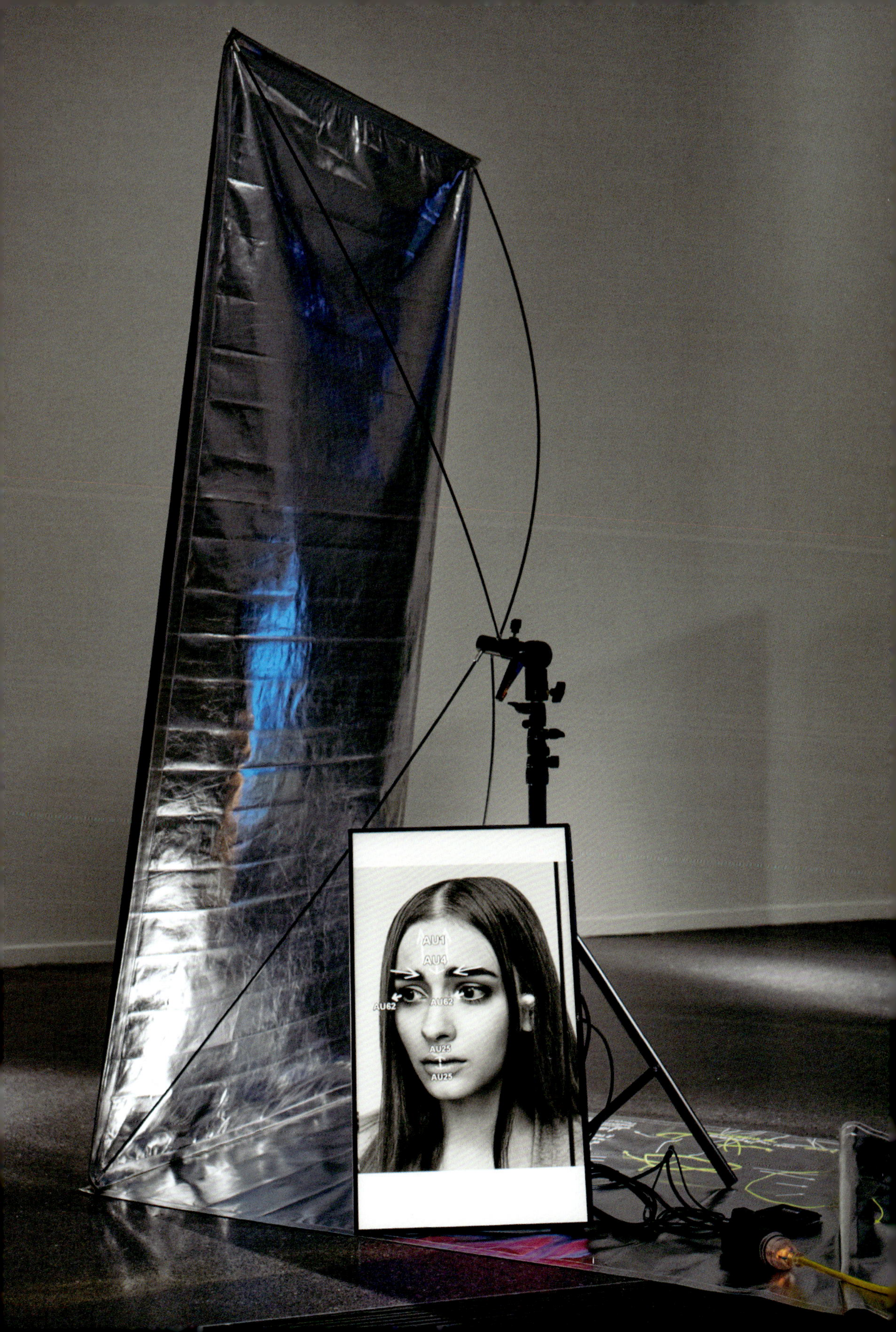
AU1
AU4
AU62
AU62
AU25
AU25

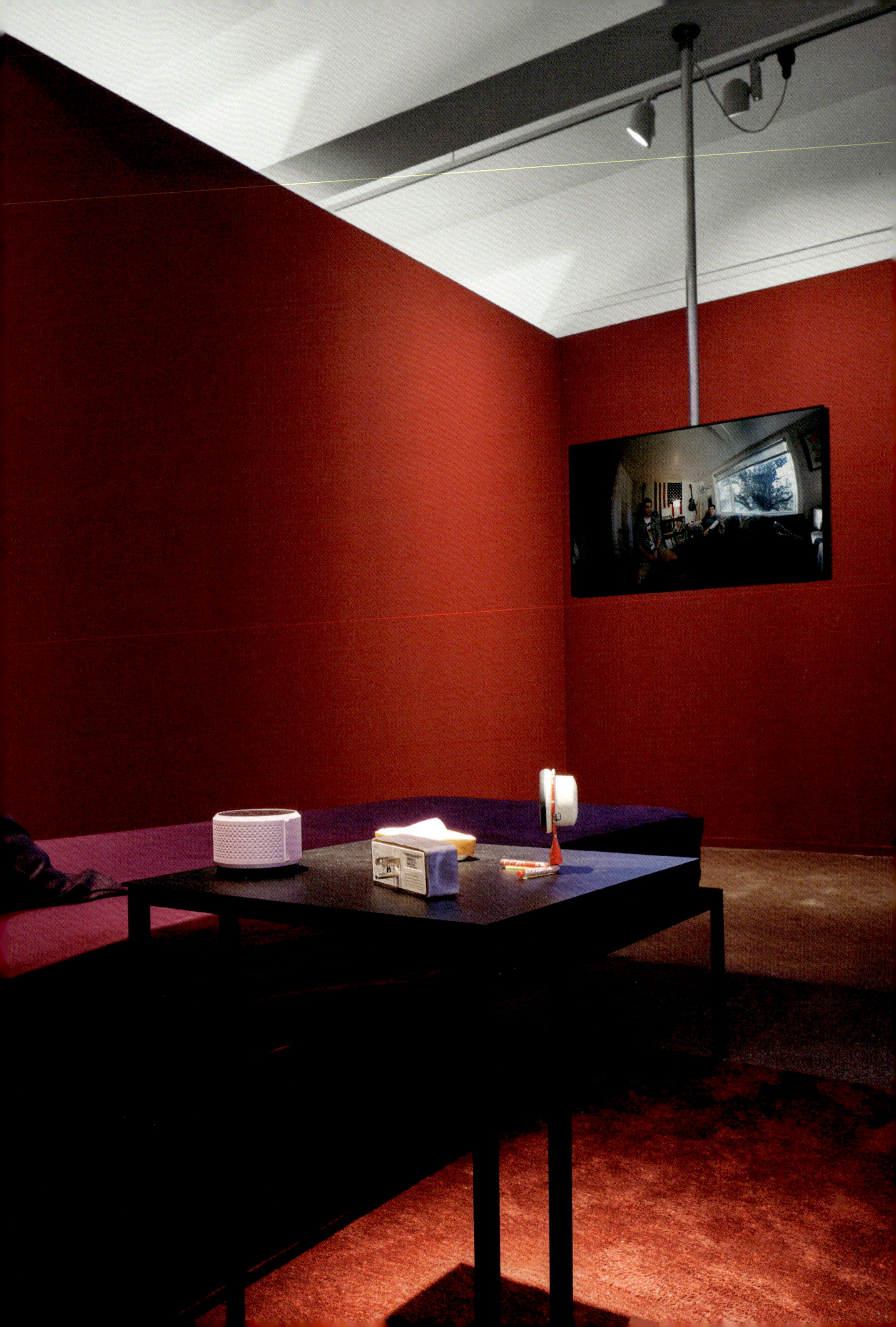

LAUREN LEE MCCARTHY

LAUREN

2017

„Ich versuche, zu einer menschlichen Version von Amazons Alexa zu werden. Die Performance dauert bis zu einer Woche. Sie beginnt mit der Installation einer Reihe von speziell entworfenen, vernetzten intelligenten Geräten (Kameras, Mikrofone, Schalter, Türschlösser, Wasserhähne und andere elektronische Geräte). Ich überwache die Person rund um die Uhr aus der Ferne und kontrolliere alle Aspekte ihres Zuhauses. Ich möchte besser sein als eine KI, weil ich die Person als Menschen verstehen und ihre Bedürfnisse vorausahnen kann."

Dabei entstehen mehrdeutige Beziehungen von Mensch zu Maschine und Mensch zu Mensch.

LAUREN ist eine Arbeit über das Smart Home. Hier hat sich die „virtuelle" Assistentin zu den Menschen mit deren ausdrücklicher Erlaubnis nach Hause eingeladen. Die Arbeit untersucht das Geflecht zwischen Intimität, Privatsphäre, Bequemlichkeit und einer scheinbaren Handlungsfreiheit. Darin scheint auch die zukünftige Rolle der menschlichen Arbeit in der Automatisierung auf.

McCarthys Installation macht uns dazu auf die automatisierte Datengewinnung aufmerksam. Sie funktioniert in den meisten Fällen wie ein Einwegspiegel, also ohne das Wissen und die Zustimmung der Betroffenen. So besteht ein gefährliches Ungleichgewicht von Wissen und Macht.

Videoinstallation, 03:50 Min., Objekte, *LAUREN Testimonials,* Regie: David Leonard /
Video installation, 03:50 min., objects, *LAUREN Testimonials,* film directed by David Leonard.

DE

„Ich versuche, zu einer menschlichen Version von Amazons smarter Haustechnik Alexa zu werden. Die Performance dauert bis zu einer Woche. Sie beginnt mit der Installation einer Reihe von speziell entworfenen, vernetzten intelligenten Geräten (Kameras, Mikrofone, Schalter, Türschlösser, Wasserhähne und andere elektronische Geräte). Ich überwache die Person rund um die Uhr aus der Ferne und kontrolliere alle Aspekte ihres Zuhauses. Ich möchte besser sein als eine KI, weil ich die Person als Menschen verstehen und ihre Bedürfnisse vorausahnen kann. Die Beziehung, die hierbei entsteht, ist in einem ambivalenten Raum zwischen Mensch-Maschine- und Mensch-Mensch-Interaktion angesiedelt."
LAUREN ist eine Arbeit über das Smart Home, in der die Beziehungen zwischen Intimität und Privatsphäre, zwischen Bequemlichkeit und der von diesen Geräten vorgespiegelten Handlungsfreiheit sowie die zukünftige Rolle der menschlichen Arbeit in der Automatisierung reflektiert werden. In diesem Fall hat sich der virtuelle Assistent zu den Menschen mit deren ausdrücklichen Erlaubnis nach Hause eingeladen. McCarthys Installation macht uns ferner auf die automatisierte Architektur der Datenextraktion aufmerksam, die in den meisten Fällen wie ein Einwegspiegel funktioniert, also ohne das Wissen und die Zustimmung der Betroffenen, was zu einer gefährlichen Asymmetrie von Wissen und Macht führt.

EN

"I attempt to become a human version of Amazon's smart home technology Alexa. The performance lasts up to a week. It begins with an installation of a series of custom-designed, networked smart devices (including cameras, microphones, switches, door locks, faucets and other electronic devices). I then remotely monitor the person 24/7 and control all aspects of their home. I aim to be better than an AI, because I can understand them as a person and anticipate their needs. The relationship that emerges falls into the ambiguous space between human-machine and human-human interaction."
LAUREN is a meditation on the smart home, the tensions between intimacy versus privacy, convenience versus the agency these devices present, and the role of human labour in the future of automation. In this case, the virtual assistant has invited itself into people's homes with their permission. The installation also makes us aware of this automated data extraction architecture, which functions as a one-way mirror, most often without the awareness and consent of those concerned, creating a formidable asymmetry of knowledge and power.

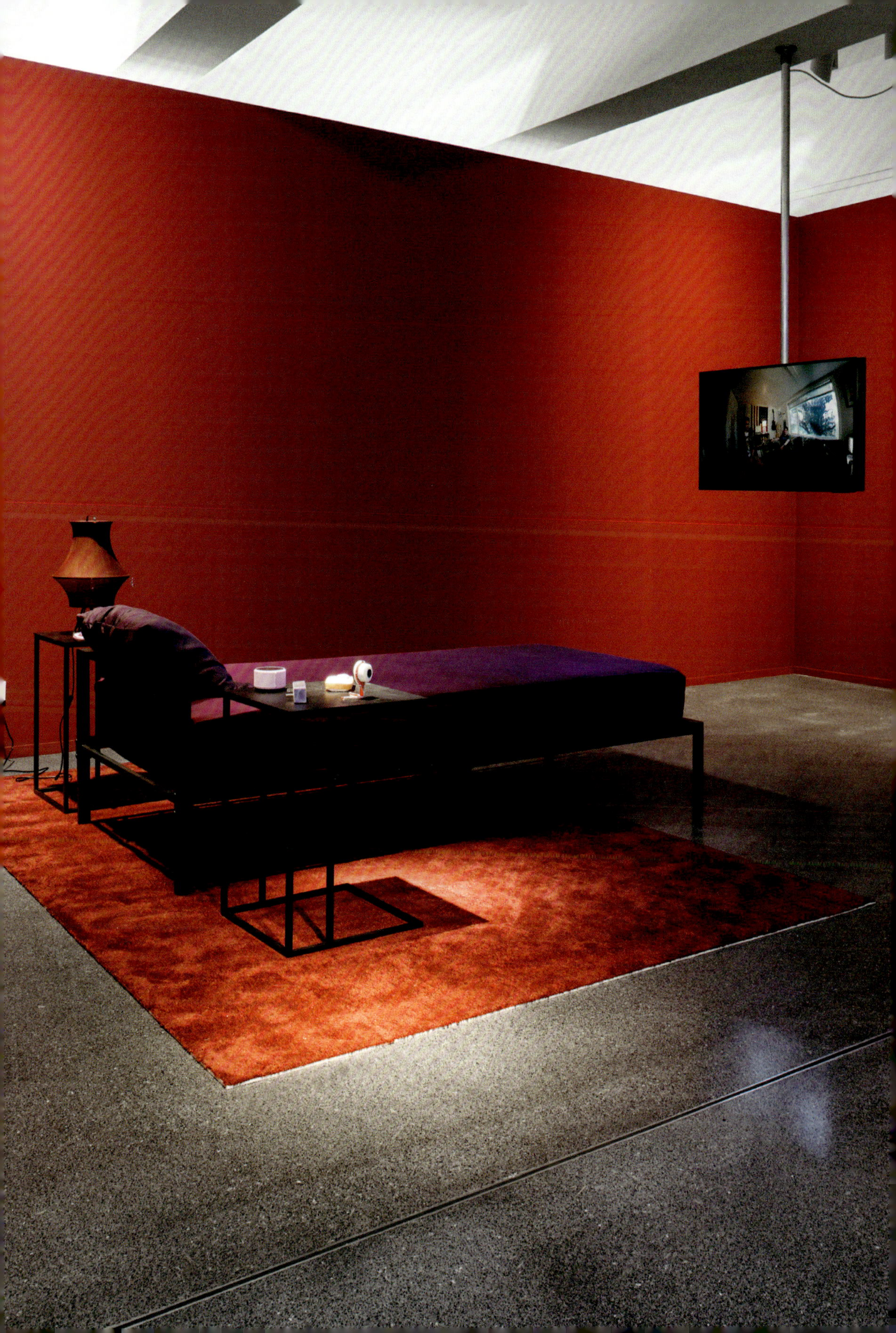

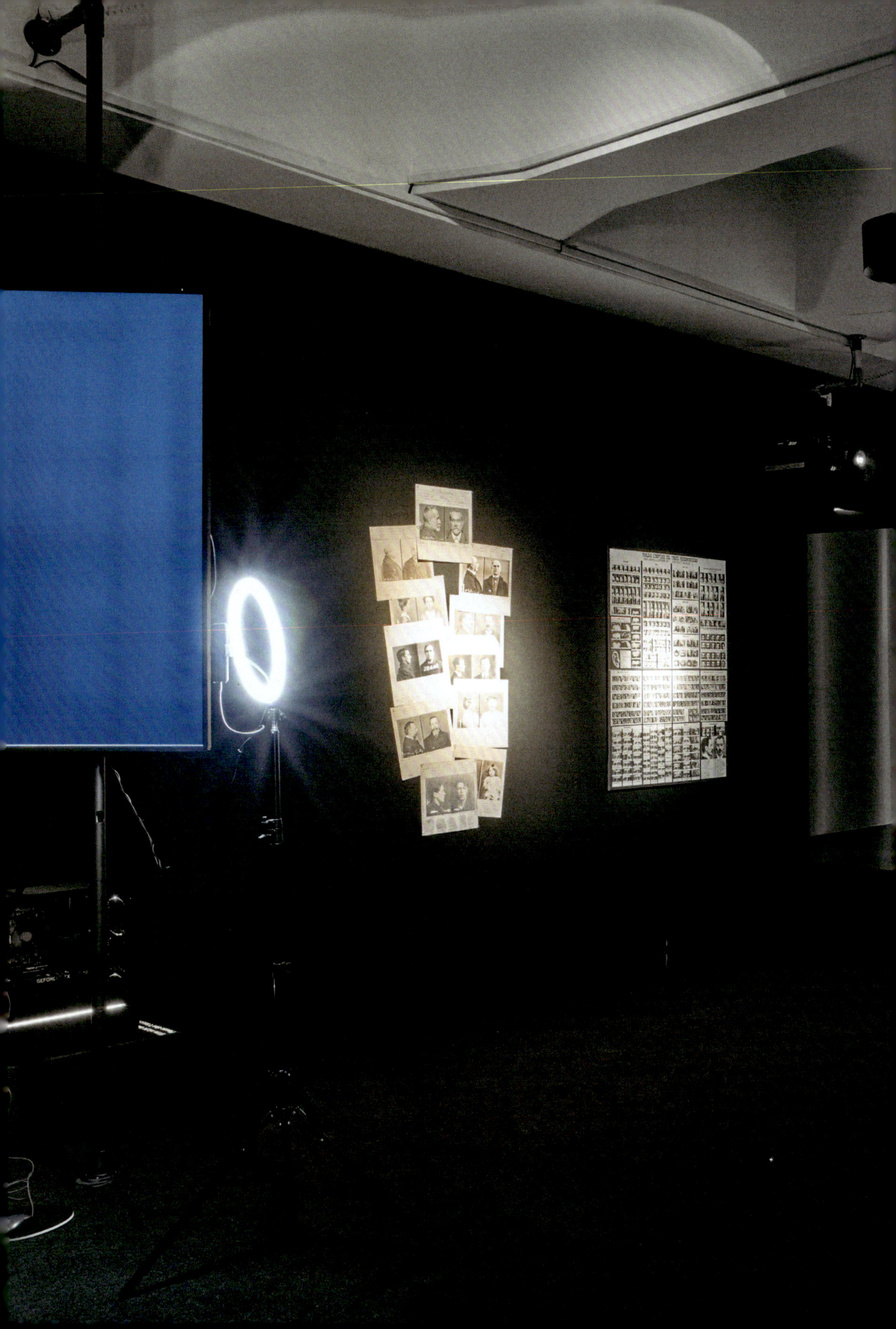

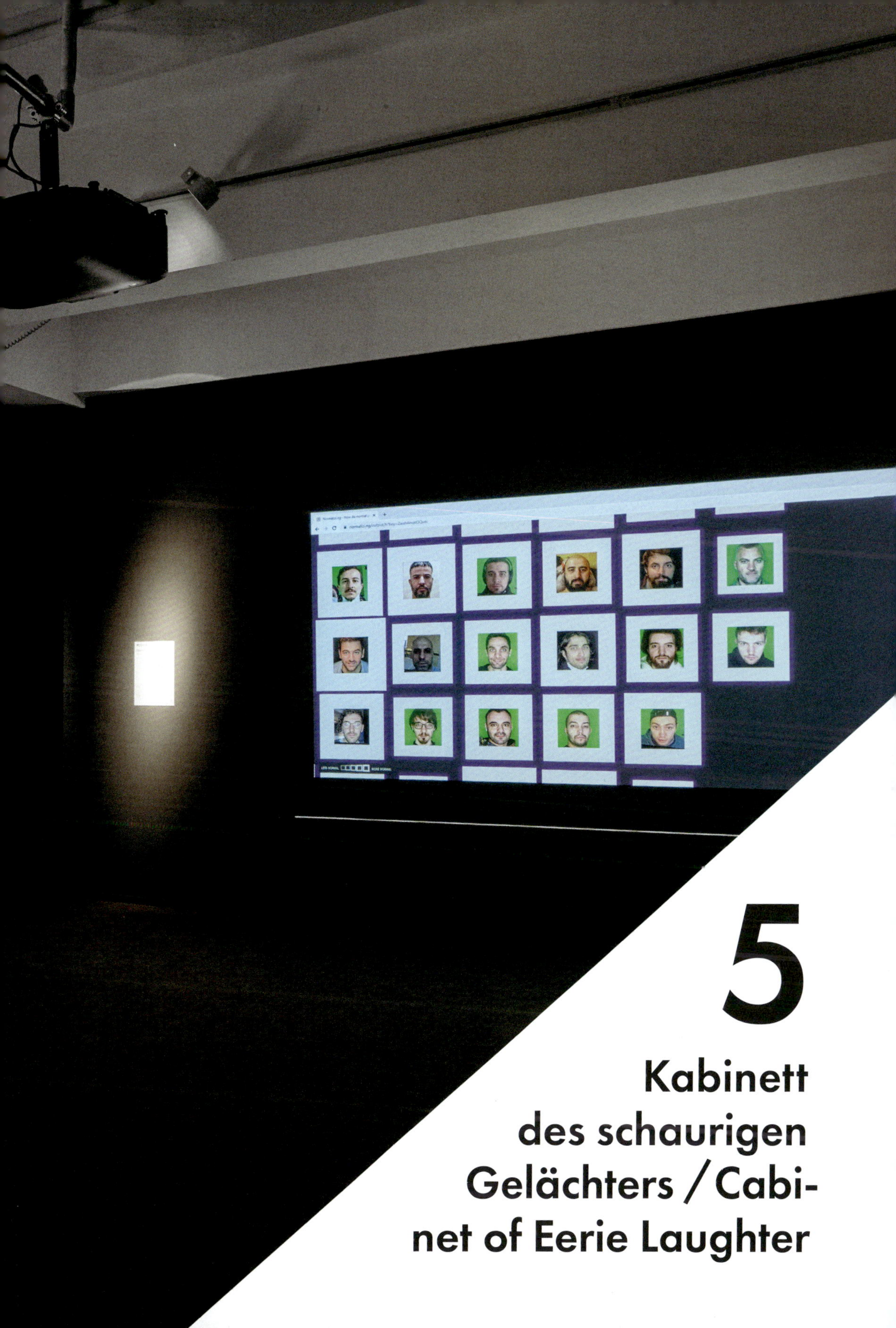

5

Kabinett des schaurigen Gelächters / Cabinet of Eerie Laughter

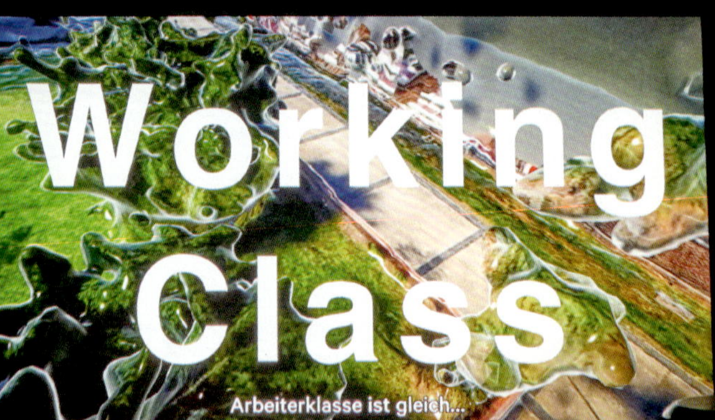
Working
Class
Arbeiterklasse ist gleich...

LIBBY HEANEY
CLASSES
2021

Die Künstlerin und Forscherin Libby Heaney lebt in einer Londoner Sozialsiedlung.
Ein simuliertes Modell der Siedlung ist der Ausgangspunkt für *CLASSES*. Das Video folgt den Verflechtungen zwischen maschinellem Lernen und gesellschaftlicher Klasse.
Libby Heaney lässt maschinelle und menschliche Stimmen erzählen. Sie berichten spielerisch von Heaneys Forschung zur Erkennung von Sprachen und Akzenten, natürlicher Sprachverarbeitung* und zur Überwachung des öffentlichen Raums.
Heaney zeigt, wie historische und kulturelle Vorurteile über die soziale Klasse in Programme übertragen werden. Sie zeigt, wie dies die Lebensbedingungen von Menschen prägt.
Die Frauenstimme trägt einen rhythmischen Text vor. Er hat die Form eines Gedichts und ist von *Das Lachen der Medusa* von Hélène Cixous inspiriert.
Gegen Ende des Videos bringt die gemeinschaftliche Gartenarbeit auf dem Grundstück Heaney auf den Gedanken, eine wieder verwilderte KI vorzuschlagen. Sie soll starre hierarchische Kategorien aufheben, um stärkere Beziehungen zwischen Menschen und der Welt aufzubauen.

*GPT-J, Facebooks FastText und GloVe-Worteinbettungen

Ein-Kanal-Video, 14:26 Min. / Single-channel video, 14:26 min.

DE *CLASSES* ist ein Video-Essay, der den Verflechtungen zwischen maschinellem Lernen und sozialer Klasse beziehungsweise Klassifizierung nachgeht. Ausgangspunkt der Arbeit ist ein simuliertes Modell der Londoner Sozialsiedlung, in der die Künstlerin und Forscherin Libby Heaney selbst lebt. Aspekte von Heaneys umfassender Forschung zu Sprach- und Akzenterkennung, natürlicher Sprachverarbeitung* und Überwachung des öffentlichen Raums werden scheinbar unbeschwert von maschinellen und menschlichen Stimmen vorgetragen. Heaney legt dar, wie historische und kulturelle Vorurteile in Bezug auf die soziale Klasse in Code übersetzt werden und so die materiellen Bedingungen der Menschen beeinflussen. Der von der Frauenstimme rhythmisch vorgetragene Text ist an Hélène Cixous' Essay *Das Lachen der Medusa* angelehnt und hat die Form eines Gedichts. Gegen Ende des Videos lässt sich Heaney von der gemeinschaftlichen Gartenarbeit auf dem Grundstück inspirieren, um eine wiederverwilderte KI vorzuschlagen, die starre hierarchische Kategorien aufbricht, um stärkere Beziehungen zwischen Menschen und der Welt aufzubauen.

*GPT-J, Facebooks FastText und GloVe-Worteinbettungen

EN *CLASSES* is a video essay exploring the entanglements between machine-learning classification and social class(ification). The artwork takes place in a simulated model of a London council estate, where Libby Heaney lives. Machine and human voices playfully narrate aspects of Heaney's in-depth research into accented speech recognition, natural language processing* and public space surveillance, to understand how historical and cultural biases around social class are being translated into code and how this affects people's material conditions. The rhythmic text performed by the female voice is inspired by Hélène Cixous's essay ***The Laugh of the Medusa*** and takes the form of a poem. Biased text generated by GPT-J is read by a female machine voice. Towards the end of the essay, Heaney finds inspiration in community gardening on the estate to propose a rewilded AI that removes rigid hierarchical categories to build stronger relations between people and the world.

*GPT-J, Facebook's FastText and GloVe word embeddings.

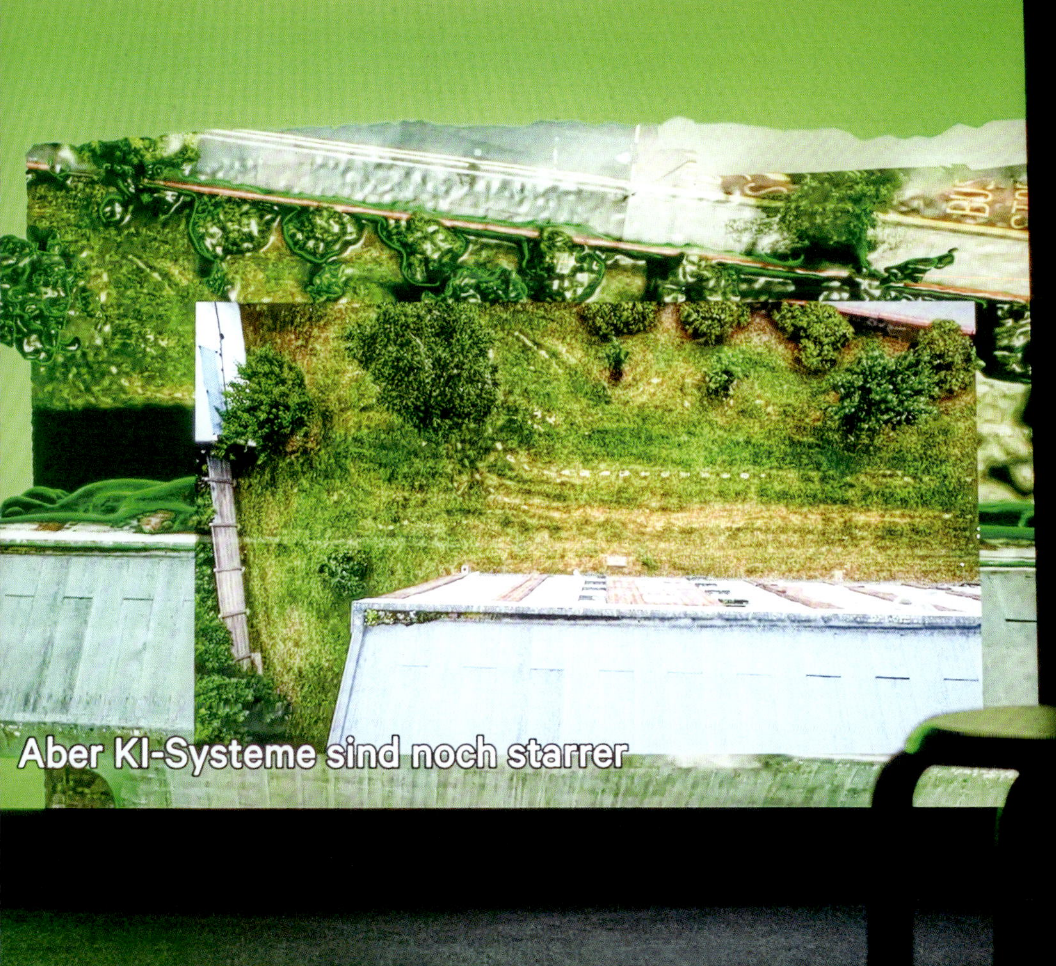
Aber KI-Systeme sind noch starrer

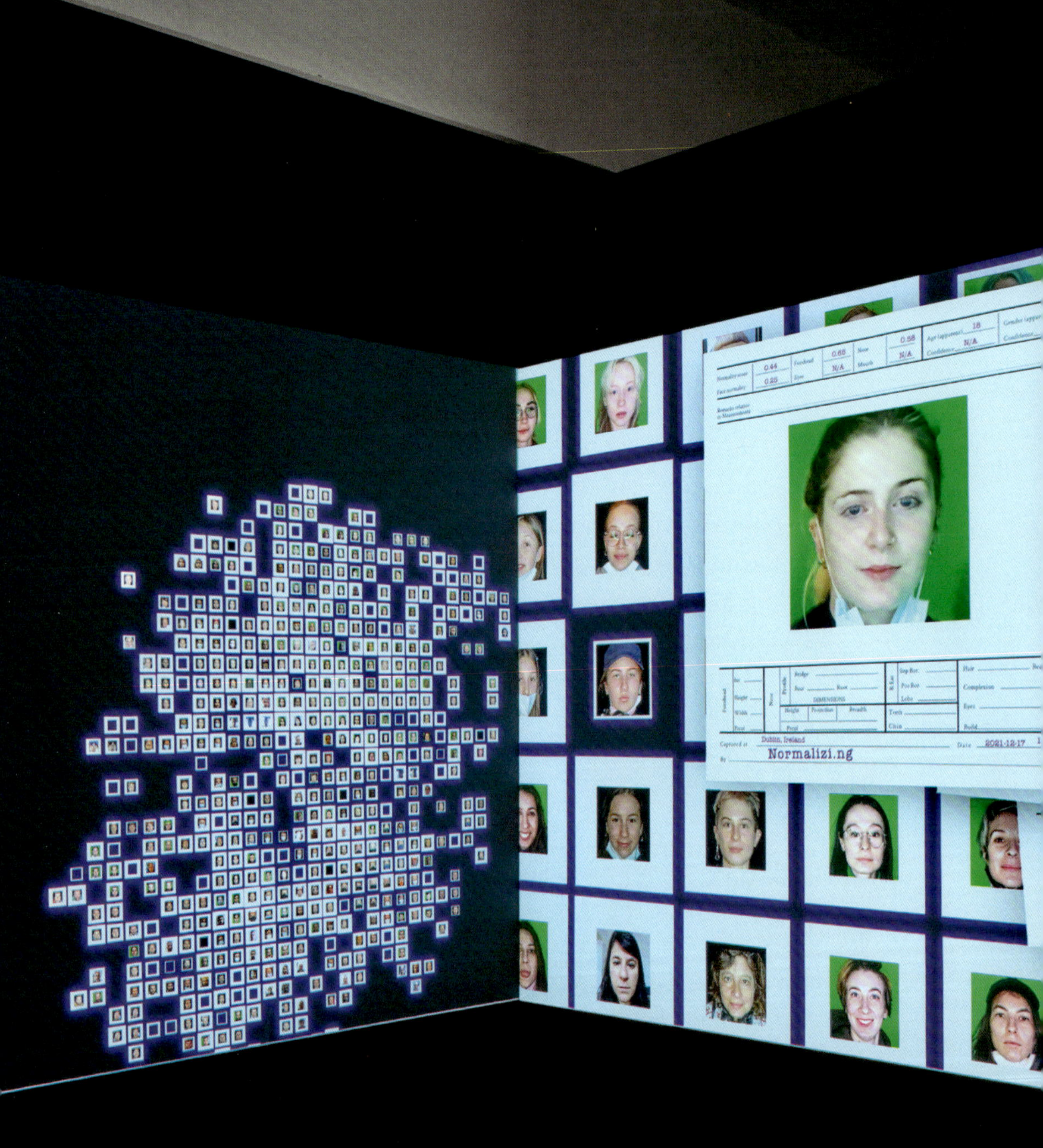
0.44
0.25
0.65
N/A
0.58
N/A
18
N/A
DIMENSIONS
Dublin, Ireland
Date
2021-12-17
Normalizi.ng

MUSHON ZER-AVIV

Normalizi.ng

2020

Wie entscheiden wir, wer „normaler" aussieht? *Normalizi.ng* ist ein experimentelles Online-Forschungsprojekt zum maschinellen Lernen.

Wenn Sie die Website mit Ihrem Smartphone aufrufen, werden Sie aufgefordert, ein Selfie zu machen. Dann werden Ihnen Aufnahmen anderer Teilnehmer*innen gezeigt. Sie entscheiden anhand von Nasen-, Mund-, Augen- und Gesichtsformen, wer „normaler" aussieht. Die Maschine analysiert Ihre Entscheidungen, vergleicht sie mit Ihrem eigenen Gesicht und fügt Ihr Gesicht schließlich in ihre algorithmische Karte der Normalität ein.

Im späten 19. Jahrhundert entwickelte der französische Erfinder des Fahndungsfotos, Alphonse Bertillon, ein statistisches System, um menschliche Gesichter nach einheitlichen Merkmalen zu erkennen und in Gruppen einzuordnen.

Das „sprechende Porträt" („Le Portrait Parlé") war nie dazu gedacht, Gesichter zu bewerten oder zu kriminalisieren. Doch sowohl die spätere Eugenik-Bewegung als auch die Nazis übernahmen die Methode, um genau dies zu tun. Das Projekt zeigt, wie heute systematische Diskriminierung angehäuft, verstärkt und bequem hinter der scheinbar objektiven Künstlichen Intelligenz versteckt wird.

Experimentelles Online-Forschungsprojekt, 2 Projektionen, 1 Flatscreen, 1 Smartphone, Drucke / Experimental online research project, 2 projections, 1 flatscreen, 1 smartphone, prints, https://normalizi.ng/

DE *Normalizi.ng* ist ein experimentelles Online-Forschungsprojekt im Bereich des maschinellen Lernens. Es untersucht, wie wir entscheiden, wer „normaler" aussieht. Wenn Sie die Website mit Ihrem Smartphone aufrufen, werden Sie aufgefordert, ein Selfie zu machen. Dann werden Ihnen Aufnahmen anderer Teilnehmer*innen gezeigt. Sie entscheiden anhand von Nasen-, Mund-, Augen- und Gesichtsformen, wer „normaler" aussieht. Die Maschine analysiert Ihre Entscheidungen, vergleicht sie mit Ihrem eigenen Gesicht und fügt dieses schließlich in ihre algorithmische Karte der Normalität ein.

Im späten 19. Jahrhundert entwickelte der französische Forensik-Pionier Alphonse Bertillon, Erfinder des Fahndungsfotos, mit dem *portrait parlé*, dem „sprechenden Porträt", ein System zur Standardisierung, Indexierung und Klassifizierung des menschlichen Gesichts. Sein statistisches System war zwar nie dazu gedacht, das Gesicht zu kriminalisieren, aber es wurde später sowohl von der Eugenik-Bewegung als auch von den Nazis zu genau diesem Zweck eingesetzt.

Das Projekt automatisiert Bertillons sprechende Porträts und veranschaulicht, wie heute systematische Diskriminierung aggregiert, verstärkt und bequem hinter der scheinbar objektiven Blackbox der KI versteckt wird.

EN *Normalizi.ng* is an experimental online research in machine learning that aims to analyze and understand how we decide who looks more 'normal'. When you visit the website on your phone you will be asked to take a selfie and then be presented with a series of previously recorded participants. You will then choose who looks more 'normal' between pairs of noses, mouths, eyes, and faces. The machine will analyze your decisions and your face and then add you to its algorithmic map of normality.

In the late 19th century the French forensics pioneer Alphonse Bertillon, the father of the mugshot, developed the ***portrait parlé*** (lit. speaking portrait), a system for standardizing, indexing and classifying the human face. His statistical system was never meant to criminalize the face but it was later widely adopted by both the Eugenics movement and by the Nazis to do exactly that.

The online work automates Bertillon's speaking portraits and visualizes how today's systematic discrimination is aggregated, amplified and conveniently hidden behind the seemingly objective black box of AI.

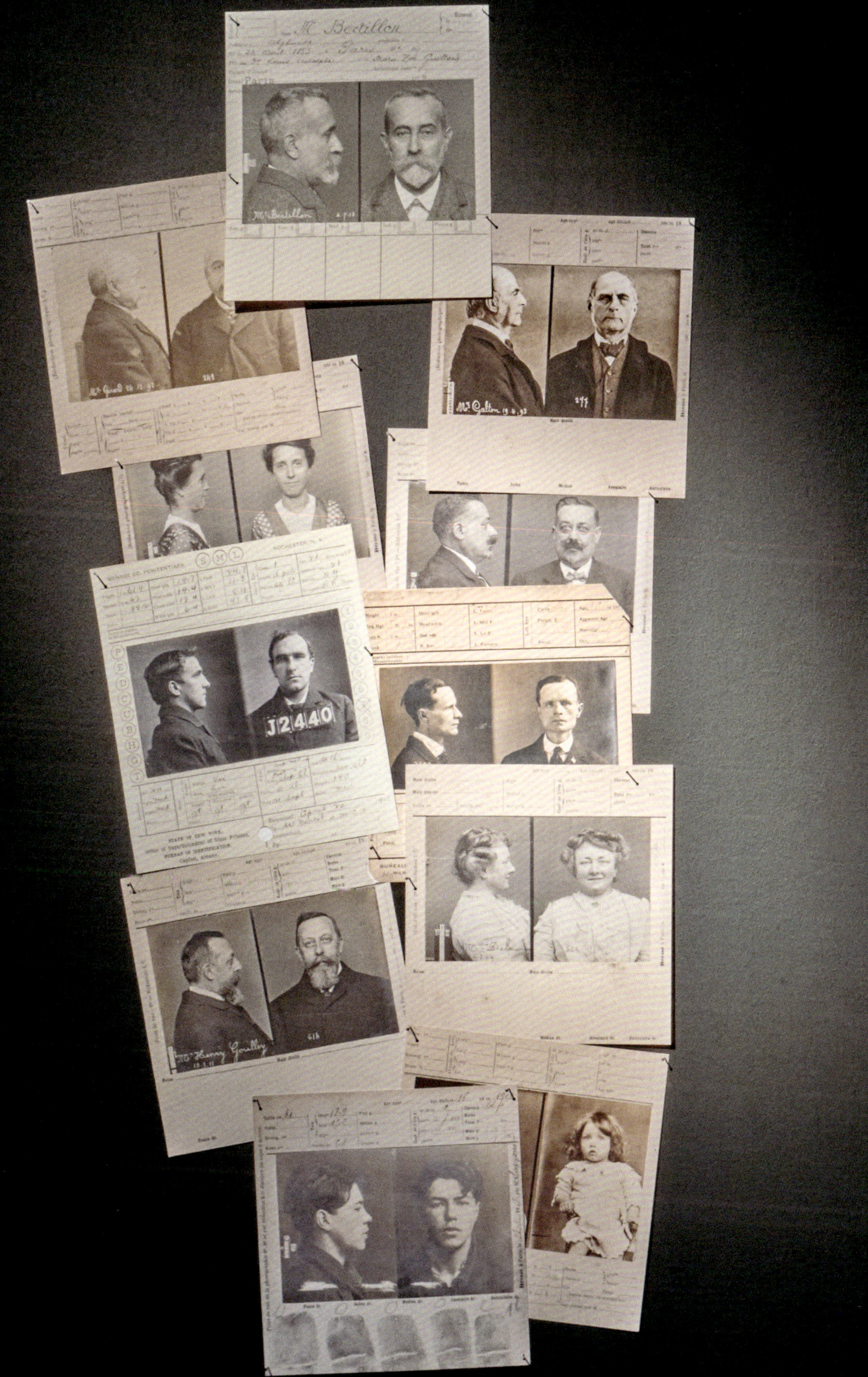

M. Bertillon
J2440
STATE OF NEW YORK
BUREAU OF IDENTIFICATION

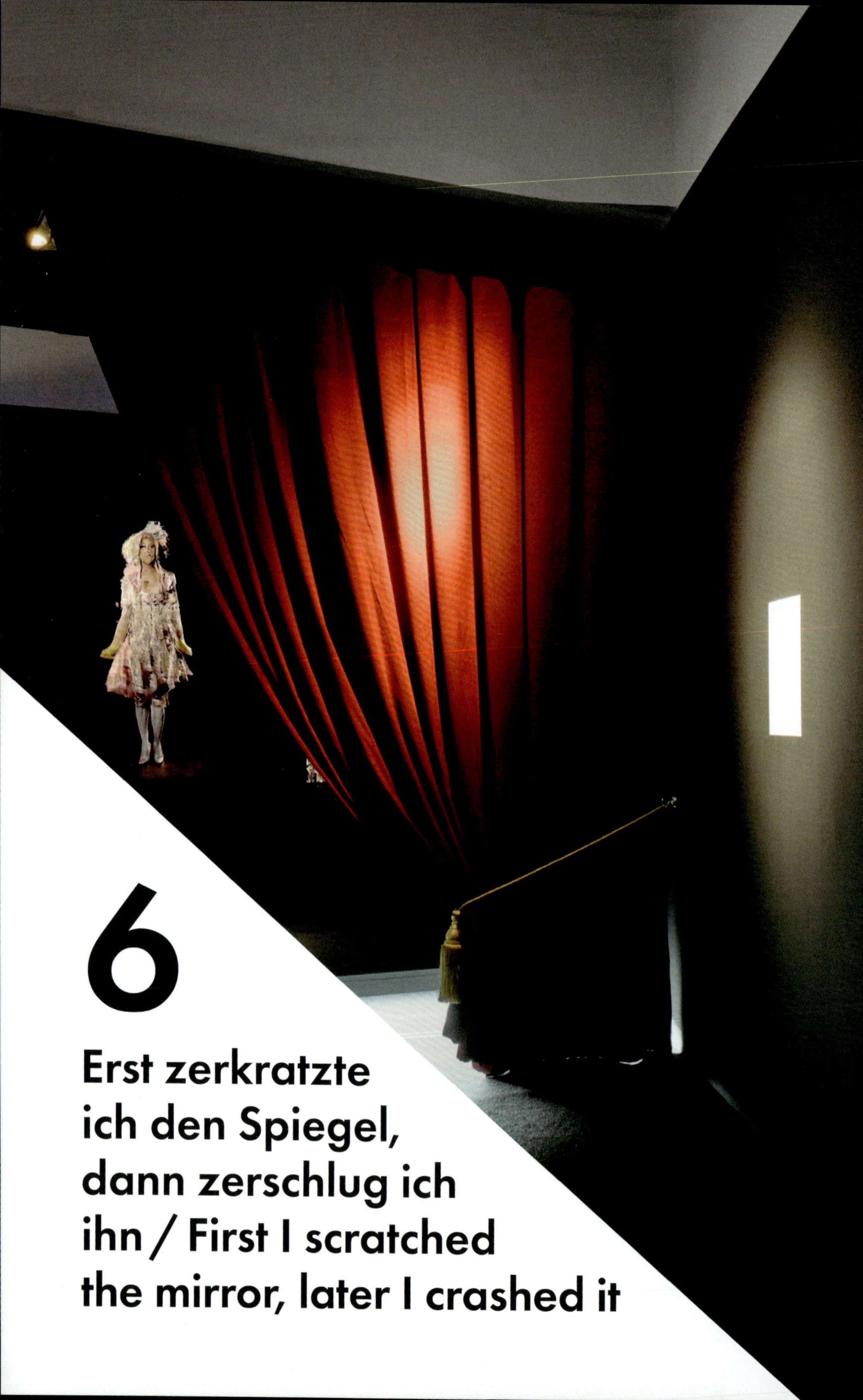

6

Erst zerkratzte ich den Spiegel, dann zerschlug ich ihn / First I scratched the mirror, later I crashed it

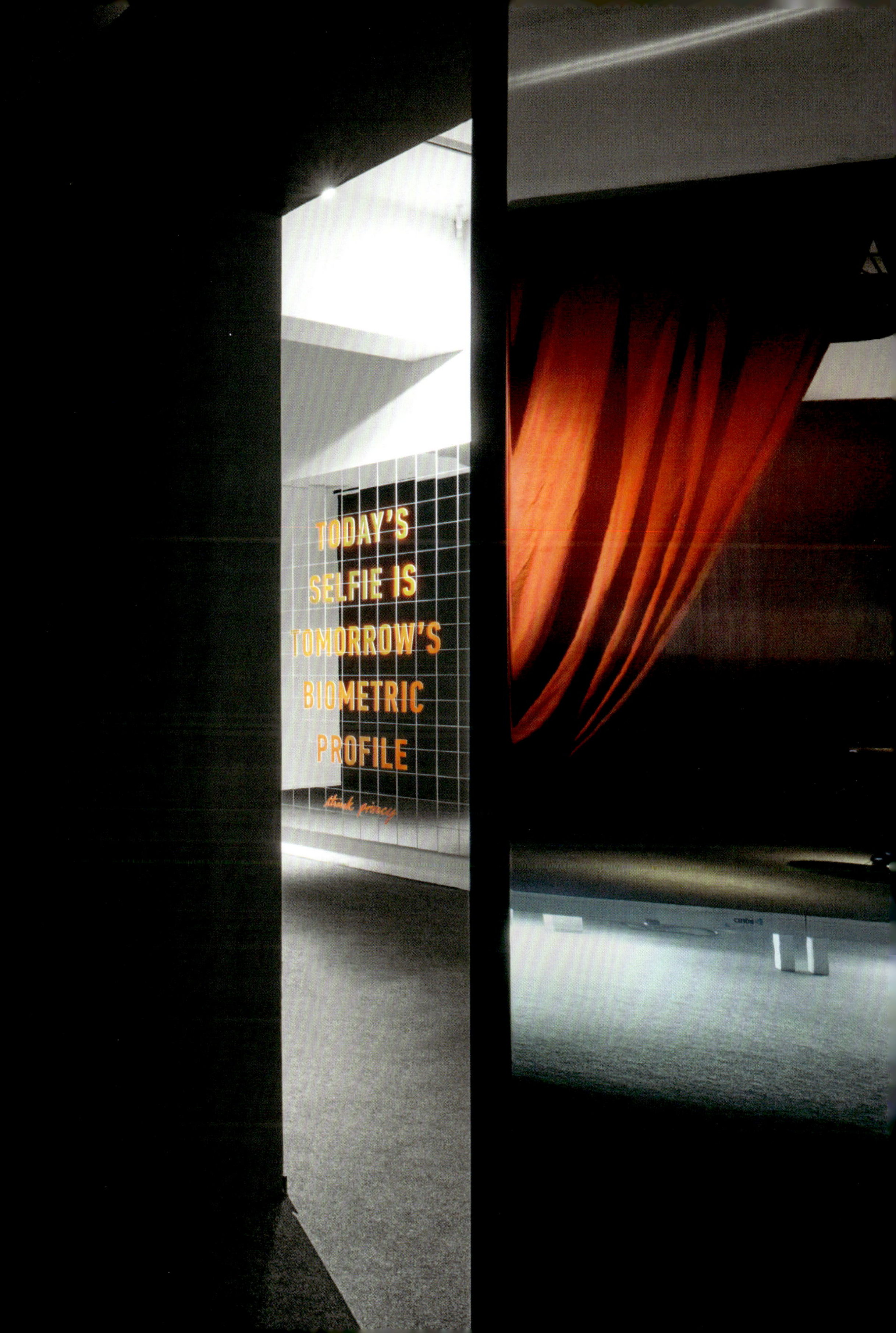
TODAY'S
SELFIE IS
TOMORROW'S
BIOMETRIC
PROFILE
think privacy

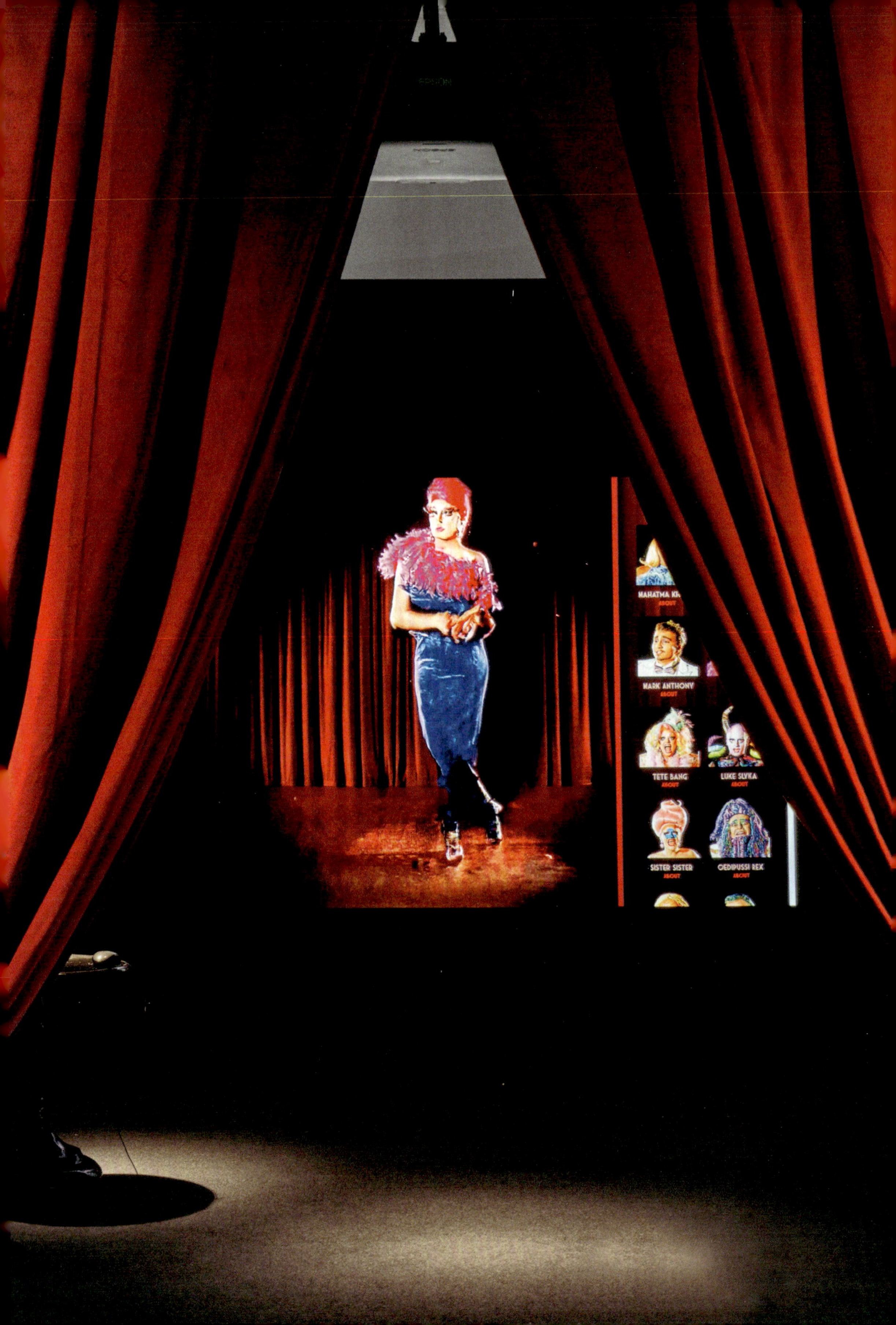
MAHATMA KH
ABOUT
MARK ANTHONY
ABOUT
TETE BANG
ABOUT
LUKE SLYKA
ABOUT
SISTER SISTER
ABOUT
OEDIPUSSI REX
ABOUT

JAKE ELWES

The Zizi Show
2020

Drag-Shows sind aus dem Fernsehen oder dem Varieté bekannt. Jake Elwes untersucht mit der „Zizi-Show", ob sich so eine Show auch mit den Mitteln der künstlichen Intelligenz schaffen lässt. Passen automatisch genormte Muster zu befreiender Kunst? Wie lässt sich künstliche Intelligenz für queere Lebensweisen einsetzen? Elwes geht mit einer Gruppe von Drag-Performer*innen diesen Fragen nach. Das KI-Programm erkennt zuerst die Posen der Tänzer*innen als Muster. Dann wendet es diese Muster an, um neue Tänze der verschiedenen Drags zu neuen Musikstücken zu erzeugen. Bühne frei für eine queere Daten-Performance!

Interaktive Website, Bühne, Vorhang, Computer, Projektion /
Interactive website, stage, curtain, computer, projection
https://zizi.ai/

DE

Drag-Shows, wie die *Zizi Show*, sind aus dem Fernsehen und Varieté bekannt. Mit dem aktuellen Projekt untersucht Jake Elwes, ob sich dieses Format auch mittels Mustererkennung von Künstlicher „Intelligenz" schaffen lässt und welche Arbeitsschritte dafür notwendig sind. Lässt sich automatisierte Mustererkennung jenseits normativer Datensätze verwenden? Oder anders formuliert, wie lässt sich Künstliche „Intelligenz" für queere Lebensweisen einsetzen? Dieser Frage geht Elwes gemeinsam mit einer Gruppe von Drag-Performer*innen nach. Das Projekt setzt auf zwei unterschiedliche technische Ansätze. Erstens nutzt es die Erkennung von Posen, d. h. von Körperhaltungen, und zweitens generiert es neue Bilder, die sich aus einem spezifischen Datensatz zusammen setzen, welcher auf die Posen angewendet wird. Die Daten für den Datensatz hat Elwes gemeinsam mit befreundeten Drag-Performer*innen geschaffen, sodass ihre Performances auf verschiedenste Musikstücke anpassbar sind. Bühne frei für eine queere Daten-Performance!

EN

Drag shows like the ***Zizi Show*** are now well-known from television and variety theatre. With the current project, the artist Jake Elwes investigates how this format can also be developed by means of pattern recognition by artificial 'intelligence', and details which work steps are necessary for this. Can automated pattern recognition be used beyond normative data sets? Or, to put it another way, how can artificial 'intelligence' be used for queering life?

Elwes explores this question together with a group of drag artists. The project relies on two technical approaches. In a first step, the ***Zizi Show*** uses pose detection, i.e. the recognition of body postures. The project then generates new images composed of a specific dataset, which is then applied to the poses. Elwes created the data set together with drag artist friends, so that their performances can be adapted to different pieces of music. Clear the stage for a queer data performance!

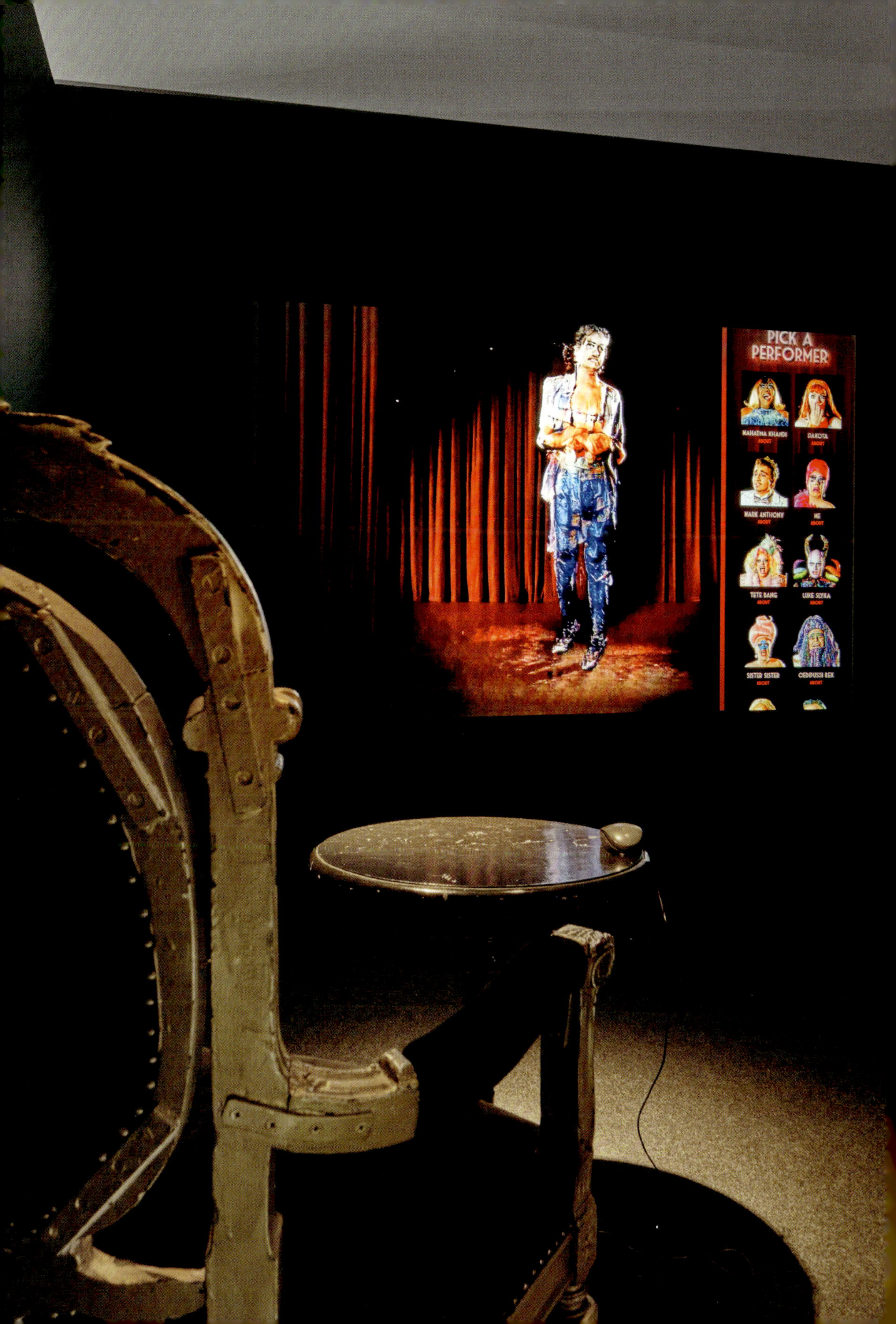
PICK A PERFORMER
MAHATMA KHANDI
ABOUT
DAKOTA
ABOUT
MARK ANTHONY
ABOUT
ME
ABOUT
TETE BANG
ABOUT
LUKE SLYKA
ABOUT
SISTER SISTER
ABOUT
OEDIPUSSI REX
ABOUT

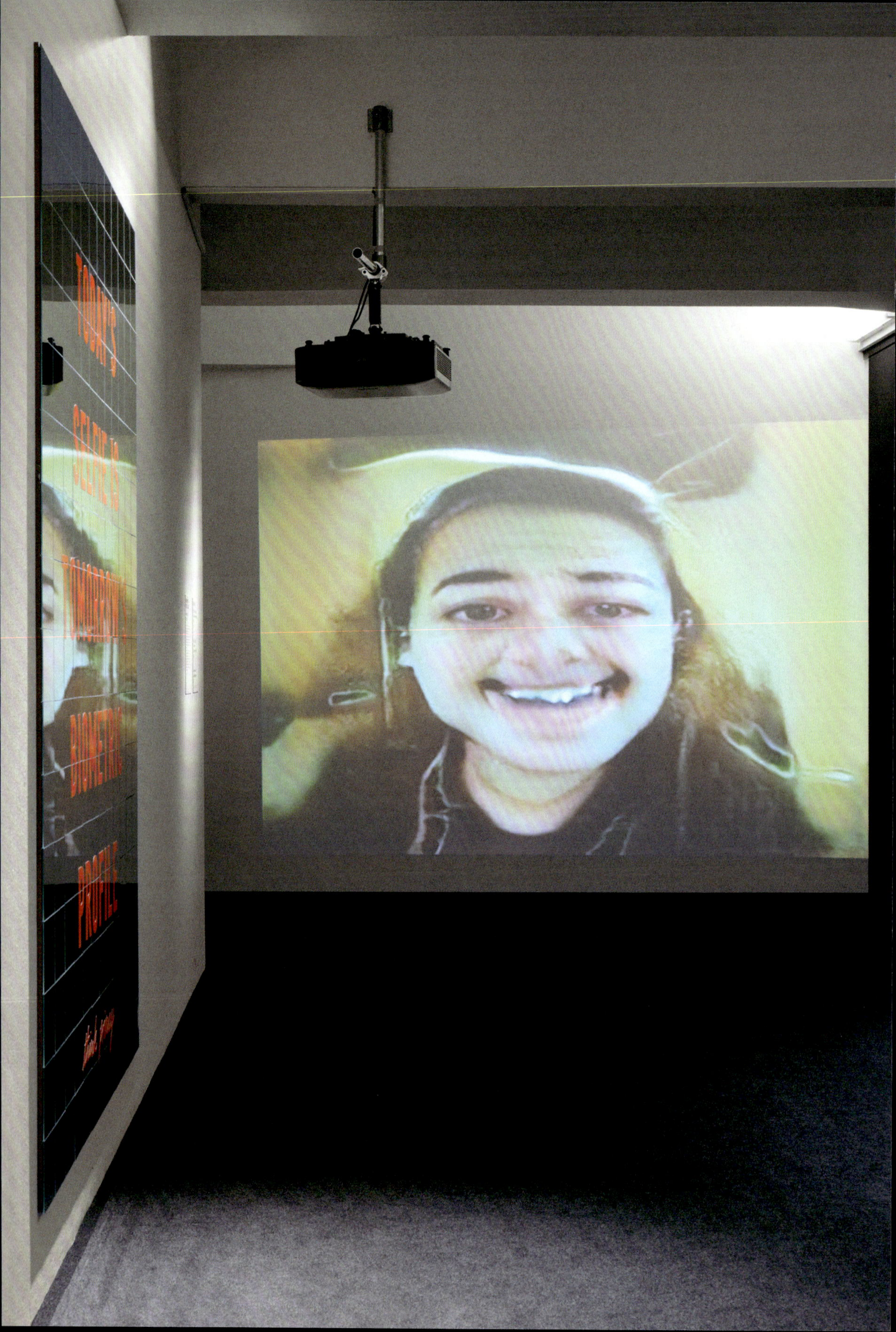
TODAY'S
SELFIE IS
TOMORROW'S
BIOMETRIC
PROFILE
think privacy

ADAM HARVEY + JULES LAPLACE

Exposing.ai

2021 –

Adam Harvey ist Künstler und Aktivist. Seit einigen Jahren beschäftigt er sich mit den Bildern, die benutzt werden, um die automatisierte Gesichtserkennung zu trainieren.

Der „UCF Selfie"-Datensatz enthält zum Beispiel 46.000 Instagram-Selfies. Sie werden jeweils mit 36 Begriffen zu Geschlecht, Hautfarbe oder der Gesichtsform verknüpft. Die Selfies werden ohne die Einwilligung der Personen genutzt.

Mit der Web-Seite *exposing.ai* möchte Harvey diese Praktiken aufdecken.

Seine Kampagne „Think Privacy" soll mehr Aufmerksamkeit auf die problematische Praxis der Gesichtserkennung lenken. Mit einem Generative Adversarial Network (GAN), einem besonderen Entwicklungsprogramm, erfindet er neue Selfies.

Auf einem Spiegel steht: „Today's Selfie Is Tomorrow's Biometric Profile." Man kann vor dem Spiegel ein Selfie machen, hochladen und so die hemmungslose Erfassung biometrischer Daten kommentieren.

Forschungsprojekt, Website, Spiegel mit Text, 180 × 240 cm, GAN-generierter Videoloop, 04:00 Min. / Research project, website, mirror with text, 180 × 240 cm, GAN generated video loop, 04:00 min.

weitere Arbeiten / further works:

***Adam Harvey: UCF Selfie Dataset GAN Anonymization Video,* 2018**

GAN-generierter Videoloop, 04:00 Min. / Video loop, GAN generated, 04:00 min.

***Adam Harvey: Today's Selfie Is Tomorrow's Biometric Profile,* 2016**

Spiegel mit Text, 180 × 240 cm / Mirror with text, 180 × 240 cm

***Interview mit Adam Harvey,* 2021**

Video, 30:00 Min., Interview von Francis Hunger, produziert im Rahmen des Forschungsprojekts *Training the Archive* (Ludwig Forum Aachen & HMKV Hartware MedienKunstVerein)

DE Seit mehreren Jahren forscht der Künstler und Aktivist Adam Harvey zu jenen Bilddatensätzen, die für das Trainieren automatisierter Gesichtserkennung verwendet werden. So hinterfragt er beispielsweise die Herkunft und Zusammensetzung des UCF Selfie-Datensatzes, welcher 46.000 Selfies enthält, die mit jeweils 36 Begriffen, zum Beispiel Geschlecht, Hautfarbe oder Gesichtszüge, annotiert sind. Woher die Selfies stammen? Von Instagram. Ohne Einwilligung der Abgebildeten. Mit der Website *exposing.ai* möchte Harvey derartige Praktiken aufdecken. Sein Spiegel *Today's Selfie Is Tomorrow's Biometric Profile* ist ein ironischer Kommentar, denn Harvey hofft, dass möglichst viele Selfies mit dem Spiegel entstehen und auf Instagram veröffentlicht werden. Die Nachricht ist Teil seiner Kampagne „Think Privacy", welche mehr Aufmerksamkeit für Gesichtserkennung schaffen soll. In einer Videoprojektion generiert er aus dem UCF Selfie-Datensatz mittels spezieller Algorithmen, sogenannter Generative Adversarial Networks, neue, fiktive Selfies. Harvey weist auf die problematische Praxis von Informatiker*innen hin, Bilddaten ohne Zustimmung aus dem Internet zu laden und zu Datensätzen zu vereinen. Einige Hersteller von Trainingsdatensätzen hat Harvey bereits dazu bewogen, ihre Sammlungen zurück zu ziehen.

EN For several years now, artist and activist Adam Harvey has been researching the image datasets used to train automated facial recognition. For example, he questions the origin and composition of the UCF selfie dataset, which contains 46,000 selfies, each annotated with 36 terms, such as gender, skin colour or facial features. Where did the selfies come from? From Instagram. Without the consent of those pictured. With the website Exposing.ai, Harvey wishes to expose such practices. His mirror "Today's Selfie Is Tomorrow's Biometric Profile" is an ironic commentary because Harvey hopes that as many selfies as possible will be published on Instagram. The message is part of his "Think Privacy" campaign to raise awareness about face recognition. On another wall, he projects newly generated, fictional selfies from the UCF selfie dataset using special algorithms, so-called Generative Adversarial Networks. Harvey points to the problematic practice of computer scientists downloading image data from the Internet without consent and combining them into datasets. Harvey has already persuaded some creators of training datasets to withdraw their collections.

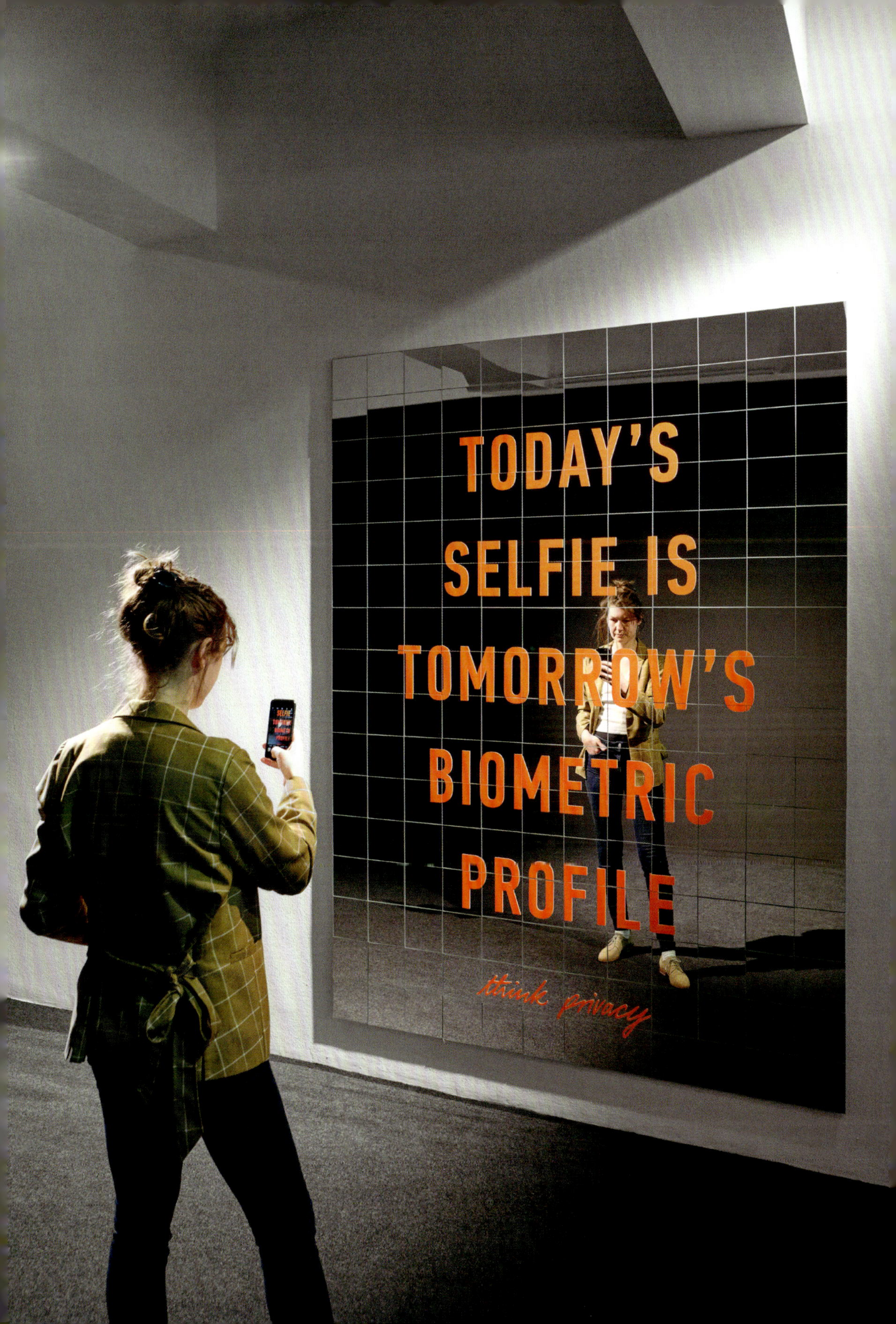
TODAY'S
SELFIE IS
TOMORROW'S
BIOMETRIC
PROFILE
think privacy

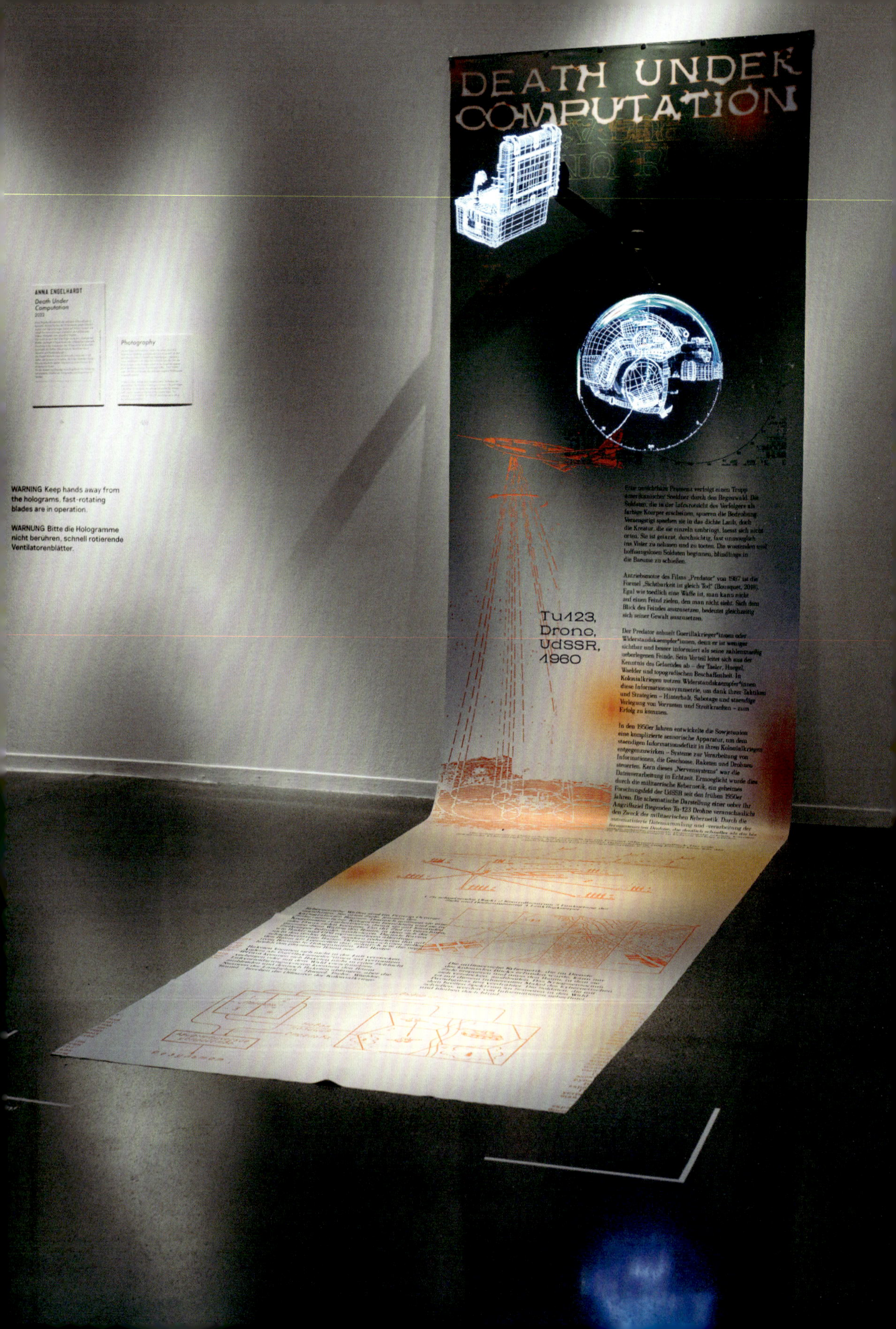

ANNA ENGELHARDT

Death Under Computation

Photography

WARNING Keep hands away from the holograms, fast-rotating blades are in operation.

WARNUNG Bitte die Hologramme nicht berühren, schnell rotierende Ventilatorenblätter.

DEATH UNDER COMPUTATION

Eine unsichtbare Praesenz verfolgt einen Trupp amerikanischer Soeldner durch den Regenwald. Die Soldaten, die in der Infrarotsicht des Verfolgers als farbige Koerper erscheinen, spueren die Bedrohung. Veraengstigt spaehen sie in das dichte Laub, doch die Kreatur, die sie einzeln umbringt, laesst sich nicht orten. Sie ist getarnt, durchsichtig, fast unmoeglich ins Visier zu nehmen und zu toeten. Die wuetenden und hoffnungslosen Soldaten beginnen, blindlings in die Baeume zu schießen.

Antriebsmotor des Films „Predator" von 1987 ist die Formel „Sichtbarkeit ist gleich Tod" (Bousquet, 2018). Egal wie toedlich eine Waffe ist, man kann nicht auf einen Feind zielen, den man nicht sieht. Sich dem Blick des Feindes auszusetzen, bedeutet gleichzeitig sich seiner Gewalt auszusetzen.

Tu123, Drone, UdSSR, 1960

Der Predator aehnelt Guerillakrieger*innen oder Widerstandskaempfer*innen, denn er ist weniger sichtbar und besser informiert als seine zahlenmaeßig ueberlegenen Feinde. Sein Vorteil leitet sich aus der Kenntnis des Gelaendes ab – der Taeler, Huegel, Waelder und topografischen Beschaffenheit. In Kolonialkriegen nutzen Widerstandskaempfer*innen diese Informationsasymmetrie, um dank ihrer Taktiken und Strategien – Hinterhalt, Sabotage und staendige Verlegung von Vorraeten und Streitkraeften – zum Erfolg zu kommen.

In den 1950er Jahren entwickelte die Sowjetunion eine komplizierte sensorische Apparatur, um dem staendigen Informationsdefizit in ihren Kolonialkriegen entgegenzuwirken – Systeme zur Verarbeitung von Informationen, die Geschosse, Raketen und Drohnen steuerten. Kern dieses „Nervensystems" war die Datenverarbeitung in Echtzeit. Ermoeglicht wurde dies durch die militaerische Kybernetik, ein geheimes Forschungsfeld der UdSSR seit den frühen 1950er Jahren. Die schematische Darstellung einer ueber ihr Angriffsziel fliegenden Tu-123 Drohne veranschaulicht den Zweck der militaerischen Kybernetik. Durch die automatisierte Datensammlung und -verarbeitung der

ANNA ENGELHARDT

Death Under Computation
2022

Anna Engelhardt erforscht alte und neue Infrastrukturen in Russland. Welche Formen des Widerstandes gegen Desinformation und Überwachungen bieten sie? Welche Formen sind nötig? Die Untersuchungen erscheinen als Publikationen, Videos, Webseiten oder physische Objekte. Hier sucht sie nach den Ursprüngen moderner „intelligenter" Waffen. Sie liegen in Experimenten der militärischen Kybernetik-Forschung in der Sowjetunion der 1950er Jahre. [Kybernetik beschreibt die (Selbst-)Steuerung von Maschinen durch Sensoren und Rückkopplungen.]
Die Projekt-Website www.machinic.info/ computation soll helfen, die Systeme zu verstehen, die in der russischen Kriegsführung eine Rolle spielen. Das kann zu neuen Formen des Widerstands führen.
Für die Ausstellung überträgt Anna Engelhardt ihre Forschung auf physische Objekte wie Hologramme und Diagramme auf Textilien.

Diagramme auf Textil (110 × 450 cm), Hologramme, Website, Text / Textile diagram, 110 × 450 cm, holograms, website, text, www.machinic.info/computation

DE Die Künstlerin Anna Engelhardt untersucht in ihrer recherchebasierten Praxis postsowjetische Infrastrukturen und mögliche Formen des Widerstands gegen staatliche Desinformation und Überwachung. Ihre Untersuchungen nehmen im Laufe der Zeit verschiedene Formen an, darunter Publikationen, Videos, Websites und physische Objekte. In ihrer aktuellen webbasierten Recherche geht sie den Ursprüngen zeitgenössischer russischer „intelligenter Waffen" in weitgehend unbekannten Experimenten der sowjetischen militärischen Kybernetikforschung in den 1950er Jahren nach. Die Projektwebsite www.machinic.info/computation soll anderen Forscher*innen und Aktivist*innen dabei helfen, die der gegenwärtigen russischen Kriegsführung zugrunde liegenden Systeme besser zu verstehen. Laut Engelhardt kann dies zu neuen Formen des Widerstands führen. Für die Ausstellung erweitert die Künstlerin ihren Essay um materielle Objekte und übersetzt die Inhalte der Webseite in physische Hologramme und textile Diagramme.

EN In her research-based practice, the artist Anna Engelhardt investigates post-Soviet infrastructures and possible modes of resistance to state disinformation and surveillance. Her investigations take on multiple forms of media as they develop over time, including publications, videos, websites and physical objects.

In her current web-based investigation, she traces how contemporary Russian 'smart weapons' are rooted in the largely unknown experiments of Soviet military cybernetic research in the 1950s. The project website www.machinic.info/computation is intended to help other researchers and activists understand the deeper systems at play in contemporary Russian warfare. This understanding, she proposes, can lead to new ways of resistance. Engelhardt extends the essay into material objects for the exhibition, translating the content of the site into physical holograms and textile diagrams.

DEATH UNDER COMPUTATION

Eine unsichtbare Praesenz verfolgt einen Trupp amerikanischer Soeldner durch den Regenwald. Die Soldaten, die in der Infrarotsicht des Verfolgers als farbige Koerper erscheinen, spueren die Bedrohung. Veraengstigt spaehen sie in das dichte Laub, doch die Kreatur, die sie einzeln umbringt, laesst sich nicht orten. Sie ist getarnt, durchsichtig, fast unmoeglich ins Visier zu nehmen und zu toeten. Die wuetenden und hoffnungslosen Soldaten beginnen, blindlings in die Baeume zu schießen.

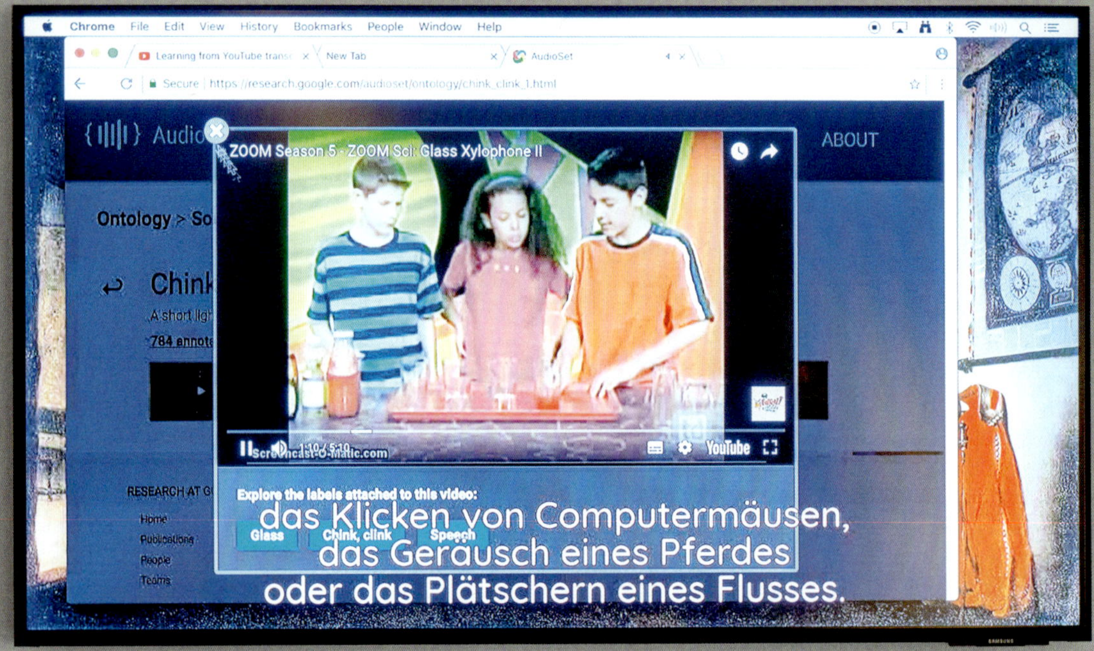
Chrome File Edit View History Bookmarks People Window Help
AudioSet
ZOOM Season 5 · ZOOM Sci: Glass Xylophone II
ABOUT
Explore the labels attached to this video:
Glass
Chink, clink
Speech
das Klicken von Computermäusen,
das Geräusch eines Pferdes
oder das Plätschern eines Flusses.

SEAN DOCKRAY

Learning from YouTube 2018

In *Learning from YouTube* stellt Sean Dockray eine Reihe von YouTube-Fenstern zu einer Bildschirmaufnahme zusammen, die über seinen Desktop läuft. Mit leiser Stimme trägt Dockray dazu eine Erzählung vor. Sie spricht über die heimtückischen Verbindungen zwischen YouTube, maschinellem Abhören und präventiver Polizeiarbeit.

Dockray greift den historischen Moment der Übernahme von YouTube durch Google auf. Er zeigt, wie Maschinen zum neuen Zielpublikum von YouTube werden. YouTube nutzt die Aktivitäten der Teilnehmer*innen (nämlich das Teilen von Videos) und setzt sie für ganz andere Ziele ein.

Dockray bindet sein Kunstwerk in dieselbe Feedbackschleife des maschinellen Lernens ein, indem er es auf YouTube hochlädt und präsentiert.

Learning from YouTube stellt ethische Fragen zu den Datenrechten beim maschinellen Lernen. Haben YouTube-Nutzer*innen Rechte an der Art und Weise, wie ihre hochgeladenen Inhalte verwendet werden? Welche Wertesysteme und Politik werden in die neuronalen Netze der Künstlichen Intelligenz eingebettet?

Einkanal-Single-Screen-Capture-Video, 11:32 Min. /
Single-channel screen-capture video, 11:32 min.
Courtesy the artist

DE

In *Learning from YouTube* arrangiert Sean Dockray eine Reihe von YouTube-Fenstern zu einer Bildschirmaufnahme, die über seinen Desktop-Browser läuft. Die Bilder werden von einer Erzählung überlagert, die Dockray mit leiser Stimme vorträgt und die die versteckten Verbindungen zwischen YouTube, maschinellem Abhören und präventiver Polizeiarbeit veranschaulicht.

Dockray greift einen entscheidenden Moment in der Geschichte des automatisierten Zuhörens auf – die Übernahme von YouTube durch Google – und beschreibt detailliert, wie Maschinen zum neuen Zielpublikum von YouTube werden und wie die Aktivitäten seiner Teilnehmer*innen (wie das Teilen von Videos) abgeschöpft und für völlig andere Zwecke eingesetzt werden. Durch das Hochladen und Präsentieren auf YouTube wird Dockrays Kunstwerk in dieselbe Feedbackschleife maschinellen Lernens eingebunden, die es erforscht.

Learning from YouTube wirft Fragen zur Ethik der Datenrechte im Zusammenhang mit maschinellem Lernen auf. Haben YouTube-Nutzer*innen Rechte an der Art und Weise, wie ihre hochgeladenen Inhalte verwendet werden? Welche Wertesysteme und politischen Vorstellungen werden in die neuronalen Netze der KI eingebettet?

EN

In ***Learning from YouTube***, Sean Dockray orchestrates an array of YouTube windows into a screen recording that is performed across his desktop browser. The images are overlaid with a quietly recounted narrative that illustrates the insidious connections between YouTube, machine listening and pre-emptive policing.

Revisiting one moment in the history of automated listening – Google's acquisition of YouTube – Dockray details how machines become the new target audiences of YouTube and how the video-sharing efforts of its participants are cannibalised and reframed for an entirely different agenda. By being uploaded and presented on YouTube, Dockray's artwork is composted into the same machine-learning feedback loop it explores.

Learning from YouTube raises questions around the ethics of data rights in relation to machine learning. Do YouTube users have rights to the way in which their uploaded content is used? What sorts of value systems and politics are being embedded into the neural networks of AI?

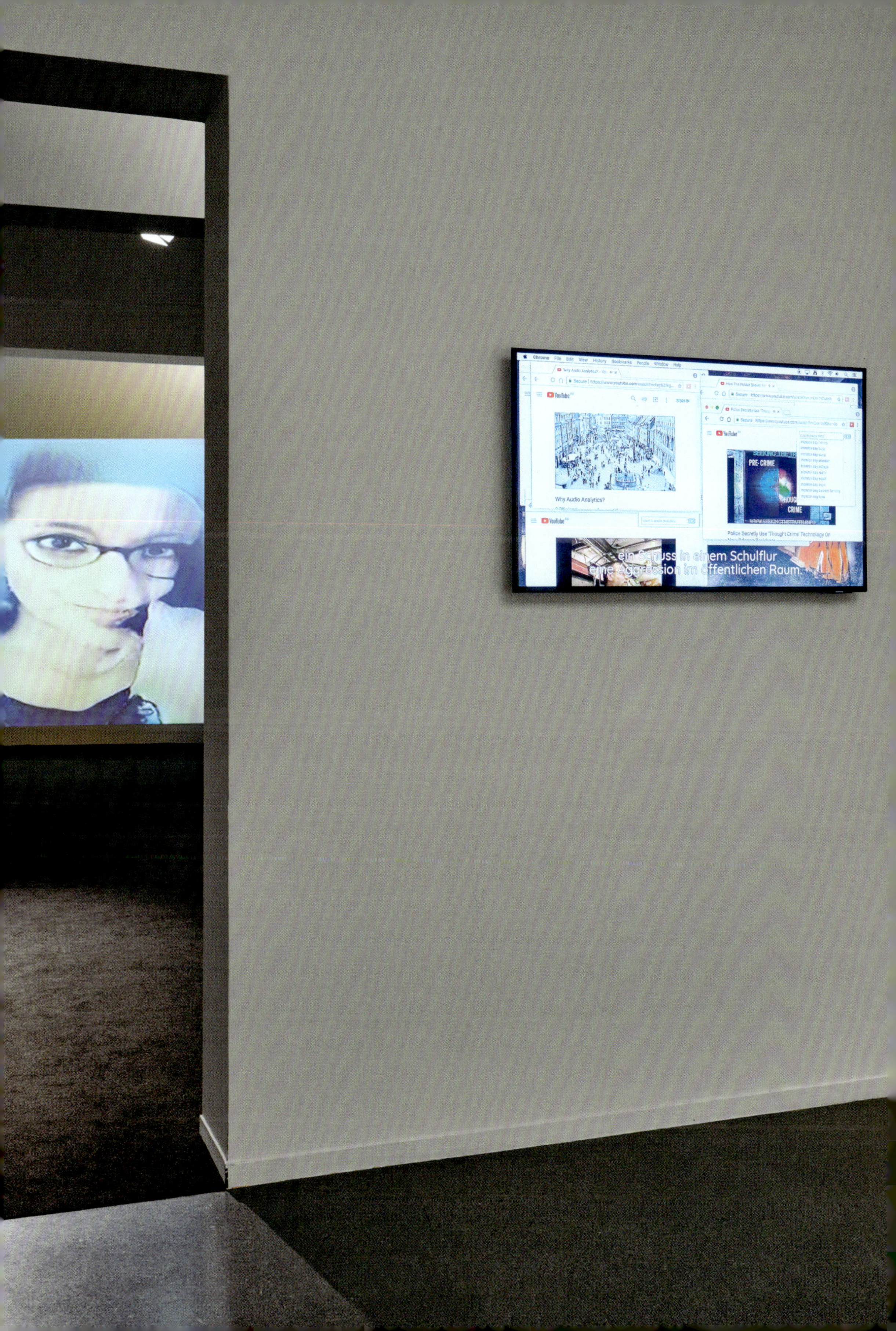
Chrome File Edit View History Bookmarks People Window Help
Why Audio Analytics?
PRE-CRIME
CRIME
Police Secretly Use 'Thought Crime' Technology On
ein Schuss in einem Schulflur
eine Aggression im öffentlichen Raum.

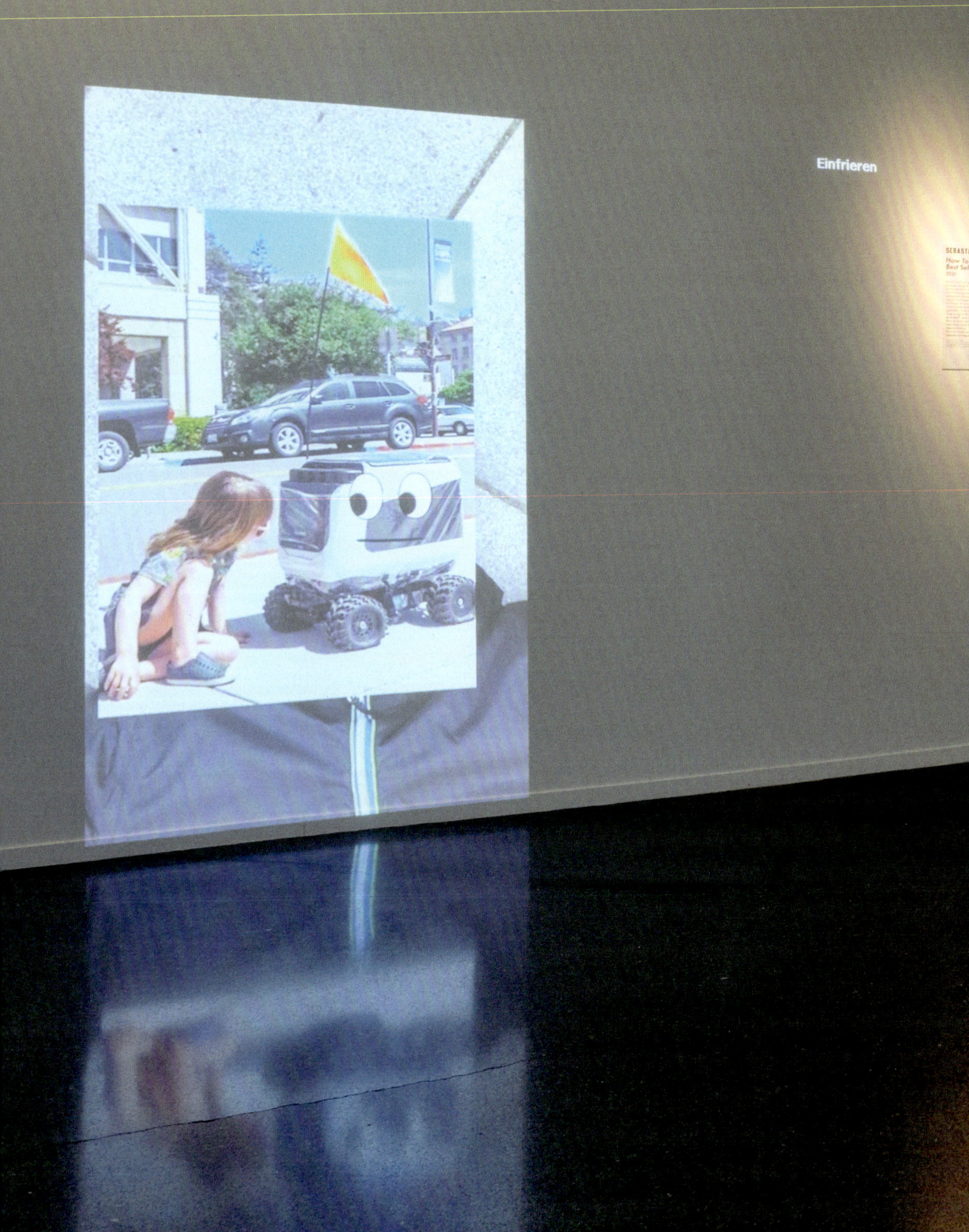
Einfrieren

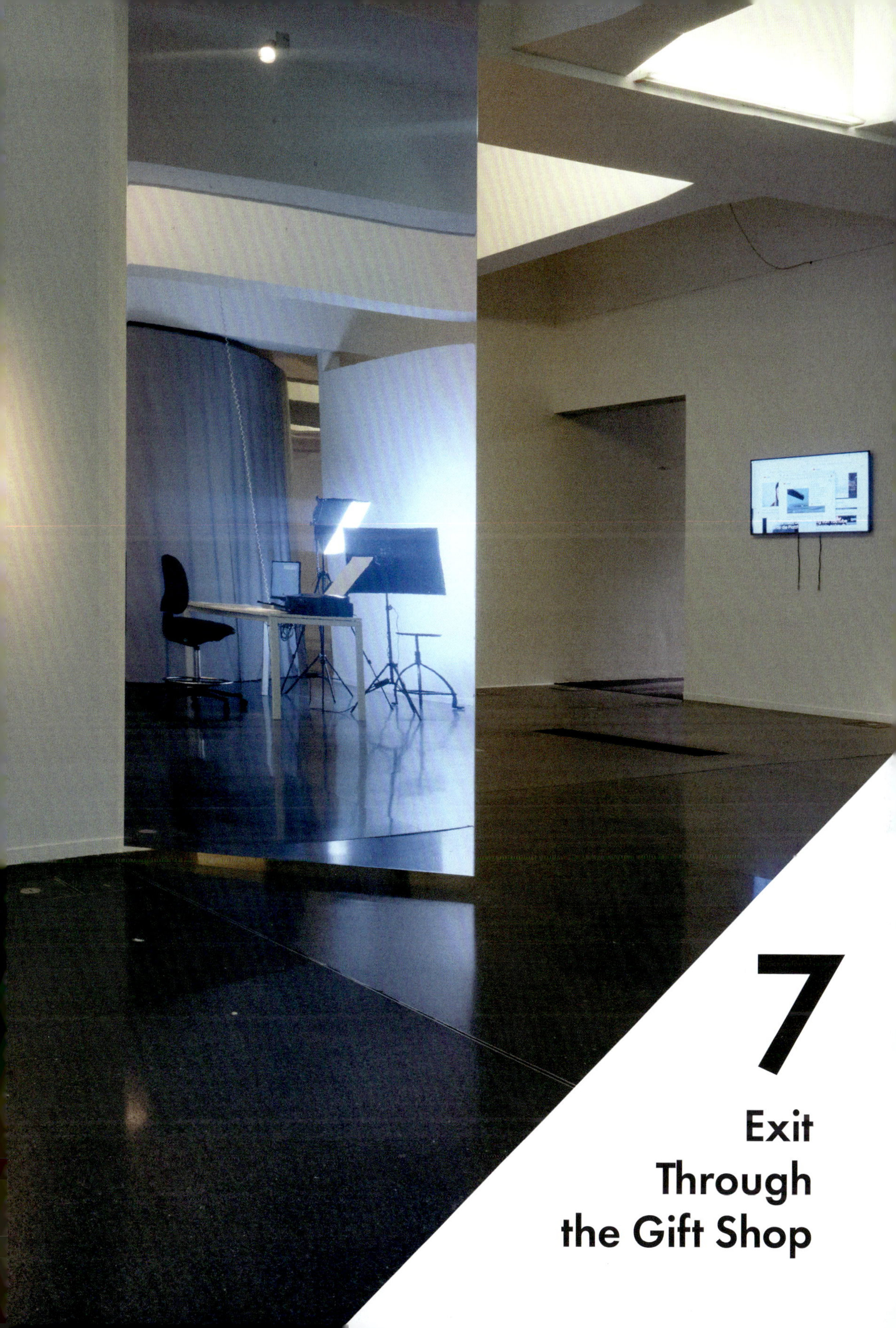

7

Exit Through the Gift Shop

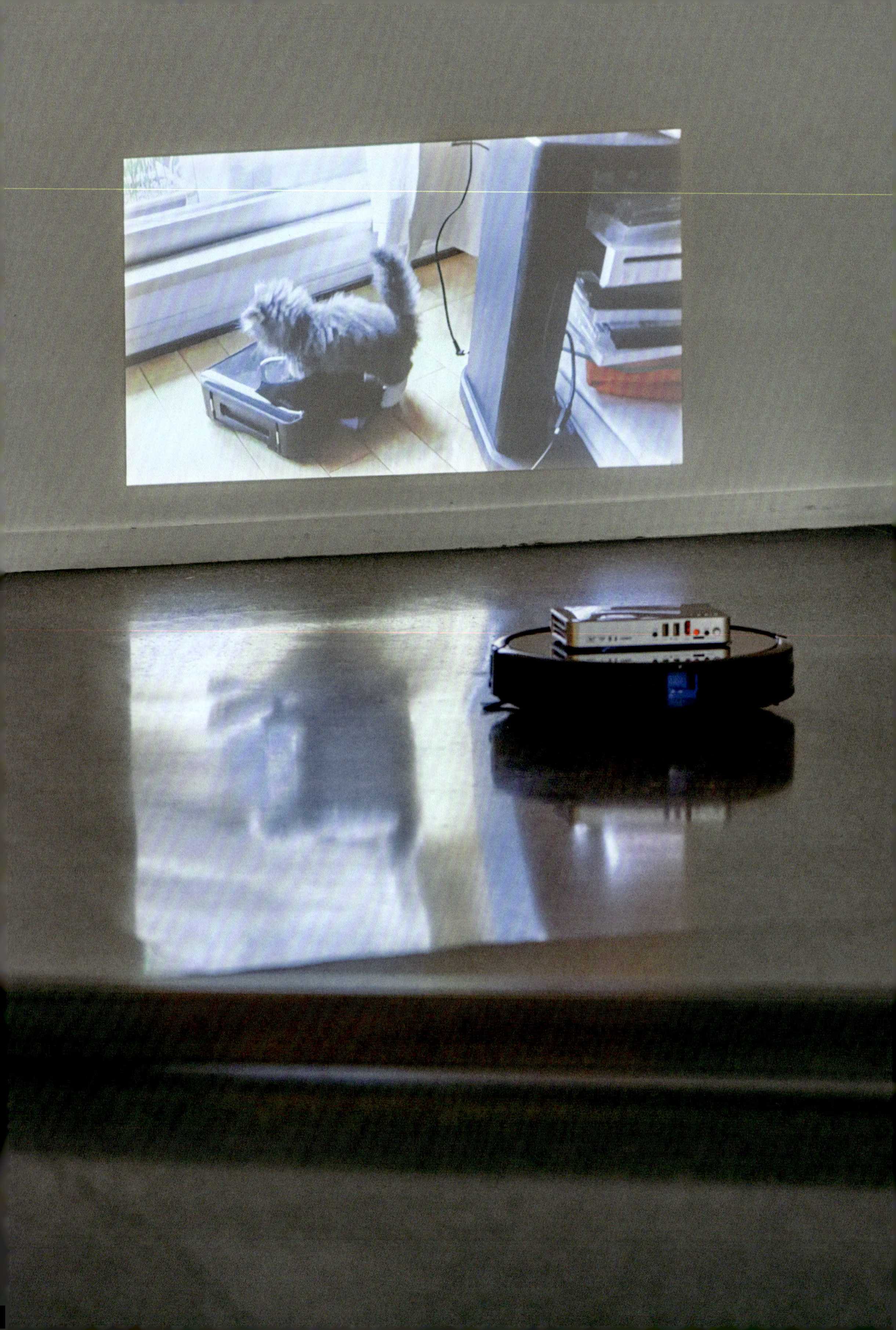

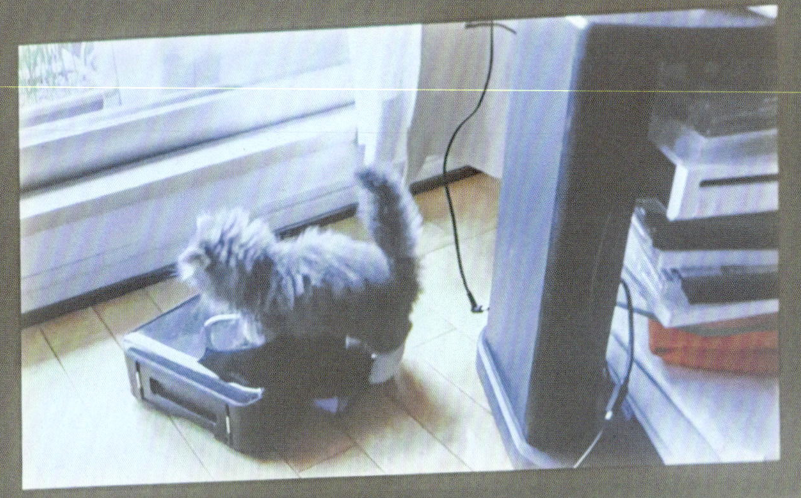

STÉPHANE DEGOUTIN + GWENOLA WAGON

Cat Loves Pig, Dog, Horse, Cow, Rat, Bird, Monkey, Gorilla, Rabbit, Duck, Moose, Deer, Fox, Sheep, Lamb, Baby, Roomba, Nao, Aibo
2017

Samuel Butler schreibt in seinem utopischen satirischen Roman *Erewhon* (1872): „Selbst wenn der Mensch für die Maschinen das wird, was [das Haustier] für den Menschen ist, wird er dennoch weiterleben. Der Mensch wird sich wahrscheinlich im häuslichen Zustand unter der wohlmeinenden Herrschaft der Maschinen in einer besseren Lage befinden als in der Wildnis, in der er sich jetzt befindet". In der Ausstellung fährt ein Staubsaugerroboter herum, der mit einem Mikroprojektor ausgestattet ist. Er säubert den Boden und projiziert dabei Videos von Haustieren, die sich auf Staubsaugerrobotern fortbewegen.

Die Arbeit *Cat Loves Pig …* sammelt Bilder von Begegnungen zwischen den Arten und zwischen Tieren und Maschinen. Es sind Zwiegespräche, von denen der Mensch ausgeschlossen ist. Eine Kommunikation unter Komplizen mit nicht-organischen Wesen, die neue Bündnissen (Kinship) eingehen. Die Arbeit besteht aus Videos, die Tiere zeigen, die auf die Rücken anderer Arten steigen, um sich fortzubewegen (Maus auf Schildkröte, Affe auf Ziege, Katze auf Staubsauger…), die von automatischen Geräten gefilmt werden, die Roboter filmen oder die sich bei unwahrscheinlichen Begegnungen mit einer Handkamera gegenseitig filmen.

Staubsaugerroboter, Videoprojektion, 04:00 Min. Loop / Vacuum cleaner robot, video projection

DE

„Selbst wenn der Mensch für die Maschinen das wird, was [das Haustier] für den Menschen ist, wird er dennoch weiterleben. Der Mensch wird sich wahrscheinlich im häuslichen Zustand unter der wohlmeinenden Herrschaft der Maschinen in einer besseren Lage befinden als in der Wildnis, in der er sich jetzt befindet", schreibt Samuel Butler in seinem utopischen satirischen Roman *Erewhon* (1872).
In der Ausstellung fährt ein Staubsaugerroboter herum, der mit einem Mikroprojektor ausgestattet ist. Er säubert den Boden und projiziert dabei Videos von Haustieren, die sich auf Staubsaugerrobotern fortbewegen. Die Arbeit veranschaulicht diese Vorstellung von Begegnungen zwischen den Arten und potenziellen Gesprächen zwischen Tieren und Maschinen, von denen der Mensch ausgeschlossen ist, von komplizenhafter Kommunikation mit nicht-organischen Wesen, von neuen Bündnissen (Kinship). Sie besteht aus Videos, die Tiere zeigen, die auf die Rücken anderer Arten steigen, um sich fortzubewegen (Maus auf Schildkröte, Affe auf Ziege, Katze auf Staubsauger...), die von automatischen Geräten gefilmt werden, die Roboter filmen oder die sich bei unwahrscheinlichen Begegnungen mit einer Handkamera gegenseitig filmen.

EN

"Even if the human being becomes that for machines what [the pet] is for humans, it will nonetheless survive. The human being will probably find itself in a better situation in a domesticated state under the benevolent rule of the machines than in the wilderness in which it now finds itself", Samuel Butler wrote in his satirical utopian novel ***Erewhon*** (1872).
In the exhibition, a vacuum cleaner robot equipped with a micro-projector moves around the room. It cleans the floor, projecting videos of pets riding on vacuum cleaner robots. The work ***Cat Loves Pig ...*** visualises this imagining of encounters between species, potential discussions between animals and machines, from which the human being is excluded, conspiratorial communication with non-organic beings and new alliances (kinship). It consists of videos showing animals that climb onto the backs of other species to move about (mouse on tortoise, monkey on goat, cat on vacuum cleaner...), which are filmed by automatic devices, by robots, or that film each other with a hand camera in unlikely encounters.

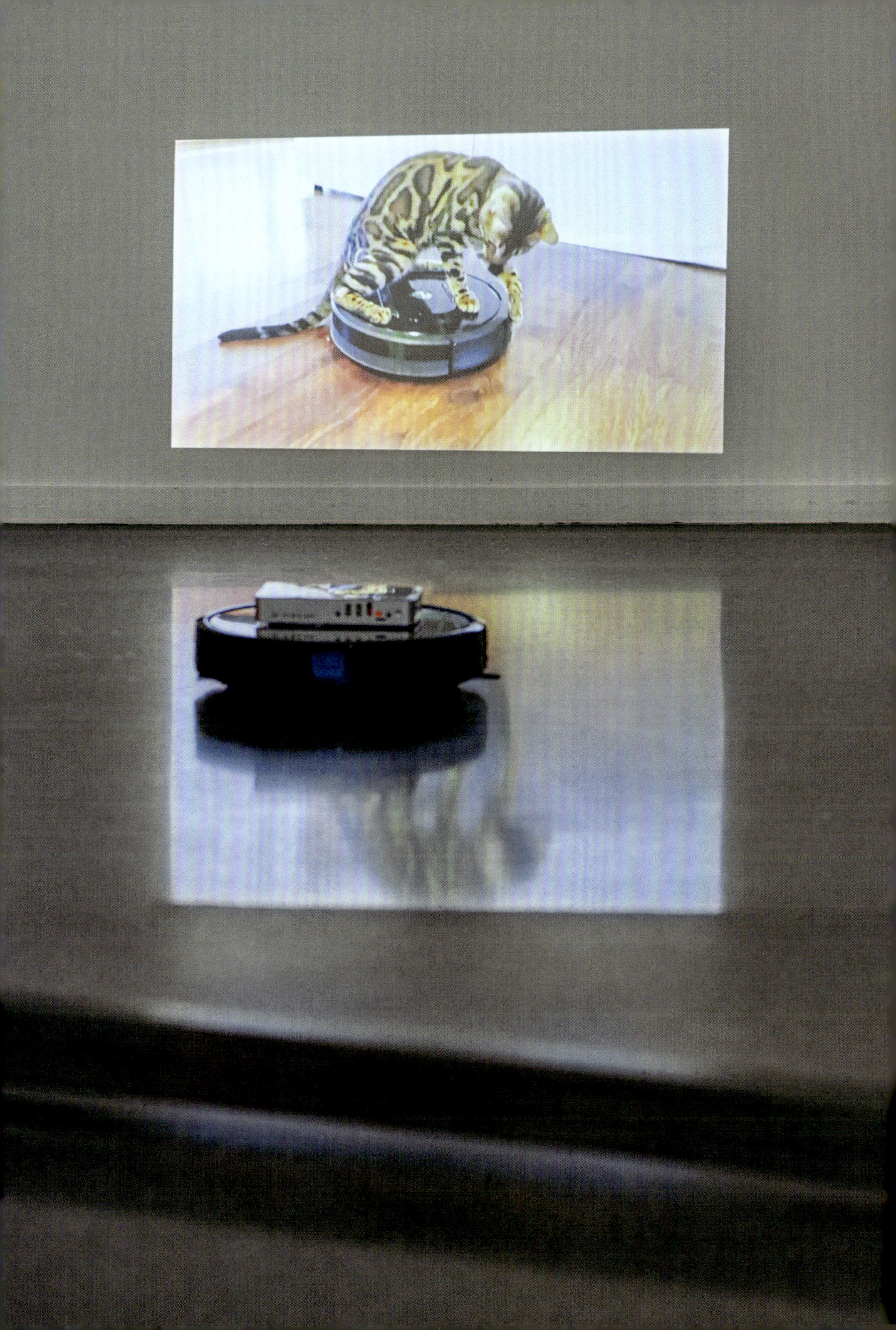

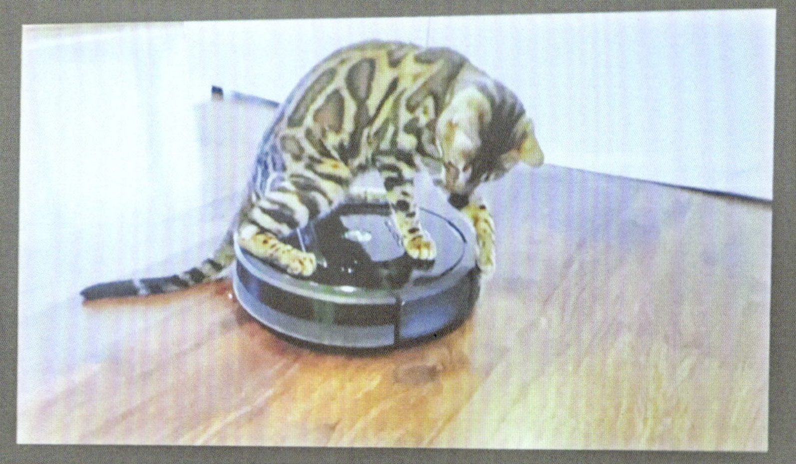

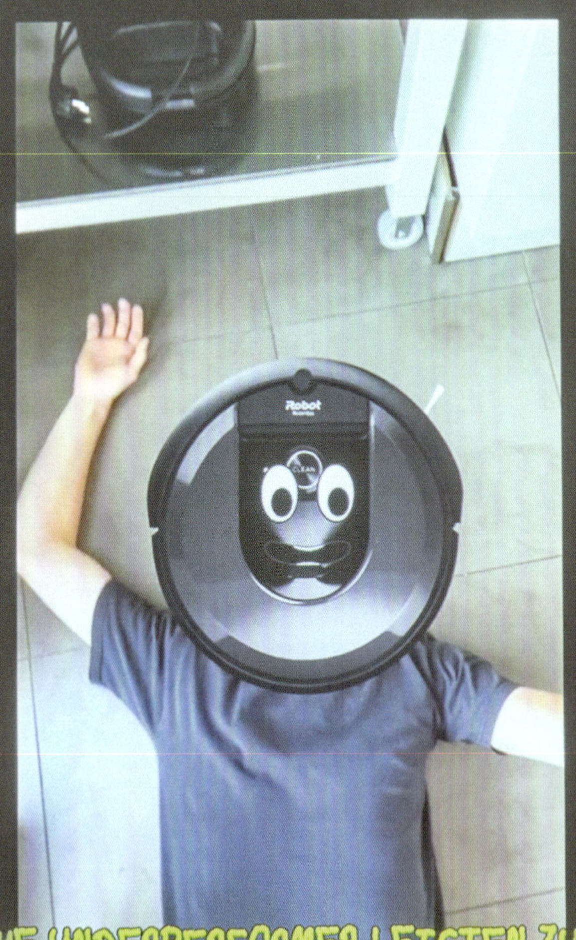
STRATEGISCHE UNDERPERFORMER LEISTEN ZU WENIG, WIE
DU KÜRZLICH GELESEN HAST

SEBASTIAN SCHMIEG

How To Give Your Best Self Some Rest

2021

Müsst Ihr auch den ganzen Tag produktiv sein und Höchstleistungen bringen? Da kann Künstliche Intelligenz helfen! Der Künstler Stefan Schmieg hält ‚intelligente' Maschinen wie etwa Staubsaugerroboter oder digitale Assistent*innen für „strategische Underperformer", also Geräte, die ständig hinter unseren Erwartungen zurück bleiben.

Das können wir ausnutzen, wenn wir zum Beispiel behaupten, unsere E-Mails würden von einem digitalen Assistenten geschrieben. In der Signatur entschuldigen wir uns dafür: „Diese e-mail wurde von meinem digitalen Assistenten geschrieben – seien Sie nachsichtig, er tut sein Bestes."

Wenn wir keine Lust haben, aus dem Haus zu gehen, ist das Smart Home schuld. Es lässt uns wegen schlechter Gesundheitsdaten nicht hinaus. Kurz: wir müssen nur so gut sein wie die smarten Geräte. Sebastian Schmieg nennt das „Ästhetik der Distanzierung".

Video, 04:25 Min., Website, https://how-to-give-your-best-self-some.rest/
Auftragsarbeit für / Commissioned by Haus der Elektronischen Künste Basel
für die Online Ausstellung / for the online exhibition *Hybrid by Nature: Human.Machine.Interaction*

DE Müsst Ihr auch den ganzen Tag produktiv sein und Höchstleistungen erbringen? Folgt man Sebastian Schmieg, so könnte KI Abhilfe bieten – aber anders, als erwartet! Der Künstler bezeichnet ‚intelligente' Maschinen – wie Staubsaugerroboter, Smart Locks, Lieferroboter und digitale Assistent*innen – als „strategische Underperformer", an denen wir uns ein Beispiel nehmen sollten. Wie das? Indem man z. B. so tut, als sei eine e-mail nicht von einem selbst, sondern von einem digitalen Assistenten geschrieben worden und sich dafür in der e-mail-Signatur entschuldigt: „Diese e-mail wurde von meinem digitalen Assistenten geschrieben – seien Sie nachsichtig, er tut sein Bestes." Wenn man keine Lust hat, das Haus zu verlassen, behauptet man einfach, dass einen das Smart Home nicht rauslässt – auf der Basis von Gesundheitsdaten. Fazit: Wir müssen nur so gut sein wie die smarten Geräte, die – so der Künstler – „strategisch unterdurchschnittliche Ergebnisse" liefern. Sebastian Schmieg bezeichnet das augenzwinkernd als „Ästhetik der Distanzierung".

EN Do you have to be productive and provide top performances all day long? According to Sebastian Schmieg, AI could help – but differently than expected! The artist defines 'intelligent' machines, like vacuum cleaner robots, smart locks, delivery robots and digital assistants, as "strategically underperforming smart devices", which we should adopt as role models. How so? By, for example, acting as if an e-mail is not written by oneself, but instead by a digital assistant, and apologising for this in the e-mail signature: "This e-mail is written by my AI assistant – bear with it, it's doing its best." If you do not want to leave the house, simply claim that the smart home will not let you out – on the basis of health data. Summary: We only need to be as good as the smart devices, which, according to the artist, provide "strategically below average results". Sebastian Schmieg describes this with a wink as the "aesthetics of detachment".

THE AESTHETIC OF DETACHMENT

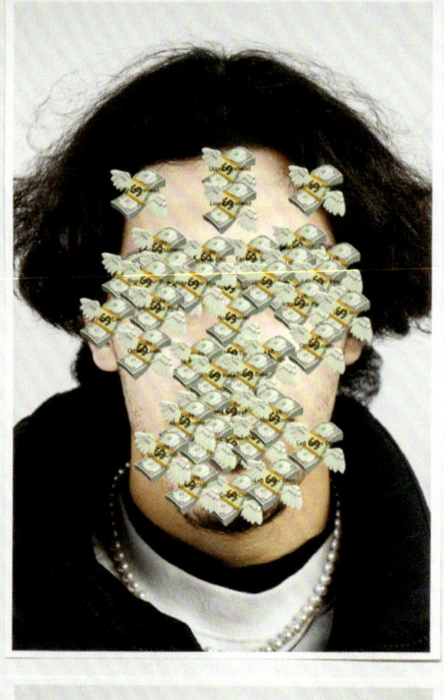

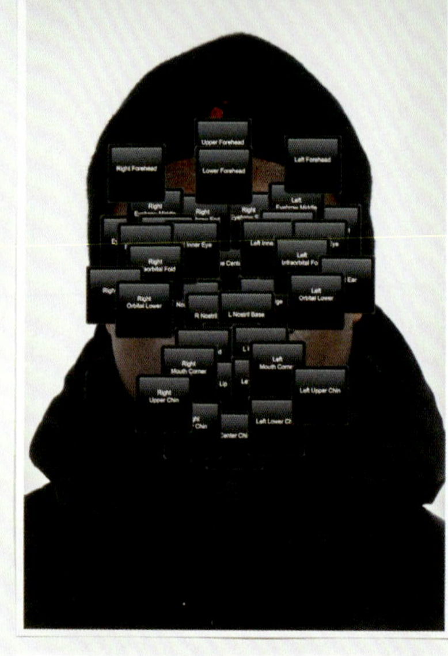

Upper Forehead
Right Forehead
Lower Forehead
Left Forehead
Right Orbital Lower
L Nostril Base
Right Mouth Corner
Left Mouth Corner
Right Upper Chin
Left Upper Chin

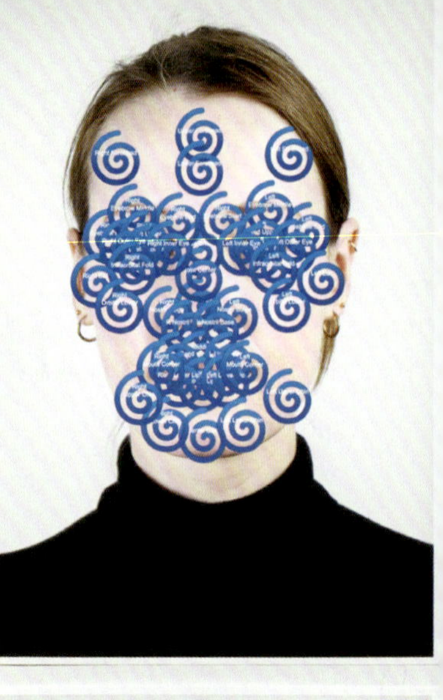

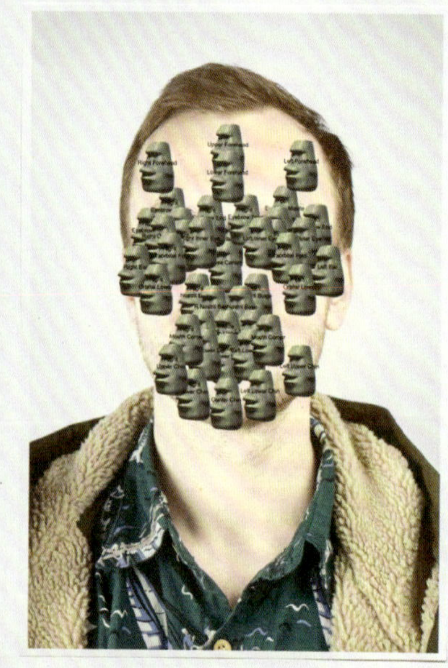

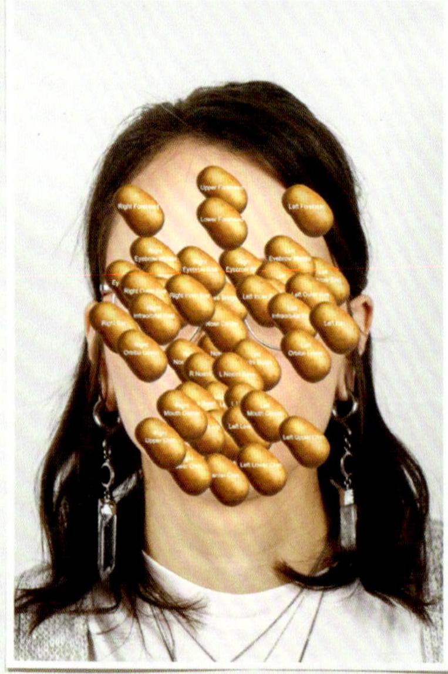

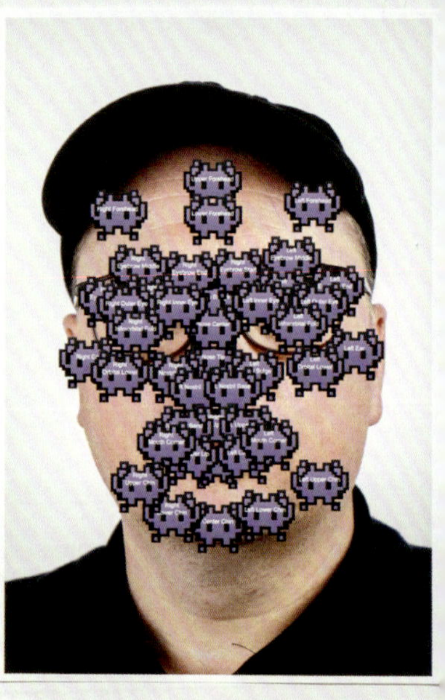

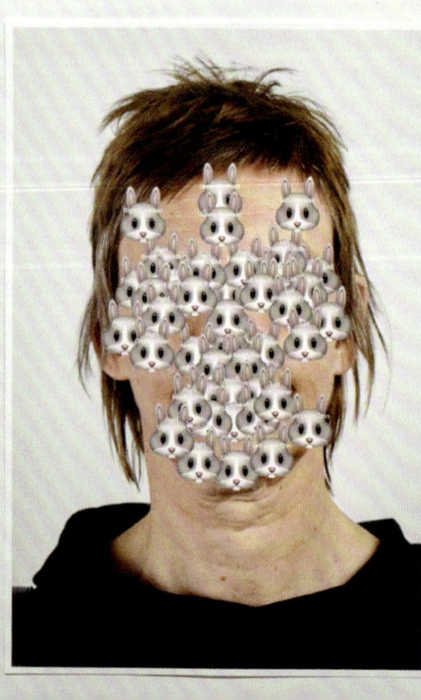

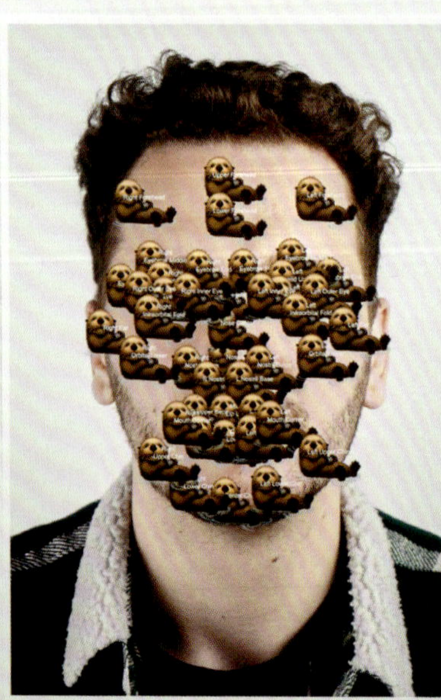

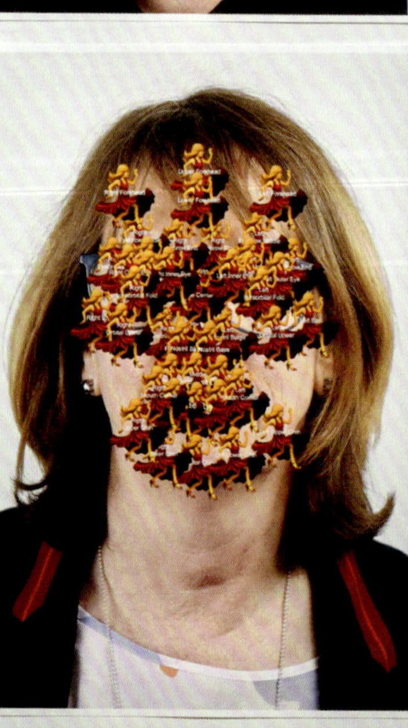

ARAM BARTHOLL

Hyper-normalisation
2021

Dieser „Exit Through the Gift Shop" ist besonders! Die Besucher*innen der *House of Mirrors*-Ausstellung sind eingeladen, ihr Porträt in einem Fotostudio aufnehmen zu lassen. Das Foto wird von einer Gesichtserkennungssoftware analysiert. Die Besucher*innen wählen ein Emoji aus. Die typischen Markierungspunkte der Gesichtserkennung (Nasenspitze, linke Augenbraue, Kinn, u.a.) werden durch das ausgewählte Emoji ersetzt. Es entsteht eine digitale Maske. Das Bild wird auf A3 Fotopapier ausgedruckt und kann mit nach Hause genommen werden.

Gesichtserkennung, Emojis, Tintenstrahldrucke auf Papier, 483 × 329 mm /
Face recognition, emojis, inkjet on paper, 483 × 329 mm

DE Dieser „Exit Through the Gift Shop" (dt. „Ausgang durch den Geschenkeladen") ist ein ganz besonderer. Die Besucher*innen der *House of Mirrors*-Ausstellung werden am Ende des Ausstellungsrundgangs eingeladen, ihr Porträt in einem Fotostudio aufnehmen zu lassen. Das Foto wird anschließend von einer Gesichtserkennungssoftware analysiert. Im nächsten Schritt wählen die Teilnehmer*innen ein Emoji aus, mit dem die Software ihre Gesichtszüge nachzeichnet, also quasi „übererkennt". Die typischen Markierungspunkte der Gesichtserkennung (Nasenspitze, linke Augenbraue, Kinn, u.a.) werden durch die ausgewählten Emojis ersetzt. Das mit den Emojis bedeckte Porträt wird zu einer Maske, die die eigentliche Person verbirgt. Das so entstandene Bild wird vor Ort auf A3-Fotopapier gedruckt und kann von den Teilnehmer*innen mit nach Hause genommen werden.

EN This 'Exit Through the Gift Shop' is a very special one. At the end of the parcours, visitors to the ***House of Mirrors*** exhibition are invited to have their portrait taken in a photo studio. The photo is then analysed by a face recognition software. In the next step, the participants select an emoji, with which the software 'over-recognises' their facial features. The typical mark points of face recognition (tip of nose, left eyebrow, chin, etc.) are replaced with the chosen emojis. Covered in emojis, the portrait becomes a mask that hides the actual person. The resulting picture is printed on site on A3 photo paper for the participants to take home.

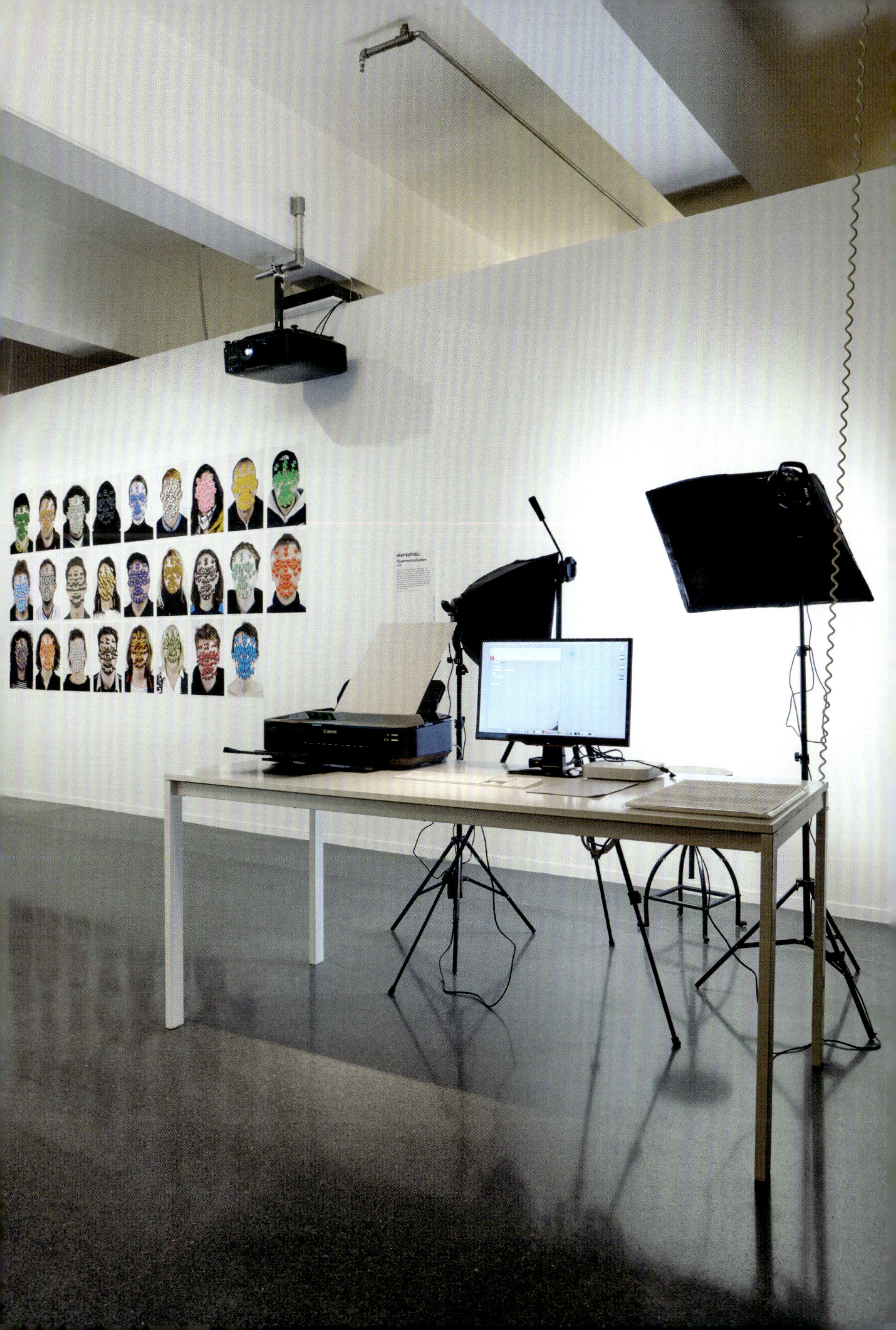
ARAM BARTHOLL
Hypernormalisation
Canon

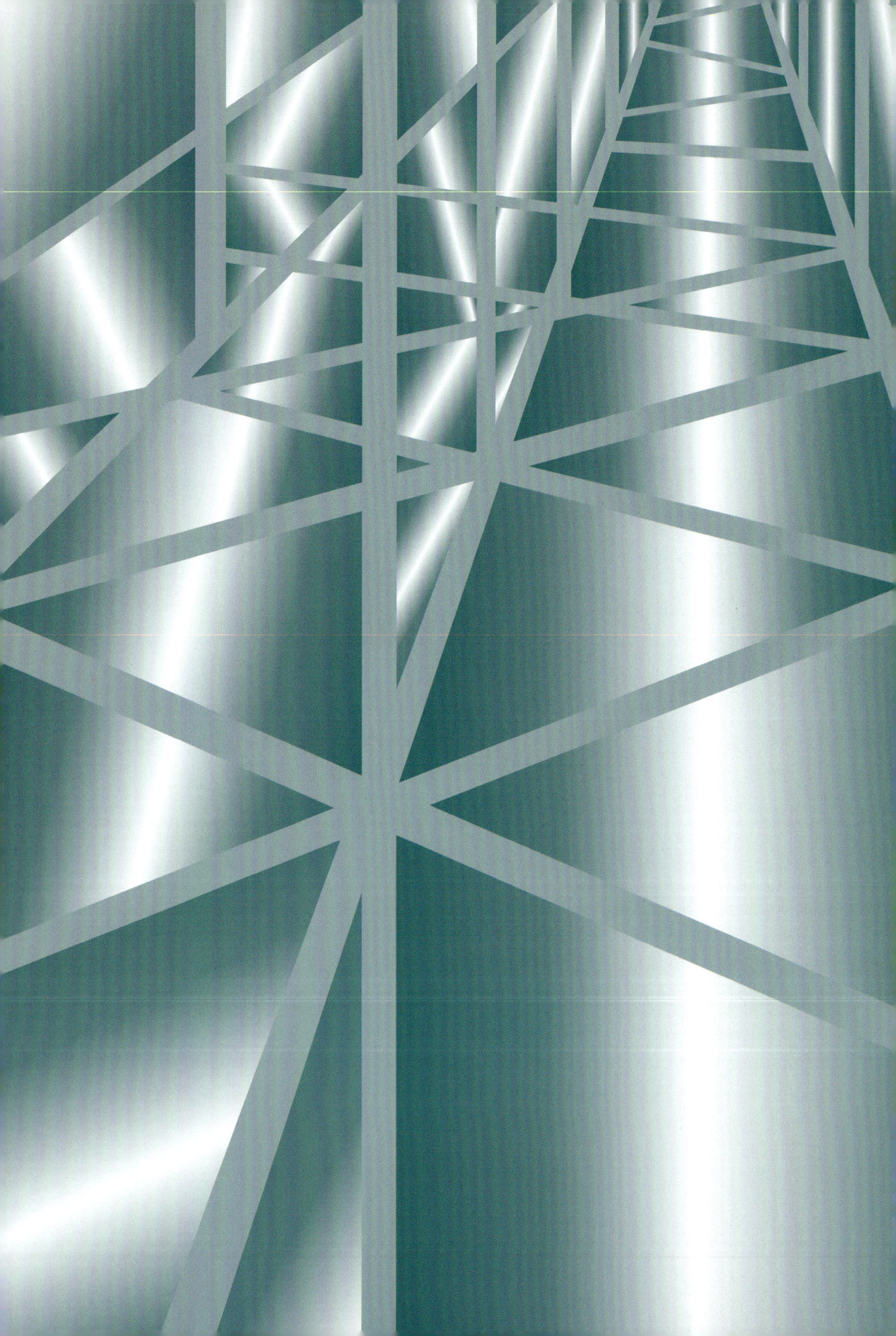

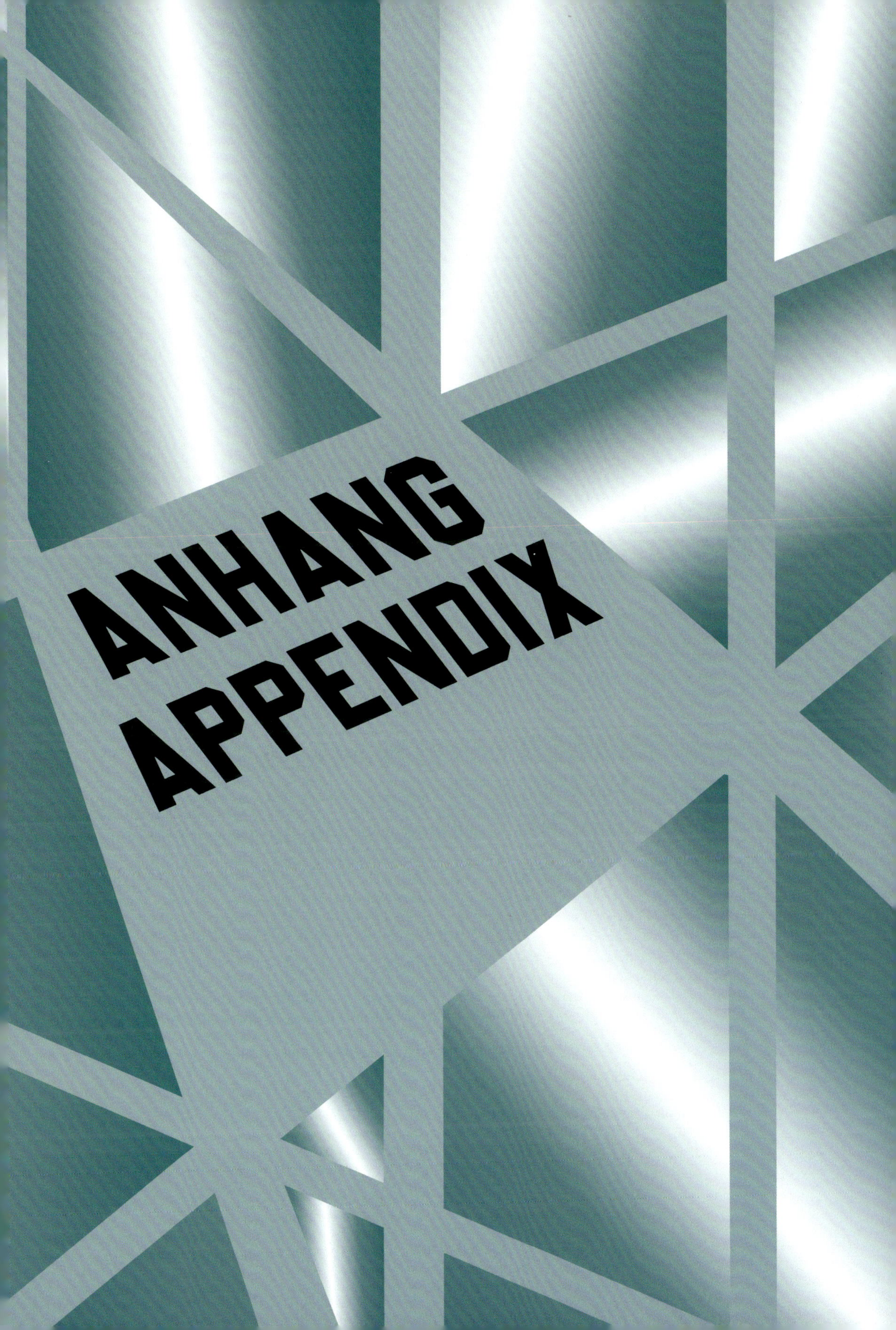
ANHANG
APPENDIX

BIOGRAFIEN DER KÜNSTLER*INNEN

ARAM BARTHOLL, * 1972 in Bremen, Studium an der UdK – Universtät der Künste Berlin, 2002, lebt und arbeitet in Berlin. Aram Bartholl befragt mittels seiner skulpturalen Interventionen, Installationen sowie performativen Workshops unser gegenwärtiges Medienverhalten sowie die Öffentlichkeitsökonomien, die an soziale Netzwerke, Online-Plattformen oder digitale Verbreitungsstrategien geknüpft sind. Gesellschaftlich relevante Themen wie Überwachung, Datensicherheit oder Technikabhängigkeit stellt er zur Diskussion, in dem er die Lücken, Widersprüchlichkeiten oder Absurditäten unseres digitalen Alltags in räumliche Settings überführt. Dabei entstehen einerseits teils groteske Konfrontationen mit der eigenen Ignoranz gegenüber einem global agierenden Plattformkapitalismus, anderseits nutzt er auch die Potentiale des öffentlichen Raums, um Netzwerkaktivitäten als politische Formen der Teilhabe auf analoger Ebene neu zu verhandeln. Damit stößt Aram Bartholl mittels seiner Arbeiten einen performativen Prozess an, der es ermöglicht, das individuelle Handeln wieder innerhalb eines kollektiven und selbstbestimmten Netzwerk-Diskurses zu verstehen. Formal und konzeptuell greift er in seinen künstlerischen Arbeiten auf die Ästhetiken, Codes und Kommunikationsmuster zurück, mit denen auch User auf YouTube, Instagram oder in Videospielen agieren. Die gezielte Kontextualisierung vergegenwärtigt die Logiken des Internets und unterwandert sie gleichzeitig anhand ihrer eigenen Verwertungsstrategien.
Neben zahlreichen Vorträgen, Workshops und Performances wurden seine Arbeiten international u.a. im MoMA Museum of Modern Art, Palais de Tokyo, Hamburger Bahnhof, Seoul Museum of Art, der Thailand Biennale, der Venedig Biennale und bei den Skulptur Projekten Münster ausgestellt.

PIERRE CASSOU-NOGUÈS ist Philosoph. Seine Arbeit basiert auf einer theoretischen Nutzung der Fiktion. Er nutzt die Fiktion als Methode, um das Mögliche und seine Grenzen zu erforschen. Auf diese Weise will er der Philosophie sowohl einen spekulativen Rahmen als auch eine kritische Wirkung verleihen: Die Fiktion ermöglicht es dem Philosophen, das Reale im Lichte des Möglichen zu betrachten. Mehr auf seiner Website hier: https://pierrecassounogues.org/index.php/bio-2/

STÉPHANE DEGOUTIN und **GWENOLA WAGON** kämpfen gegen die geplante Obsoleszenz der Menschheit, prangern die Automatisierung der Verarbeitung von Produkten, Leben und Daten an, fordern Forscher*innen auf, nackt, aber mit dem Netz verbunden, im Wald zu leben, experimentieren mit alternativen Lebensstilen in der Hyperinformationsgesellschaft, untersuchen die Umwelt des Internets, sammeln virale Bilder der Müllgesellschaft, erkunden die Mythologie des internationalen Flughafens, veranstalten Burn-out-Partys, werben für die Liebe zwischen den Arten, fangen Lebensenergie ein, die durch künstliche Berge zirkuliert, lassen sich mit gegen ihren ursprünglichen Zweck eingesetzten Geolokalisierungstechnologien treiben, bauen bewohnbare Miniaturparadiese, analysieren die Stadt anhand ihres öffentlichen Raums, kapern eine Suchmaschine, erfinden Utopien für entlegene Gebiete, vermessen den virtuellen Globus, durchstreifen die Pariser Vororte, wandern durch Betoninseln.

SEAN DOCKRAY ist Künstler und Autor, der sich in seiner Arbeit mit der Politik der Technologie befasst, mit besonderem Schwerpunkt auf künstlichen Intelligenzen und dem algorithmischen Web. Er ist einer der Gründungsdirektoren der gemeinnützigen Telic Arts Exchange in Los Angeles und Initiator der Wissensaustauschplattformen The Public School und AAAARG.ORG. Derzeit arbeitet Sean zusammen mit dem Rechtswissenschaftler James Parker und dem Kurator Joel Stern an einem langfristigen Forschungsprojekt über „maschinelles Zuhören", in dessen Rahmen diskursive Programme auf dem Unsound Festival und dem NTU CCA in Singapur entstanden sind.
Zu den jüngsten Ausstellungen gehören *Don't Be Evil* im Kunstmuseum der University of Queensland (AU), *Eavesdropping* in der City Gallery, Wellington (NZ), *OPEN SCORES: How to program the commons* in der panke.gallery, Berlin (DE), und *Part of the Labyrinth*, 10. internationale Biennale für zeitgenössische Kunst in Göteborg (SE). Zu seinen jüngsten Auftritten und Präsentationen gehören *Patent Futures* auf dem Automated Culture Symposium, das von der Culture Media Economy Group der Monash University veranstaltet wurde, und *Automation Takes Control* auf der Konferenz des Data, Systems and Society Research Network der University of Melbourne über unstrukturierte Daten.
In seinen Artikeln befasst er sich mit Themen wie Künstliche Intelligenz (*Artlink*), Online-Bildung (*Frieze*), die Militarisierung von Universitäten (in *Contestations: Learning from Critical Experiments in Education*), Buchscanning (*Fillip*), Verkehrskontrolle (*Cabinet*) und Radio (*Volume*). Sean ist Senior Lecturer und Leiter des Fachbereichs Skulptur und räumliche Praxis an der Australian National University.

JAKE ELWES (they/them) ist ein*e Medienkünstler*in, lebt und arbeitet in London. They/them studierten an der Slade School of Fine Art, UCL (2013–17). In ihren jüngsten Arbeiten erforschen sie maschinelles Lernen und Künstliche Intelligenz. In ihrer Praxis suchen sie nach Poesie und Erzählungen in den Erfolgen und Fehlern dieser Systeme, während sie gleichzeitig den Code und die

Ethik hinter diesen untersuchen und hinterfragen. Ihre aktuellen Arbeiten im Rahmen des Zizi-Projekts untersuchen die Voreingenommenheit von KI, indem Datensätze mit Drag-Performer*innen verfremdet werden, die KI-Systeme gleichzeitig entmystifizieren und untergraben.
Jakes Arbeiten wurden in internationalen Museen und Galerien ausgestellt, darunter das ZKM, Karlsruhe (DE), TANK Museum, Shanghai (CN), Today Art Museum, Peking (CN), CyFest, Venedig (IT), Edinburgh Futures Institute (UK), Zabludowicz Collection, London (UK), Frankfurter Kunstverein (DE), New Contemporaries 2017 (UK), Ars Electronica 2017 (AT), Victoria and Albert Museum, London (UK), LABoral Centro (ES), Nature Morte, Delhi (IN), RMIT Gallery (AU), Centre for the Future of Intelligence (UK) und sie waren im Fernsehen zu sehen: ZDF aspekte (DE) und BBC Arts (UK).

In ihrer forschungsbasierten Praxis untersucht die Künstlerin **ANNA ENGELHARDT** post-sowjetische Infrastrukturen und mögliche Formen des Widerstands gegen staatliche Desinformation und Überwachung. Ihre Untersuchungen nehmen verschiedene Medienformen an, die sich im Laufe der Zeit entwickeln, darunter Publikationen, Videos, Websites und physische Objekte. In ihrer aktuellen webbasierten Untersuchung geht sie der Frage nach, inwieweit die heutigen russischen „intelligenten Waffen" ihre Wurzeln in den weitgehend unbekannten Experimenten der sowjetischen militärischen Kybernetikforschung der 1950er Jahre haben. Die Projektwebsite, die auf www.machinic.info/computation verfügbar ist, soll anderen Forscher*innen und Aktivist*innen helfen, die Systeme zu verstehen, die in der heutigen russischen Kriegsführung eine Rolle spielen. Dieses Verständnis, so schlägt sie vor, kann zu neuen Formen des Widerstands führen. Engelhardt erweitert den Essay für die Ausstellung in materielle Objekte, indem sie den Inhalt der Website in physische Hologramme und Textildiagramme übersetzt.

NICOLAS COURAULT, *1991, ist ein französischer Künstler und Filmemacher, der an zeitgenössischen Kunstschulen wie Le Fresnoy, Studio national des arts contemporains, aber auch in visuellen Studien an der Ecole des Hautes Etudes en Sciences Sociales oder bei Forensic Architecture ausgebildet wurde. Seine Arbeit ist von dieser doppelten Ausbildung geprägt und zielt darauf ab, visuelle Themen mit politischen Anliegen zu verbinden, indem er eine dokumentarische Kritik der neuen Medien übt. Er konzentriert sich auf die Formen der Alterität, die sich in sogenannten kontrollierten Räumen widersetzen. Er hat mit dem Studio Forensic Architecture (UK) zusammengearbeitet. Seine Arbeiten wurden an Orten für zeitgenössische Kunst wie dem Centre Pompidou (FR), dem ZKM | Zentrum für Kunst und Medien (DE), la Cité internationale des arts (FR) und Le musée de la Chasse et de la Nature (FR) ausgestellt, aber auch auf Filmfestivals wie Cinéma du Réel (FR), Hot Docs (CA), Sheffield Doc|Fest (UK), Festival Nouveaux Cinéma (CA), Festival dei Popoli (IT), IndieLisboa (PT), E Tudo Verdade (BR), Punto de Vista (ES).

ADAM HARVEY (US/DE) ist ein Künstler und technischer Forscher, der sich mit Computer Vision, Privatsphäre und Überwachung beschäftigt. Er lebt und arbeitet in Berlin, ist Absolvent des Interactive Telecommunications Program an der New York University (2010) und ist der Schöpfer des *VFRAME.io* Computer-Vision-Projekts, des *Exposing.ai*-Datensatz-Projekts und des *CV Dazzle* Computer-Vision-Tarnkonzepts. Harveys Forschung und Kunstwerke wurden in prominenten Medien wie der *New York Times, The Wall Street Journal, Nature, The New Yorker, Frankfurter Allgemeine Zeitung, Süddeutsche Zeitung, The Washington Post, Le Monde, The Guardian, BBC, Economist* und der *Financial Times* veröffentlicht; und in international anerkannten Institutionen und Veranstaltungen gezeigt wie dem V&A Museum (UK), Seoul Mediacity Biennale (KR), Istanbul Design Biennale (TK), Frankfurter Kunstverein (DE), Zeppelin Museum (DE), Utah Museum of Contemporary Art (US) und Kemper Museum of Contemporary Art (US). Kürzlich entwickelte Harvey *VFRAME*, ein Computer-Vision-Projekt für Menschenrechtsforscher*innen, die an OSINT-Untersuchungen arbeiten. *VFRAME* erhielt 2019 einen Award of Distinction der Ars Electronica, war 2018 für den EU STARTS Preis nominiert und wurde 2019 für einen Beazley Design of The Year Award nominiert. Das Projekt befindet sich in aktiver Entwicklung und die neuesten Forschungsergebnisse wurden 2021 auf dem Genfer Workshop des International Center for Humanitarian Demining Mine Action Technology vorgestellt.
Harvey arbeitete als Forschungsstipendiat im Programm Künstliche Intelligenz und Medienphilosophie an der HfG Karlsruhe, als Digital Fellow am Weizenbaum Institut in Berlin, wo er an megapixels.cc arbeitete, als Future Fellow im Rahmen der 2020 Rapid Response for a Better Digital Future bei Eyebeam, als Teil eines Forschungsstipendiums für die Copenhagen Business School und als Lehrbeauftragter an der New York University und der School of Visual Arts in NYC.

LIBBY HEANEYs postdisziplinäre Kunstpraxis umfasst Bewegtbildarbeiten, Performances sowie partizipatorische und interaktive Erfahrungen, die Quantencomputer, virtuelle Realität, KI und Installationen umfassen. Heaneys Praxis nutzt Affekt, Humor, Surrealismus und Nonsens, um die kapitalistische Aneignung von Technologie und die endlosen Kategorisierungen von Menschen und Nicht-Menschen gleichermaßen zu untergraben. Stattdessen setzt Heaney Werkzeuge wie maschinelles Lernen und Quantencomputer entgegen ihrer „richtigen" Verwendung ein, um Vorurteile aufzuheben und neue Ausdrucksformen kollektiver Identität und Zugehörigkeit zueinander und zur Welt zu schaffen.
Heaney hat im Vereinigten Königreich und international

ausgestellt, unter anderem in der Tate Modern, im V&A in London und bei den Festivals Mutek und Sonar. Heaney lebt derzeit in der Londoner Institution Somerset House, wo sie gerade eine große neue Auftragsarbeit mit Quantencomputing für den Light Art Space in Berlin abgeschlossen hat.

LAUREN HURET, * 1984 in Paris, lebt und arbeitet seit ihrem Master-Abschluss an der Genfer Hochschule für Kunst und Design (HEAD - Genf) in der Schweiz. Ihr Werk, das hauptsächlich aus Videos, Installationen, Performances und Collagen besteht, basiert auf einer fortlaufenden Untersuchung des Einflusses von Glaubenssystemen und mystischen Ideen auf die Medien- und Tech-Kultur. Ihre Forschungsprojekte haben sie ins Silicon Valley geführt, um sich mit Künstlicher Intelligenz (KI) zu befassen, und auf die Philippinen, um die Moderation von Inhalten und den neuen Status des Bildes im Zeitalter des Massensharings zu untersuchen. Lauren arbeitet nun regelmäßig mit der Künstlerin Maria Guta zusammen, und gemeinsam entwickeln sie Werke, die eine gemeinsame Faszination für das Ikonische und die Hyper-Mediatisierung der menschlichen Figur widerspiegeln. Lauren hat in letzter Zeit unter anderem im Jeu de Paume, in der Fondation Ricard und im Centre Culturel Suisse in Paris, im Haus der Elektronischen Künste und bei den Swiss Art Awards in Basel, bei der Biennale Printemps de Septembre in Toulouse, im Kunstmuseum in Luzern, bei Pioneer Works in New York, im Kunstverein Göttingen und bei Copenhagen Contemporary ausgestellt und performt. Derzeit forscht sie über sakrale Bilder.

ZHENG MAHLER ist das gemeinsame Projekt des Künstlers Royce Ng und der Anthropologin Daisy Bisenieks aus Hongkong über die gegenseitige Beeinflussung und die Beziehungsnetze, die den globalen Handel, die Natur und die Technologie miteinander verbinden, mit einem besonderen Interesse an „über den Menschen hinausgehenden" Geografien und den Umweltarchitekturen, die sie hervorbringen. Mit Hilfe digitaler Medien, Performance und Installation entwickeln sie spekulative Szenarien und immersive, sensorische Begegnungen, die die Grenzen und Möglichkeiten ihrer jeweiligen Disziplinen ausloten. Gemeinsam haben sie in zahlreichen Kunsträumen, Institutionen und Residenzen ausgestellt, performt und teilgenommen und mit verschiedenen Gemeinschaften in Australien, Asien, Afrika, Europa und den USA zusammengearbeitet. Zu den jüngsten Präsentationen gehören die im Tai Kwun Contemporary in Hongkong (2019), im Museum für Moderne Kunst in Antwerpen (2021) und auf der Shanghai Biennale XIII (2021).

LAUREN LEE MCCARTHY ist eine Künstlerin, die soziale Beziehungen im Kontext von Überwachung, Automatisierung und algorithmischem Leben untersucht. Sie ist 2021 United States Artist Fellow, 2020 Sundance New Frontier Story Lab Fellow, 2020 Eyebeam Rapid Response Fellow, 2019 Creative Capital Grantee, und war Stipendiatin bei Eyebeam, ZERO1, CMU STUDIO for Creative Inquiry, Autodesk, NYU ITP und Ars Electronica. Sie erhielt Stipendien von der Knight Foundation, der Online News Association, der Mozilla Foundation, Google AMI, Sundance Institute New Frontiers Labs, Turner Broadcasting und Rhizome. Ihre Arbeit *SOMEONE* wurde mit der Ars Electronica Golden Nica und dem Japan Media Arts Social Impact Award ausgezeichnet, und ihre Arbeit *LAUREN* erhielt den IDFA DocLab Award for Immersive Non-Fiction. Laurens Arbeiten wurden international ausgestellt, unter anderem im Barbican Centre, Fotomuseum Winterthur, HEK Basel, SIGGRAPH, Onassis Cultural Center, IDFA DocLab, Science Gallery Dublin, Seoul Museum of Art und dem Japan Media Arts Festival. Sie erhielt einen MFA von der UCLA und einen BS Computer Science und BS Art and Design vom MIT. Sie ist auch die Autorin von p5.js, einer Open-Source-Programmiersprache zum Erlernen kreativer Ausdrucksmöglichkeiten durch Online-Code. Sie ist mitverantwortlich für die Leitung der Processing Foundation, einer gemeinnützigen Organisation, deren Ziel es ist, die Softwarekompetenz in der bildenden Kunst und die visuelle Kompetenz in technologiebezogenen Bereichen zu fördern – und diese für unterschiedliche Gemeinschaften zugänglich zu machen. Lauren ist außerordentliche Professorin an der UCLA Design Media Arts.

SIMONE C NIQUILLE ist eine Schweizer Designerin und Forscherin mit Sitz in Amsterdam NL. In ihrer Praxis Technoflesh untersucht sie die Darstellung von Identität und die Digitalisierung von Biomasse im vernetzten Raum der Erscheinung. Sie hat einen BFA in Grafikdesign von der Rhode Island School of Design und einen MA in Visual Strategies vom Sandberg Instituut Amsterdam. Sie ist Chief Information Officer an der Design Academy Eindhoven. 2016 war Niquille Forschungsstipendiatin des Het Nieuwe Instituut Rotterdam und erhielt das Talent Development Grant der Creative Industries NL. 2018/2019 war sie Empfängerin des Housing The Human Stipendiums. Sie erhielt 2020 den Pax Media Art Award und ist 2021/22 Mellon Researcher am Canadian Center for Architecture (CCA) für das kollaborative, multidisziplinäre Forschungsprojekt *The Digital Now*. Ihre Arbeiten wurden zuletzt im HEK Basel (2020), Fotomuseum Winterthur (2019), La Gaîté Lyrique (2019), Istanbul Biennale (2018), ZKM Karlsruhe (2017) ausgestellt. Sie hat Beiträge im *Volume Magazine*, *AD Architecture*, *ED Archinect* und *e-flux* veröffentlicht. Ihre Arbeiten wurden in *Wired Design*, *BBC Click*, *The Verge*, *Neue Zürcher Zeitung*, *SRF Swiss Public Radio* und *Libération* veröffentlicht. Sie unterrichtete Design Research am Fachbereich Grafikdesign der ArtEZ Universität Arnheim und an der Architectural Association London. Im Herbst 2019 war Niquille Co-Dozentin eines Kurses über Human Factors in Motion Capture am ArtCenter Pasadena in Los Angeles. 2018 wurde Niquille mit der Arbeit „Safety

Measures" über die Geschichte und Zukunft ergonomischer Software und standardisierter menschlicher Messungen für den niederländischen Pavillon auf der 16. Architekturbiennale von Venedig beauftragt. Im Jahr 2020 war Niquille Stipendiatin der La Becque Residency und trat im Frühjahrssemester 2020 der ECAL-Abteilung für Fotografie als Gastdozentin für das Forschungsprojekt Automated Photography bei.

ELISA GIARDINA PAPA ist eine italienische Künstlerin, die in ihren Arbeiten Geschlecht, Sexualität und Arbeit in Bezug auf den neoliberalen Kapitalismus und die Grenzen des globalen Südens untersucht. Ihr jüngstes Werk dokumentiert, wie vergangene und gegenwärtige Formen des Kapitalismus nach und nach alle Bereiche der Arbeit und des Lebens – einschließlich Schlaf, Affekten und Emotionen – besetzt haben, und lenkt die Aufmerksamkeit auf alles in unserem Leben, Verkörperungen und Wünschen, das radikal widerspenstig, unübersetzbar und unberechenbar bleibt.
Ihre Arbeiten wurden unter anderem im Museum of Modern Art (MoMA's Modern Mondays), Whitney Museum (Sunrise/Sunset Commission), Seoul Mediacity Biennale 2018, XVI Quadriennale di Roma, Rhizome (Download Commission), Flaherty NYC, HEK Basel und ICA Milano ausgestellt und gezeigt. Sie hat Vorträge u.a. am Pembroke Center for Teaching and Research on Women (Brown University), am Institute for Gender, Sexuality and Feminist Studies (McGill University), am Global Emergent Media Lab (Concordia University) und am Center for Digital Cultures (Leuphana Universität Lüneburg) gehalten.
Giardina Papa erhielt einen MFA an der RISD und promoviert derzeit in Film-, Medien- und Genderstudien an der University of California Berkeley. Sie lebt und arbeitet in New York und Sant'Ignazio, Sizilien. Giardina Papa ist außerdem Gründungsmitglied des Künstlerkollektivs Radha May.

JULIEN PRÉVIEUX ist ein französischer bildender Künstler, Theaterregisseur und Professor an der Nationalen Hochschule der Schönen Künste Paris. Arbeit, Management, Wirtschaft, Politik, Kontrollsysteme, modernste Technologien und die Kulturindustrie sind die vielen „Welten", die Julien Prévieux' Aktivitäten umfassen. Wie in den *Nicht-Motivationschreiben*, die er seit 2004 regelmäßig an Arbeitgeber verschickt – in denen er auf Zeitungsannoncen antwortet und seine Gründe für die Nichtbewerbung auf die fraglichen Stellen darlegt –, eignet sich sein Werk oft das Vokabular, die Mechanismen und die Arbeitsweise der Branchen an, von denen es sich inspirieren lässt, um so deren Dogmen, Exzesse und Leere aufzuzeigen.
Julien Prévieux hatte Einzelausstellungen u. a. bei Art Sonje (Seoul), MAC-Museum für zeitgenössische Kunst (Marseille), Blackwood Gallery (Toronto), Centre Pompidou (Paris), RISD Museum (Providence) und war auf der 10. internationalen Biennale Istanbul und der Biennale Lyon 2015 vertreten. Seine Arbeiten wurden in Gruppenausstellungen im Jeu de Paume (Paris), DiverseWorks (Houston), Haus der Kulturen der Welt (Berlin), Witte de With (Rotterdam), im Museum of Contemporary Art (Santa Barbara) und im Kunstverein Hannover gezeigt.

ANNA RIDLER, *1985, ist eine Künstlerin und Forscherin, die sich mit Wissenssystemen beschäftigt sowie mit der Frage, wie Technologien konstruiert sind, um die Welt besser zu verstehen. Sie interessiert sich besonders für Ideen rund um Messung und Quantifizierung und wie sich dies auf die natürliche Welt bezieht. Sie arbeitet häufig mit Informations- oder Datensammlungen, insbesondere mit Datensätzen, um neue und ungewöhnliche Erzählungen zu schaffen. Ridler lebt und arbeitet in London.
Ridler hat einen MA in Information Experience Design vom Royal College of Art und einen BA in englischer Literatur und Sprache von der Universität Oxford. Fellowships am Creative Computing Institute der University of the Arts London (UAL). Ihre Arbeiten wurden in Kultureinrichtungen weltweit ausgestellt, u.a. im Victoria and Albert Museum, Barbican Centre, Centre Pompidou, HeK Basel, ZKM Karlsruhe, Ars Electronica, Sheffield Documentary Festival und im Leverhulme Centre for Future Intelligence. Sie war EMAP-Stipendiatin der Europäischen Union und Gewinnerin des DARE Art Prize 2018–2019. Die Salford University, die Photographers Gallery, die Opera North und das Impakt Festival haben sie mit Neuproduktionen beauftragt. Sie wurde von Artnet als eine der neun „Pionierkünstler*innen" aufgeführt, die das kreative Potenzial von KI erforschen, und erhielt eine ehrenvolle Erwähnung beim Ars Electronica Golden Nica Award 2019 in der Kategorie KI & Life Art. Für ihre Arbeit zu Datensätzen und Kategorisierung wurde sie 2019 vom Londoner Design Museum für einen „Beazley Designs of the Year"-Award nominiert.

RYBN ist ein 1999 gegründetes Künstlerkollektiv mit Sitz in Paris, Frankreich. RYBN führt extra-disziplinäre Untersuchungen in den Bereichen Offshore-Finanz, Hochfrequenzmärkte und Kybernetik durch. Zu den vom Kollektiv entwickelten Arbeiten gehören ein survivalistischer Niederfrequenzhandelsalgorithmus (*ADM8*, 2011), ein algorithmisches Kuriositätenkabinett (*The algorithmic trading freak show*, 2012), ein psychogeografisches GPS zum Besuch von Offshore-Standorten (*Offshore Tour Operator*, 2017), eine kabbalistische, selbstzerstörerische Computerumgebung (*GOLEM*, 2018), ein in ein Schachspiel eingebetteter Arbeitsmarkt für Mikroarbeiter (*AAI Chess*, 2018), eine kollektive Plattform zur Unterwanderung von Überwachungstechnologien für Telearbeit (*Telecommuters*, 2020), usw. Die Arbeiten von RYBN wurden in zahlreichen Ausstellungen und Festivals für zeitgenössische Kunst gezeigt, wie z. B. *Réseaux-Mondes* (Centre Pompidou, Paris 2022), *Globale:*

Open Codes (ZKM, Karlsruhe 2017), *Infosphäre* (ZKM, Karlsruhe 2015), *Requiem für eine Bank* (HMKV, Dortmund 2014), *Nervöse Systeme* (HKW, Berlin 2016), *The Global Contemporary* (ZKM, Karlsruhe 2011), *El Processo Como Paradigma* (LABoral, Gijon 2010), *Stock Overflow* (iMAL, Bruxelles 2009). http://www.rybn.org

SEBASTIAN SCHMIEG untersucht die algorithmische Zirkulation von Bildern, Texten und Körpern. Er schafft spielerische Interventionen, welche die glänzenden Interfaces unserer vernetzten Gesellschaft durchdringen und die dahinter liegenden Realitäten erkunden. Schmieg beschäftigt sich insbesondere mit Arbeit, algorithmischem Management und künstlicher Intelligenz. Er arbeitet in einer Vielzahl von Medien, darunter Video, Website, Installation, Künstlerbuch, selbstgeschriebene Software, Lecture Performance und Lieferservice.

GWENOLA WAGON → vgl. Stéphane Degoutin

CONRAD WEISE ist ein in Köln/Cluj lebender Künstler und Forscher. In seiner Arbeit befasst er sich mit soziopolitischen Kontexten, in denen er die Computertechnik und ihre Auswirkungen verortet. Durch investigative und computergestützte Ansätze innerhalb dieser Systeme versuchen seine Arbeiten, die intransparenten und unsicheren Arrangements zu kontextualisieren. Seine aktuelle Forschung konzentriert sich insbesondere auf die versteckte Arbeit und das automatisierte Engagement innerhalb von Computersystemen.

MUSHON ZER-AVIV ist Designer, Forscher, Pädagoge und Medienaktivist und lebt in Tel Aviv. Seine Hassliebe zu Daten prägt seine Designarbeit, seine Kunstwerke, seinen Aktivismus, seine Forschung, seinen Unterricht, seine Workshops und sein Stadtleben. Seine aktuelle Forschung beschäftigt sich mit der Rolle der Reibung in Technologie, Medien, Design und Politik. Mushon ist unter anderem Mitbegründer des Designstudios Shual.com und von mehreren Initiativen für Regierungstransparenz und Bürgerbeteiligung mit dem Public Knowledge Workshop; Mushon entwarf auch die Karten für Waze.com und leitete das Design von Localize.city. Mushon ist Alumni des Eyebeam Art + Technology Center in New York. Er ist leitendes Fakultätsmitglied am Shenkar College und hat zuvor an der New York University (NYU), Parsons und Bezalel unterrichtet.

ARTISTS' BIOGRAPHIES

ARAM BARTHOLL, *1972 in Bremen, Germany, studied at UdK – University of the Arts Berlin, 2002, and is based in Berlin. Through his sculptural interventions, installations, and performative workshops, Aram Bartholl questions our current media behavior as well as the public spheres that are linked to social networks, online platforms, and digital distribution strategies. He puts socially relevant topics such as surveillance, data security or technology dependency up for discussion by transferring the gaps, contradictions or absurdities of our digital everyday life into spatial settings. On the one hand, this results in sometimes grotesque confrontations with our own ignorance of a globally operating platform capitalism; on the other hand, he also uses the potentials of public space to renegotiate network activities as political forms of participation on an analog level. Aram Bartholl initiates a performative process that makes it possible to understand individual action again within a collective and self-determined network discourse. Formally and conceptually, he draws in his artistic works on the aesthetics, codes, and communication patterns with which users also act on YouTube, Instagram, or in video games. The targeted contextualization visualizes the logics of the Internet and at the same time subverts them on the basis of their own exploitation strategies. In addition to numerous lectures, workshops, and performances, his work has been exhibited internationally at venues including the MoMA Museum of Modern Art, Palais de Tokyo, Hamburger Bahnhof, Seoul Museum of Art, the Thailand Biennale, the Venice Biennale, and at Skulptur Projekte Münster.

PIERRE CASSOU-NOGUÈS is a philosopher. His work is based on a theoretical use of fiction. He uses fiction as a method for exploring the possible and its limits. In this way, he intends to give to philosophy both a speculative scope and a critical impact: fiction enables the philosopher to consider the real in the light of the possible. More on his website here: https://pierrecassounogues.org/index.php/bio-2/

STÉPHANE DEGOUTIN and **GWENOLA WAGON** fight against mankind's planned obsolescence, denounce the automation of the processing of products, life and data, ask researchers to live in the forest, naked but connected to the network, experiment alternative lifestyles in the society of hyper-information, investigate the Umwelt of the Internet, collect viral images of the society of trash, explore the mythology of the international airport, organize burn-out parties, promote inter-species love, capture the vital energy that circulates through artificial mountains, drift with counter-used geolocation technologies, build habitable miniature paradises, analyze the city after the public space, hijack a search engine, invent utopias for outlying areas, survey the virtual globe, roam the Parisian suburbs, wander through concrete islands.

SEAN DOCKRAY is an artist and writer whose work explores the politics of technology, with a particular emphasis on artificial intelligences and the algorithmic web. He is a founding director of the Los Angeles non-profit Telic Arts Exchange, and initiator of knowledge-sharing platforms, The Public School and AAAARG.ORG. Currently, Sean is engaged in a long-term research project on 'machine listening' with legal scholar, James Parker, and curator, Joel Stern, which has produced discursive programs at Unsound Festival and NTU CCA, Singapore.
Recent exhibitions include ***Don't Be Evil*** at University of Queensland Art Museum (AU), ***Eavesdropping*** at City Gallery, Wellington (NZ), ***OPEN SCORES: How to program the commons*** at panke.gallery, Berlin (DE), and ***Part of the Labyrinth***, 10th Göteborg International Biennial for Contemporary Art (SE). Recent performances and presentations include ***Patent Futures*** at the Automated Culture Symposium, hosted by Monash's Culture Media Economy group; and ***Automation Takes Control*** at the University of Melbourne's Data, Systems and Society Research Network conference on unstructured data.
His written essays address topics such as artificial intelligence (***Artlink***), online education (***Frieze***), the militarisation of universities (in ***Contestations: Learning from Critical Experiments in Education***), book scanning (***Fillip***), traffic control (***Cabinet***), and radio (***Volume***). Sean is a Senior Lecturer and Head of Sculpture and Spatial Practice at the Australian National University.

JAKE ELWES (they/them) is a media artist living and working in London. They studied at The Slade School of Fine Art, UCL (2013-17). Recent works explore their research into machine learning and artificial intelligence. Their practice looks for poetry and narrative in the success and failures of these systems, while also investigating and questioning the code and ethics behind them. Their current works in the Zizi Project explore AI bias by queering datasets with drag performers which simultaneously demystify and subvert AI systems.
Jake's work has been exhibited in museums and galleries internationally, including the ZKM, Karlsruhe (DE), TANK Museum, Shanghai (CN), Today Art Museum, Beijing (CN), CyFest, Venice (IT), Edinburgh Futures Institute (UK), Zabludowicz Collection, London (UK), Frankfurter Kunstverein (DE), New Contemporaries 2017 (UK), Ars Electronica 2017 (AT), Victoria and Albert Museum, London (UK), LABoral Centro (ES), Nature Morte, Delhi (IN), RMIT Gallery (AU), Centre for the Future of Intelligence (UK) and they have been featured on TV: ZDF aspekte (DE) and the BBC Arts (UK).

In her research-based practice, artist **ANNA ENGELHARDT** investigates post-Soviet infrastructures and possible modes of resistance to state disinformation and surveillance.
Her investigations take on multiple forms of media as they develop over time, including publications, videos, websites, and physical objects. In her current web-based investigation, she traces how contemporary Russian ‚smart weapons' have roots in the largely-unknown experiments of Soviet military cybernetic research in the 1950s. The project website, available on www.machinic.info/computation, is intended to help other researchers and activists understand the deeper systems at play in contemporary Russian warfare. This understanding, she proposes, can lead to new ways of resistance. Engelhardt extends the essay into material objects for the exhibition, translating the content of the site into physical holograms and textile diagrams.

NICOLAS GOURAULT, * 1991, is a French artist and filmmaker trained in contemporary art schools such as Le Fresnoy, Studio national des arts contemporains, but also in visual studies at Ecole des Hautes Etudes en Sciences Sociales, or with Forensic Architecture. His work is imbued with this double training and aims at linking visual issues with political concerns by means of a documentary critique of new media. He focuses on the forms of alterity which resist within so-called controlled spaces. He has collaborated with the studio Forensic Architecture (UK). His works have been exhibited in contemporary art venues such as Centre Pompidou (FR), the ZKM | Zentrum für Kunst und Medien (DE), la Cité internationale des arts (FR), and le musée de la Chasse et de la Nature (FR), but also in film festivals such as Cinéma du Réel (FR), Hot Docs (CA), Sheffield Doc|Fest (UK), Festival Nouveaux Cinéma (CA), Festival dei Popoli (IT), IndieLisboa (PT), E Tudo Verdade (BR), Punto de Vista (ES).

ADAM HARVEY (US/DE) is an applied artist and technical researcher based in Berlin focused on computer vision, privacy, and surveillance. He is a graduate of the Interactive Telecommunications Program at New York University (2010) and is the creator of the ***VFRAME.io*** computer vision project, Exposing.ai dataset project, and CV Dazzle computer vision camouflage concept. Harvey's research and artwork has been featured in prominent media publications including the ***New York Times, Wall Street Journal, Nature, New Yorker, Frankfurter Allgemeine Zeitung, Süddeutsche Zeitung, Washington Post, Le Monde, The Guardian, BBC, Economist,*** and the ***Financial Times***; and shown at internationally acclaimed institutions and events including the V&A museum (UK), Seoul Mediacity Biennale (KR), Istanbul Design Biennale (TK), Frankfurter Kunstverein (DE), Zeppelin Museum (DE), Utah Museum of Contemporary Art (US), and Kemper Museum of Contemporary Art (US). Recently, Harvey developed ***VFRAME***, a computer vision project for human rights researchers working on OSINT investigations. ***VFRAME*** received an Award of Distinction from Ars Electronica in 2019, was nominated for the EU STARTS prize in 2018, and nominated for a Beazley Design of The Year Award in 2019. The project is in active development and the latest research was presented at the 2021 Geneva International Center for Humanitarian Demining Mine Action Technology Workshop. Harvey has worked as a research fellow at the Künstliche Intelligenz und Medienphilosophie program at HfG Karlsruhe, a digital fellow at the Weizenbaum Institut in Berlin working on megapixels.cc, a Future Fellow with the 2020 Rapid Response for a Better Digital Future at Eyebeam, as part of research fellowship for the Copenhagen Business School, and as an adjunct professor at New York University and School of Visual Arts in NYC.

LIBBY HEANEY's post-disciplinary art practice includes moving image works, performances and participatory & interactive experiences that span quantum computing, virtual reality, AI and installation. Heaney's practice uses affect, humour, surrealism and nonsense to subvert the capitalist appropriation of technology, the endless categorizations of humans and non-humans alike. Instead, Heaney uses tools like machine learning and quantum computing against their 'proper' use, to undo biases and to forge new expressions of collective identity and belonging with each other and the world.
Heaney has exhibited widely in the UK and internationally, including Tate Modern, the V&A, London and Mutek & Sonar Festivals. Heaney is currently resident of the London institution Somerset House, where she has just finished a major commission with quantum computing for Berlin's Light Art Space.

LAUREN HURET, * 1984 in Paris, has lived in Switzerland since pursuing a master's degree at Geneva School of Art and Design (HEAD - Geneva). Her work, mainly composed of videos, installations, performances and collages, is based on an on-going examination of the influence of belief systems and mystical ideas on media and tech culture. Her various research projects have taken her to Silicon Valley to examine A.I. (Artificial Intelligence) and to the Philippines to investigate content moderation and the new status of the image in the age of mass-sharing. Lauren collaborates now regularly with the artist Maria Guta and together they are developing pieces that reflect a common fascination with the icon and hyper-mediatization of the human figure.
Lauren has recently exhibited and performed at, amongst others, Jeu de Paume, Fondation Ricard and the Centre Culturel Suisse in Paris, the HEK Basel and the Swiss Art Awards in Basel, the Printemps de Septembre biennial in Toulouse, at the Kunstmuseum in Lucerne, at Pioneer Works in New York, Kunstverein Göttingen, and Copenhagen Contemporary. She is currently doing her research on sacred imagery.

ZHENG MAHLER is artist Royce Ng's and anthropologist Daisy Bisenieks's Hong Kong-based collaborative examination of the mutual influence and relational networks connecting global trade, nature, and technology, with a particular interest in more-than-human geographies and the environmental architectures they produce. Utilising digital media, performance, and installation, they develop speculative scenarios and immersive, sensory encounters that explore the limits and potentials of their respective disciplines. Together they have exhibited, performed, and participated in numerous art spaces, institutions, and residencies, working alongside various communities in Australia, Asia, Africa, Europe, and the US. Recent presentations include those at Tai Kwun Contemporary in Hong Kong (2019), Museum of Modern Art in Antwerp (2021), and Shanghai Biennale XIII (2021).

LAUREN LEE MCCARTHY is an artist examining social relationships in the midst of surveillance, automation, and algorithmic living. She is a 2021 United States Artist Fellow, 2020 Sundance New Frontier Story Lab Fellow, 2020 Eyebeam Rapid Response Fellow, 2019 Creative Capital Grantee, and has been a resident at Eyebeam, ZERO1, CMU STUDIO for Creative Inquiry, Autodesk, NYU ITP, and Ars Electronica. She is the recipient of grants from the Knight Foundation, the Online News Association, Mozilla Foundation, Google AMI, Sundance Institute New Frontiers Labs, Turner Broadcasting, and Rhizome. Her work *SOMEONE* was awarded the Ars Electronica Golden Nica and the Japan Media Arts Social Impact Award, and her work *LAUREN* was awarded the IDFA DocLab Award for Immersive Non-Fiction. Lauren's work has been exhibited internationally, at places such as the Barbican Centre, Fotomuseum Winterthur, HEK Basel, SIGGRAPH, Onassis Cultural Center, IDFA DocLab, Science Gallery Dublin, Seoul Museum of Art, and the Japan Media Arts Festival. She holds an MFA from UCLA and a BS Computer Science and BS Art and Design from MIT. She is also the creator of p5.js, an open source programming language for learning creative expression through code online. She helps direct the Processing Foundation, a non-profit whose mission is to promote software literacy within the visual arts, and visual literacy within technology-related fields—and to make these fields accessible to diverse communities. Lauren is an Associate Professor at UCLA Design Media Arts.

SIMONE C NIQUILLE is a Swiss designer and researcher based in Amsterdam NL. Her practice Technoflesh investigates the representation of identity & the digitisation of biomass in the networked space of appearance. She holds a BFA in Graphic Design from Rhode Island School of Design and an MA in Visual Strategies from the Sandberg Instituut Amsterdam. She is Chief Information Officer at the Design Academy Eindhoven. In 2016 Niquille was a research fellow of Het Nieuwe Instituut Rotterdam and received the Talent Development Grant of Creative Industries NL. In 2018/2019 she was recipient of the Housing The Human grant. She received the 2020 Pax Media Art Award and is 2021/22 Mellon Researcher at the Canadian Center for Architecture (CCA) for the collaborative, multidisciplinary research project ***The Digital Now***. Her work has been exhibited most recently at HEK Basel (2020), Fotomuseum Winterthur (2019), La Gaîté Lyrique (2019), Istanbul Biennial (2018), ZKM Karlsruhe (2017). She has published writing in ***Volume Magazine, AD Architecture, ED Archinect*** and ***e-flux***. Her work has been featured in ***Wired Design, BBC Click, The Verge, Neue Zürcher Zeitung, SRF Swiss Public Radio, Libération***. She has taught Design Research at the Graphic Design Department of ArtEZ University Arnhem and at the Architectural Association London. In fall 2019 Niquille has co-taught a course on Human Factors in Motion Capture at ArtCenter Pasadena in Los Angeles.In 2018 Niquille was commissioned contributor to the Dutch Pavilion at the 16th Venice Architecture Biennale with the work 'Safety Measures' on the history and future of ergonomic software and standardised human measurements.In 2020 Niquille was a resident at La Becque Residency and joined ECAL's Master in Photography department for the Spring 2020 semester as guest lecturer for the research project Automated Photography. Currently she is investigating the architectural and bodily consequences of computer vision, researching the politics of synthetic training datasets.

ELISA GIARDINA PAPA is an Italian artist whose work investigates gender, sexuality, and labor in relation to neoliberal capitalism and the borders of the Global South. Her most recent body of work documents how past and present forms of capitalism have progressively extracted all capacities for labor and living—including sleep, affect, and emotions—and instead draws attention to everything in our lives, embodiments, and desires that remains radically unruly, untranslatable, and un-computable.
Her work has been exhibited and screened at The Museum of Modern Art (MoMA's Modern Mondays), the Whitney Museum (Sunrise/Sunset Commission), Seoul Mediacity Biennale 2018, XVI Quadriennale di Roma, Rhizome (Download Commission), Flaherty NYC, HEK Basel, and ICA Milano, a.o. She has given lectures at the Pembroke Center for Teaching and Research on Women (Brown University), the Institute for Gender, Sexuality and Feminist Studies (McGill University), the Global Emergent Media Lab (Concordia University), and the Center for Digital Cultures (Leuphana University of Lüneburg), a.o.
Giardina Papa received an MFA from RISD, and she is currently pursuing a PhD in film, media, and gender studies at the University of California Berkeley. She lives and works in New York and Sant'Ignazio, Sicily. Giardina Papa is also a founding member of the artist collective Radha May.

JULIEN PRÉVIEUX is a French visual artist, theater director and professor at the National School of Fine Arts Paris. Work, management, economics, politics, control systems, state-of-the-art technologies and the culture industry are the many 'worlds' that Julien Prévieux's activities involve. As in the non-motivation letters that he has been sending out to employers regularly since 2004 – in which he responds to newspaper advertisements and details his reasons for not applying for the jobs in question – his work often appropriates the vocabulary, mechanisms and modus operandi of the sectors by which it is informed, the better to highlight their dogmas, excesses and vacuousness. Julien Prévieux had solo exhibitions at Art Sonje (Seoul), MAC - Museum of Contemporary Art (Marseille), Blackwood Gallery (Toronto), Centre Pompidou (Paris), RISD Museum (Providence), among others, and was included in the 10th International Istanbul Biennale and the 2015 Lyon Biennale. His work has been included in group exhibitions at Jeu de Paume (Paris), DiverseWorks (Houston), Haus der Kulturen der Welt (Berlin), Witte de With (Rotterdam), the Museum of Contemporary Art (Santa Barbara), and Kunstverein Hannover.

ANNA RIDLER, *1985, is an artist and researcher who works with systems of knowledge and how technologies are created in order to better understand the world. She is particularly interested in ideas around measurement and quantification and how this relates to the natural world. Her process often involves working with collections of information or data, particularly datasets, to create new and unusual narratives. Ridler is based in London.
Ridler holds an MA in Information Experience Design from the Royal College of Art and a BA in English Literature and Language from Oxford University along with fellowships at the Creative Computing Institute at University of the Arts London (UAL). Her work has been exhibited at cultural institutions worldwide including the Victoria and Albert Museum, the Barbican Centre, Centre Pompidou, HeK Basel, the ZKM Karlsruhe, Ars Electronica, Sheffield Documentary Festival and the Leverhulme Centre for Future Intelligence. She was a European Union EMAP fellow and the winner of the 2018-2019 DARE Art Prize. Ridler has received commissions by Salford University, the Photographers Gallery, Opera North, and Impakt Festival. She was listed as one of the nine "pioneering artists" exploring AI's creative potential by Artnet and received an honorary mention in the 2019 Ars Electronica Golden Nica award for the category AI & Life Art. She was nominated for a "Beazley Designs of the Year" award in 2019 by the London Design Museum for her work on datasets and categorisation.

RYBN is an artist collective created in 1999 and based in Paris, France. RYBN leads extra-disciplinary investigations within the realms of offshore finance, high-frequency markets and cybernetics. Among the artworks developed by the collective, a survivalist low frequency trading algorithms (ADM8, 2011), an algorithmic cabinet of curiosities (***The algorithmic trading freak show***, 2012), a psycho-geographic GPS to visit offshore locations (***Offshore Tour Operator***, 2017), a kabbalistic self-destructive computational environment (***GOLEM***, 2018), a labor market for microworkers embedded in a chess games (***AAI Chess***, 2018), ***a collective platform to subvert telecommuting monitoring technologies*** (***Telecommuters***, 2020), etc. The works of RYBN have been shown in numerous contemporary art exhibitions and festivals, such as ***Réseaux-Mondes*** (Centre Pompidou, Paris 2022), ***Globale: Open Codes*** (ZKM, Karlsruhe 2017), ***Infosphere*** (ZKM, Karlsruhe 2015), ***Requiem for a Bank*** (HMKV, Dortmund 2014), ***Nervous Systems*** (HKW, Berlin 2016), ***The Global Contemporary*** (ZKM, Karlsruhe 2011), ***El Processo Como Paradigma*** (LABoral, Gijon 2010), ***Stock Overflow*** (iMAL, Bruxelles 2009). http://www.rybn.org

SEBASTIAN SCHMIEG investigates the algorithmic circulation of images, texts and bodies. He creates playful interventions that penetrate the shiny interfaces of our networked society and explore the realities behind them. Schmieg is particularly concerned with labor, algorithmic management, and artificial intelligence. He works in a variety of media including video, website, installation, artist book, self-written software, lecture performance, and delivery service.

GWENOLA WAGON → see Stéphane Degoutin

CONRAD WEISE is a Cologne/Cluj based artist and researcher. In his work he looks at socio-political settings where he locates computation and its implications. Through investigative and computational approaches from within these systems, his works attempt to contextualise the intransparent and uncertain arrangements. His current research focuses in particular on the hidden labour and automated engagement within computational systems.

MUSHON ZER-AVIV is a designer, researcher, educator and media activist based in Tel Aviv. His love/hate relationship with data informs his design work, art pieces, activism, research, teaching, workshops & city life. His current research reimagines the role of friction in technology, media, design and politics. Among Mushon's collaborations, he is the Co-founder of the design studio Shual.com; and multiple government transparency and civic participation initiatives with the Public Knowledge Workshop; Mushon also designed the maps for Waze.com and led the design of Localize.city. Mushon is an alumni of Eyebeam art + technology center in New York. He is a senior faculty member at Shenkar College and has previously he taught at New York University (NYU),, Parsons, and Bezalel.

BIOGRAFIEN DER KURATOR*INNEN

INKE ARNS, Dr., Direktorin des HMKV in Dortmund. Seit 1993 freie Kuratorin und Autorin mit den Schwerpunkten Medienkunst und -theorie, Netzkulturen, Osteuropa. Nach einem Aufenthalt in Paris (1982–1986) Studium der Slawistik, Osteuropastudien, Politik und Kunstgeschichte in Berlin und Amsterdam (1988-1996 M.A.), 2004 Promotion an der HU Berlin. Sie kuratiert(e) viele Ausstellungen im In- und Ausland und ist Autorin und und Herausgeberin zahlreicher Beiträge zur Medienkunst und Netzkultur. 2021-2022 Gastprofessur für kuratorische Praxis an der Kunstakademie Münster. 2022 Kuratorin des Pavillons der Republik Kosovo (Künstler: Jakup Ferri), 59th International Art Exhibition, La Biennale di Venezia. www.inkearns.de

FRANCIS HUNGER verbindet in seiner Praxis künstlerische Forschung und Medientheorie mit den Möglichkeiten der Narration durch Installationen, Hörspiele, Performances und internetbasierte Kunst. Derzeit ist er wissenschaftlicher Mitarbeiter im Projekt *Training The Archive* am HMKV in Dortmund, wo er den Einsatz von KI, Statistik und Mustererkennung für Kunst und Kuratierung kritisch untersucht. In seiner Doktorarbeit an der Bauhaus-Universität Weimar entwickelt er eine medienarchäologische Genealogie der Datenbanktechnologie und -praxis. Hungers künstlerische Arbeit wird international ausgestellt. Zahlreiche Festivalteilnahmen, Gespräche, Vorträge, Publikationen, Screenings und akademische Vorlesungen. Er kuratiert gelegentlich Ausstellungen, unterrichtet regelmäßig an Universitäten und publiziert täglich auf Twitter http://www.irmielin.org, http://twitter.com/databaseculture

MARIE LECHNER ist freie Kuratorin und Autorin und lebt und arbeitet in Paris. Nachdem sie als Journalistin bei der französischen Tageszeitung *Libération* gearbeitet hat, war sie verantwortlich für künstlerische Programme bei La Gaîté Lyrique, Paris. Sie war Ko-Kuratorin mehrerer Ausstellungen bei La Gaîté Lyrique Paris, HMKV Dortmund, MU Eindhoven, Biennale internationale du design Saint Etienne, NRW Forum, Düsseldorf. Sie ist Autorin zahlreicher Artikel über Medienkunst und digitale Kultur. Seit 2020 ist sie Dozentin und Forscherin für digitale Kulturen und Medientheorie an der École supérieure d'art et de design in Orléans.

CURATORS' BIOGRAPHIES

INKE ARNS, PhD, curator and director of HMKV in Dortmund, Germany. She has worked internationally as an independent curator and theorist specializing in media art, net cultures, and Eastern Europe since 1993. After living in Paris (1982-1986) she studied Russian literature, Eastern European studies, political science, and art history in Berlin and Amsterdam (1988–1996 M.A.) and in 2004 received her PhD from the Humboldt University in Berlin. She has curated many exhibitions at home and abroad, and is the author of numerous articles on media art and net culture, and editor of exhibition catalogues. Currently Visiting Professor for Curatorial Practice at Munster Art Academy. 2022 Curator of the Pavilion of the Republic of Kosovo (artist: Jakup Ferri), 59th International Art Exhibition, La Biennale di Venezia. www.inkearns.de

FRANCIS HUNGER's practice combines artistic research and media theory with the capabilities of narration through installations, radio plays and performances and internet-based art. Currently he is a researcher for the project ***Training The Archive*** at HMKV, Dortmund, critically examining the use of AI, statistics and pattern recognition for art and curating. His Ph.D. at Bauhaus University Weimar develops a media archeological genealogy of database technology and practices. Hunger's artistic work is exhibited internationally. Numerous festival participations, talks, lectures, publications, screenings and academic lectures. He occasionally curates exhibitions, teaches at universities regularly and publishes daily on twitter:
http://www.irmielin.org,
http://twitter.com/databaseculture

MARIE LECHNER is a freelance curator and author based in Paris. Former journalist at the French newspaper ***Libération***, she has been in charge of artistic programs at La Gaîté Lyrique, in Paris. She was the co-curator of several exhibitions at La Gaîté Lyrique Paris, HMKV Dortmund, MU Eindhoven, Biennale internationale du design Saint Etienne, NRW Forum, Düsseldorf. She is the author of numerous articles on media art and digital culture. Since 2020, she is a teacher and researcher in digital cultures and media theory at the École supérieure d'art et de design in Orléans.

VERANSTALTUNGSPROGRAMM

Freitag, 08. April 2022,
17:00 – 22:00 Uhr
HMKV im Dortmunder U | Ebene 3 & online

Soft Opening der Ausstellung *HOUSE OF MIRRORS: Künstliche Intelligenz als Phantasma.* Zusätzlich bestand um 20:00 Uhr die Möglichkeit, an einem Rundgang per Livestream teilzunehmen. Die Aufzeichnung ist über die Veranstaltung hinaus hier abrufbar: https://vimeo.com/698120107

Samstag, 09. April 2022,
15:00 – 16:30 Uhr
HMKV im Dortmunder U | Ebene 3

Kurator*innenführung durch die Ausstellung mit Inke Arns, Francis Hunger & Marie Lechner

Dienstag, 26. April 2022,
16:00 – 17:30 Uhr
Zoom | Online

Workshop: „Richtig unfair!? So diskriminierend kann KI sein" mit Susanne Rentsch*

Dienstag, 17. Mai 2022,
15:00 – 18:00 Uhr
Zoom | Online

Workshop: „Diskutieren mit Maschinen? Grundlagen von sprachbasierter KI erproben und verstehen" mit Benjamin Eugster, Hannah Schwaß & Anna-Lena Barner*

Donnerstag, 02. Juni 2022,
19:00– 21:30 Uhr
HMKV im Dortmunder U | Kino, EG

Kurzfilmabend: *Frame of Reference I* (2020) von Su Yu Hsin, *A set of non-computable things* (2017) und *The pattern thieves* (2021) von Charlotte Eifler und *How Does Thinking Look Like* (2021) von Philipp Schmitt + anschließende Diskussion mit Charlotte Eifler und Su Yu Hsin

Freitag, 10. Juni 2022,
19:00 – 22:00 Uhr
HMKV im Dortmunder U | Kino, EG

Konzert mit Dagobert und Kay Shanghai

Mittwoch, 15. Juni 2022,
19:00 – 21:00 Uhr
HMKV im Dortmunder U | Kino, EG & Online

Gespräch: „Was das Valley denken nennt" mit Adrian Daub, Jonas Lüscher und weiteren Gäst*innen

Freitag, 24. Juni 2022,
09:00 – 12:00, 13:00 – 15:00 Uhr
Zoom | Online

Fachtagung: „KI Infrastrukturen für Zivilgesellschaft und Kunst"*

Donnerstag, 30. Juni 2022,
19:00 – 20:30 Uhr
HMKV im Dortmunder U | Kino, EG

Filmabend: *Coded Bias* (2020) von Shalini Kantaaya

Samstag, 02. Juli 2022,
13:00 – 16:30 Uhr
HMKV im Dortmunder U | Ebene 3, Workshopraum

Workshop: „Human Perceptron" mit RYBN*

Samstag, 02. Juli 2022,
19:00 – 21:00 Uhr
HMKV im Dortmunder U | Kino, EG & Online

Vortrag: „Künstliche Intelligenz – Heilsversprechen oder kapitalistische Maschine?" mit Timo Daum

Donnerstag, 28. Juli 2022,
19:00 – 21:30 Uhr
HMKV im Dortmunder U | Kino, EG

Filmabend: *All That is Solid Melts Into Data* (2015) von Boaz Levin & Ryan S. Jeffery + anschließende Diskussion mit Boaz Levin

Jeden 1., 3. & ggf. 5. Sonntag im Monat sowie feiertags,
16:00 – 16:45 Uhr
Termine im Einzelnen: 15./17./18. April, 01./15./26./29. Mai, 05./06./16./19. Juni, 03./17./31. Juli

HMKV im Dortmunder U | Ebene 3

Öffentliche Führung durch die Ausstellung *House of Mirrors*

Jeden 2. + 4. Sonntag im Monat,
16:00– 16:30
Termine im Einzelnen: 10./24. April, 08./22. Mai, 12./26. Juni, 10./24. Juli

Instagram | Online

Live Online-Führung durch die Ausstellung *House of Mirrors* via Instagram Live-Story. Einfach auf dem HMKV-Profil @hmkv_de teilnehmen.

*eine Anmeldung unter event@hmkv.de ist erforderlich

Vgl. https://hmkv.de/ für ausführliche und aktuelle Informationen zu den Terminen.

Das Veranstaltungsprogramm wird gefördert durch

STIFTUNG **KUNSTFONDS**

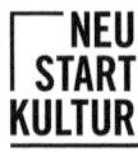

ACCOMPANYING EVENT PROGRAMME

Friday, 08 April 2022,
17:00 – 22:00
HMKV at the Dortmunder U | Level 3 & online

Soft Opening of the exhibition *HOUSE OF MIRRORS: Artificial Intelligence as Phantasm.*
At 20:00, there was an opportunity to participate in a tour via livestream. The recording of the event is still available here: https://vimeo.com/698120107

Saturday, 09 April 2022,
15:00 – 16:30
HMKV at the Dortmunder U | Level 3

Guided tour with the curators Inke Arns, Francis Hunger and Marie Lechner through the exhibition *HOUSE OF MIRRORS*

Tuesday, 26 April 2022,
16:00 – 17:30
Zoom | Online

Workshop: "Really unfair!? This is how discriminatory AI can be" with Susanne Rentsch*

Tuesday, 17. May 2022,
15:00 – 18:00
Zoom | Online

Workshop: "Discussing with machines? Testing and understanding the basics of language-based AI" with Benjamin Eugster, Hannah Schwaß & Anna-Lena Barner*

Thursday, 02 June 2022,
19:00 – 21:30
HMKV at the Dortmunder U | Cinema, ground floor

Short film screening: *Frame of Reference I* (2020) by Su Yu Hsin, *A set of non-computable things* (2017) and *The pattern thieves* (2021) by Charlotte Eifler and *How Does Thinking Look Like* (2021) by Philipp Schmitt + ensuing discussion with Charlotte Eifler and Su Yu Hsin

Friday, 10 June 2022
19:00 – 22:00
HMKV at the Dortmunder U | Cinema, ground floor

Concert with Dagobert and Kay Shanghai

Wednesday, 15 June 2022,
19:00 – 21:00
HMKV at the Dortmunder U | Cinema, ground floor & online

Talk: "What the Valley calls thinking" with Adrian Daub, Jonas Lüscher und further guests

Friday, 24 June 2022,
09:00 – 12:00, 13:00 – 15:00
Zoom | Online

Symposium: "AI Infrastructures for Civil Society and the Arts"*

Thursday, 30 June 2022,
19:00 – 20:30
HMKV at the Dortmunder U | Cinema, ground floor

Film screening: *Coded Bias* (2020) by Shalini Kantaaya

Saturday, 02 July 2022,
13:00 – 16:30
HMKV at the Dortmunder U | Level 3, workshop room

Workshop: "Human Perceptron" with RYBN*

Saturday, 02 July 2022,
19:00 – 21:00
HMKV at the Dortmunder U | Cinema, ground floor & online

Lecture: "Artificial Intelligence – Promise of Salvation or Capitalist Machine?" with Timo Daum

Thursday, 28 July 2022,
19:00 – 21:30
HMKV at the Dortmunder U | Cinema, ground floor

Film screening: All That is Solid Melts Into Data (2015) by Boaz Levin & Ryan S. Jeffery followed by a discussion with Boaz Levin

Every 1st, 3rd + 5th Sunday of the month and on holidays,
16:00 – 16:45
In detail: 15/17/18 April, 01/15/26/29 May, 05/06/16/19 June, 03/17/31 July

HMKV at the Dortmunder U | Level 3

Public guided tour through *HOUSE OF MIRRORS*

Every 2nd + 4th Sunday of the month,
16:00 – 16:30
In detail: 10/24 April, 08/22 May, 12/26 June, 10/24 July

Instagram | Online

Live online tour through the exhibition via Instagram live story. Simply participate via the HMKV profile @hmkv_de

*a registration at event@hmkv.de is required

Cf. https://hmkv.de/events.html for detailed and updated information for the events.

The accompanying event programme is funded by

STIFTUNG**KUNSTFONDS**

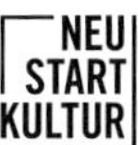

BACKLIST HMKV AUSSTELLUNGSMAGAZINE

Die HMKV Ausstellungsmagazine können vor Ort im HMKV erworben (10,00 €) oder beim Verlag Kettler bestellt werden (18,00 € inkl. Mwst., plus Versandkosten) / The HMKV exhibition magazines can be purchased on site at the HMKV (10,00 €) or ordered at the publishing house Kettler (18,00 € incl. VAT, plus shipping costs): https://www.verlag-kettler.de
Alle HMKV Ausstellungsmagazine stehen außerdem als kostenlose PDFs auf der Website des HMKV Hartware MedienKunstVerein zum Download bereit / All HMKV exhibition magazines are also available for download as free PDFs on the HMKV Hartware MedienKunstVerein website: www.hmkv.de

TECHNOSCHAMANISMUS
HMKV Ausstellungsmagazin 2021/3

Herausgeberin / Editor: Inke Arns (HMKV)
Mit Beiträgen von / With contributions by: Inke Arns, Erik Davis, Verena Kuni
Gestaltung / Design: Nathow & Geppert, Bielefeld
Format: 17 × 24 cm, 216 Seiten / pages
ISBN: 978-3-86206-909-5

Stefan Panhans / Andrea Winkler:
THE POW(D)ER OF I AM KLICK KLICK KLICK KLICK AND A VERY VERY BAD BAD MUSICAL!
HMKV Ausstellungsmagazin 2021/2

Herausgeberin / Editor: Inke Arns (HMKV)
Mit Beiträgen von / With contributions by: Inke Arns, Tom McCarthy, Martin Herbert
Gestaltung / Design: KOEPERHERFURTH – Büro für Konzeption und Gestaltung Jonas Herfurth
Format: 17 × 24 cm, 160 Seiten / pages
ISBN: 978-3-86206-908-8

COMPUTER GRRRRLS
HMKV Ausstellungsmagazin 2021/1

Herausgeberinnen / Editors: Inke Arns (HMKV), Marie Lechner (La Gaîté Lyrique)
Mit Beiträgen von / With contributions by: Inke Arns, Claire L. Evans, Elisa Giardina Papa, Marie Lechner, Rosa Menkman, Mimi Onuoha, Cornelia Sollfrank
Gestaltung / Design: The Laboratory of Manuel Bürger, Berlin
Format: 17 × 24 cm, 200 Seiten / pages
ISBN: 978-3-86206-907-1

FAȚADĂ / FASSADE / FAÇADE
HMKV Ausstellungsmagazin 2020/2

Herausgeber*innen / Editors: Inke Arns (HMKV), Fabian Saavedra-Lara (Interkultur Ruhr)
Mit Beiträgen von / With contributions by: Inke Arns, Karola Geiß-Netthövel, Delia Grigore, Marny Garcia Mommertz, Fabian Saavedra-Lara, Cernat Siminoc, Jörg Stüdemann
Gestaltung / Design: The Laboratory of Manuel Bürger, Berlin
Format: 17 × 24 cm, 136 Seiten / pages, zwei Cover-Varianten / two cover variations
ISBN: 978-3-86206-877-7
DAM Architectural Book Award 2021 (Shortlist)

DIE HMKV VIDEOS DES MONATS 2014 – 2020
HMKV Ausstellungsmagazin 2020/1

Herausgeberin / Editor: Inke Arns (HMKV)
Gestaltung / Design: KoeperHerfurth, Dortmund
Format: 17 × 24 cm, 188 Seiten
ISBN: 978-3-86206-837-1

ARTISTS & AGENTS – PERFORMANCEKUNST UND GEHEIMDIENSTE
HMKV Ausstellungsmagazin 2019/2

Herausgeberinnen / Editors: Inke Arns (HMKV), Kata Krasznahorkai, Sylvia Sasse
Mit Beiträgen von / With contributions by: Inke Arns, Kata Krasznahorkai, Sylvia Sasse
Gestaltung / Design: Nathow & Geppert, Bielefeld
Format: 17 × 24 cm, 229 Seiten / pages
ISBN: 978-3-86206-839-5
Ausstellung des Jahres 2020 (AICA Deutschland) / Exhibition of the Year 2020 (AICA Germany)

DER ALT-RIGHT-KOMPLEX – ÜBER RECHTSPOPULISMUS IM NETZ
HMKV Ausstellungsmagazin 2019/1

Herausgeberin / Editor: Inke Arns (HMKV)
Mit Beiträgen von / With contributions by: Inke Arns, Angela Nagle, Bernhard Pirkl, Tijan Sila
Gestaltung / Design: eot. essays on typography, Berlin
Format: 17 × 24 cm, 127 Seiten / pages
ISBN: 978-3-86206-840-1

Viele weitere Publikationen des HMKV Hartware MedienKunstVerein finden sich auf www.hmkv.de (im Shop).

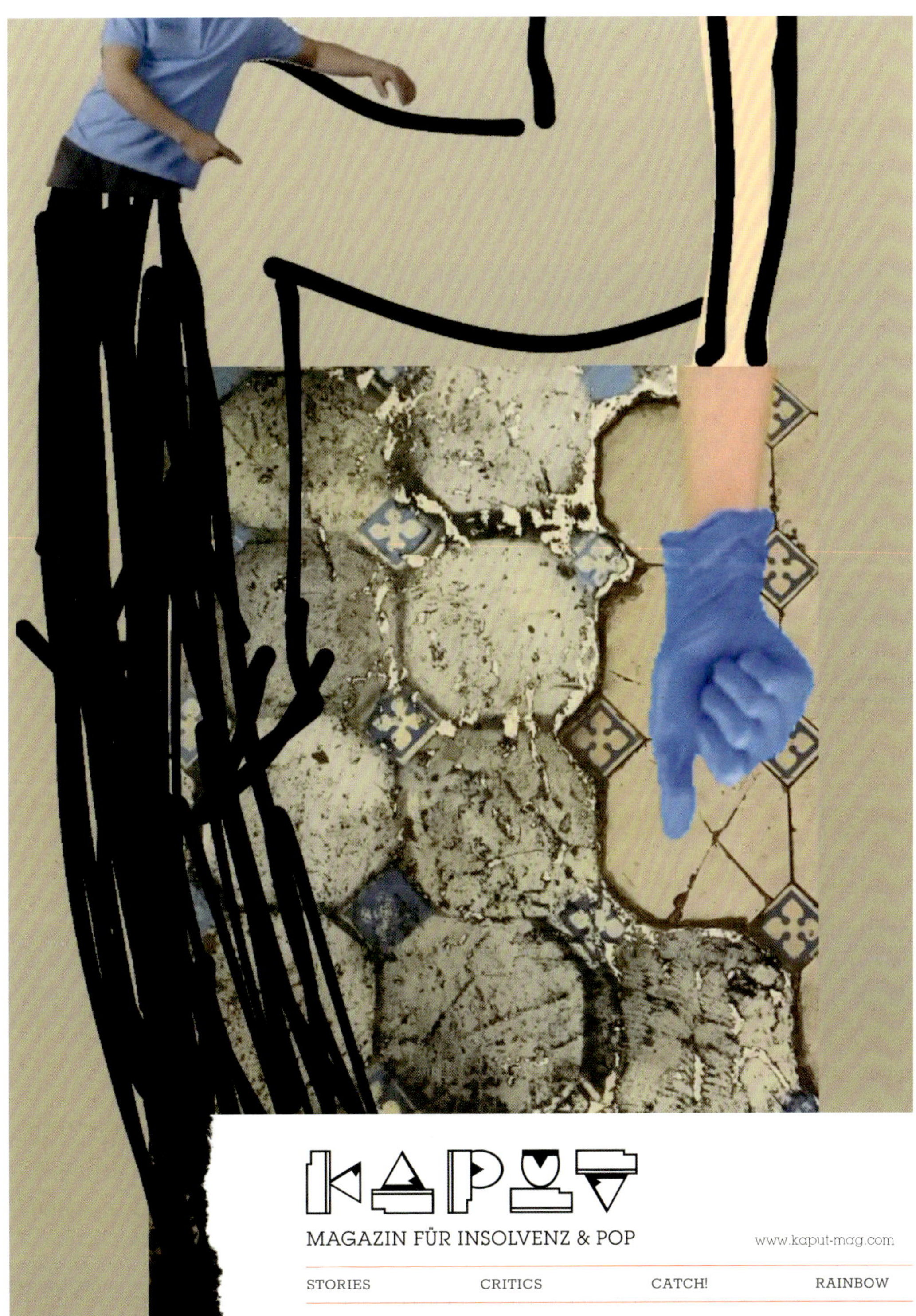
KAPUT
MAGAZIN FÜR INSOLVENZ & POP
www.kaput-mag.com
STORIES
CRITICS
CATCH!
RAINBOW

IMPRESSUM / COLOPHON

AUSSTELLUNG/EXHIBITION

HOUSE OF MIRRORS: Künstliche Intelligenz als Phantasma
09. April – 31. Juli 2022

HOUSE OF MIRRORS: Artificial Intelligence as Phantasm
09 April – 31 July 2022

Eine Ausstellung des / an exhibition by HMKV Hartware MedienKunstVerein

Künstler*innen / Artists
ARAM BARTHOLL
PIERRE CASSOU-NOGUÈS
STÉPHANE DEGOUTIN
SEAN DOCKRAY
JAKE ELWES
ANNA ENGELHARDT
NICOLAS GOURAULT
ADAM HARVEY
LIBBY HEANEY
LAUREN HURET
JULES LAPLACE
ZHENG MAHLER
LAUREN LEE MCCARTHY
SIMONE C NIQUILLE
ELISA GIARDINA PAPA
JULIEN PRÉVIEUX
ANNA RIDLER
RYBN
SEBASTIAN SCHMIEG
GWENOLA WAGON
CONRAD WEISE
MUSHON ZER-AVIV

Kurator*Innen / Curators
INKE ARNS
FRANCIS HUNGER
MARIE LECHNER

HMKV HARTWARE MEDIENKUNSTVEREIN

Direktorin / Director
Dr. Inke Arns

Kaufmännischer Geschäftsführer / Managing director
Mathias Meis

Technischer Leiter / Technical director
Stephan Karass

Organisation & Produktion / Organisation & production
Kathleen Ansorg, Christiane Böhm, Nina Petryk, Jessica Piechotta

Assistenz Produktion / Production assistence
Henrike Kalvelage, Kristina Weimann

Presse- und Öffentlichkeitsarbeit / Press & Public Relations
Kathleen Ansorg, Dr. Inke Arns, Linda Beckmann, David Kleinekottmann, Mathias Meis

Kulturelle Bildung / Cultural education
Linda Beckmann, Stephanie Brysch

Assistenz der Geschäftsführung / Assistance to the managing director
Katharina Priestley

Buchhaltung & Controlling / Accounting
Simone Czech

Infoteam / Information staff
Bela Breuer, Esra Canpalat, Greta Goebel, Lennart Kurth, Silvia Liebig, Luca Lüder, Richard Opoku-Agyemang, Andree Putz, Linda Richerd, Anna Rumeld, Christin Schumacher, Miu-Ho Tang

Außerdem / Furthermore

IT-Techniker / IT Technician
Daniel Veselka

Aufbauteam / Construction team
Sanja Biere, Kai Kickelbick, Zeljko Petonjic

Kommunikationsdesign / Design
e o t . essays on typography, Berlin

Szenografie / Scenography
please don't touch, Dortmund

Die Ausstellung wird gefördert durch die / The exhibition is funded by the:

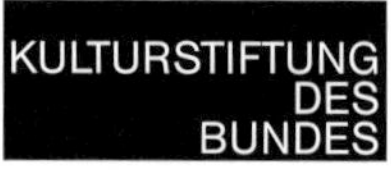

Gefördert von / Funded by:

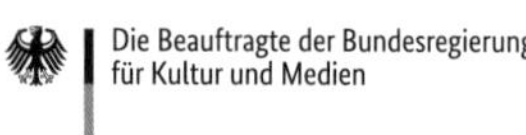

Gefördert durch / Funded by:

Ministerium für
Kultur und Wissenschaft
des Landes Nordrhein-Westfalen

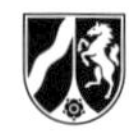

Der HMKV wird gefördert durch / The HMKV is funded by

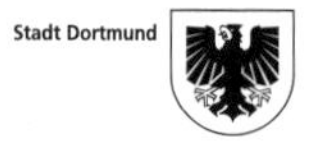

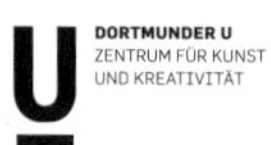

Medienpartner / Media partners

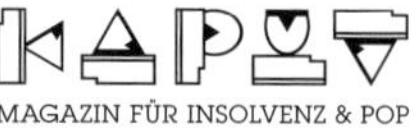

jungle.world